馆藏手枪

河南警察学院枪支文化博物馆典藏集萃

王明建　师选生　编著

中国人民公安大学出版社

图书在版编目（CIP）数据

馆藏手枪：河南警察学院枪支文化博物馆典藏集萃 / 王明建，师选生编著 . -- 北京：中国人民公安大学出版社，2023.11

ISBN 978-7-5653-4452-7

Ⅰ . ①馆… Ⅱ . ①王… ②师… Ⅲ . ①手枪—收藏—世界 Ⅳ . ① G262.9

中国版本图书馆 CIP 数据核字（2022）第 007132 号

馆藏手枪

河南警察学院枪支文化博物馆典藏集萃

王明建 师选生 编著

出版发行：中国人民公安大学出版社
地　　址：北京市西城区木樨地南里
邮政编码：100038
经　　销：新华书店
印　　刷：天津盛辉印刷有限公司

版　　次：2023 年 11 月第 1 版
印　　次：2023 年 11 月第 1 次
印　　张：21
开　　本：880 毫米 ×1230 毫米 1/16
字　　数：330 千字

书　　号：ISBN 978-7-5653-4452-7
定　　价：298.00 元

网　　址：www.cppsup.com.cn www.porclub.com.cn
电子邮箱：zbs@cppsup.com zbs@cppsu.edu.cn

营销中心电话：010-83903991
读者服务部电话（门市）：010-83903257
警官读者俱乐部电话（网购、邮购）：010-83901775
公安业务分社电话：010-83906108

前 言

手枪是一种单手握持瞄准射击或本能射击的短枪管武器，具有短小轻便、隐蔽性强、出手快、便于迅速开火等特点，主要供指挥员、特种兵、警察和执行特殊任务的人员使用。手枪历史久远，于 18 世纪欧洲工业革命之后得到快速发展。同时，手枪的设计、生产也随着不同时期战争而登上历史舞台。不同年代的手枪本身不仅蕴含着历史、文化的积淀，还具有较高的研究、收藏和鉴赏的价值。

在鸦片战争中，侵略者用洋枪洋炮砸开了中国的大门，中国从此进入半殖民地半封建社会，中华民族陷入深深的灾难之中，战争、战乱成了这一时期最显著的特征，中国也因此成为世界上武器需求量最大的国家。资本主义国家的各式新旧武器源源不断地运入中国，与此同时，国民政府、地方军阀为满足自己的需要也陆续推出多种仿制、改进的手枪，使得手枪家族庞杂而丰富。

军阀混战、抗日战争、解放战争时期，地处中原的河南战事不断，各种形式的手枪也因此留存了下来。新中国成立后，这些手枪逐渐退出历史舞台，一部分在公安机关保存，一部分散落民间。20 世纪 90 年代后期，全国开展收缴、销毁枪支活动，河南警察学院的前身河南公安高等专科学校经河南省公安厅协调，从全省各地公安机关拟销毁的“老杂手枪”中搜集了一批手枪，并筹建了“河南公安高等专科学校枪支展览馆”，后更名为“河南警察学院枪支文化博物馆”。这些“老杂手枪”大多是中国共产党领导的红色武装力量经过土地革命战争、抗日战争、解放战争，在战场上缴获得来为我所用的。这些实物，既见证了当年帝国主义列强对中国的野蛮侵略，也见证了中国人民英勇顽强的抗争，更见证了中华民族坚韧不拔的自强精神。

河南警察学院枪支文化博物馆目前收藏有 15 个国家的 200 余种手枪，既有西方 19 世纪的转轮手枪、自动手枪，也有历经两次世界大战的诸多名枪；既有土地革命时期中国共产党领导下的红色苏区 20 世纪 20 ～ 30 年代人民武装自制的手枪，也有新中国成立后不同时期生产的手枪。

本书以手枪的国别名称、设计定型年代、时间先后为序。所列手枪名命名顺序原则：首位是国家名称，第二位是制造厂家名或发明人名，第三位是枪支口径，第四位是该枪设计定型时间或国家军队正式列入装备的年号，第五位是手枪的类型。书中的图文内容主要有手枪出产国家、工厂、型号与版本、结构特点、生产流通使用情况与铭文、标识、辨别方法与枪械史地位等。

在河南警察学院领导、教务处、指挥战术系的大力支持下，编者历经两年多时间，按照物证检验要求对每支手枪进行拍照，并对其技术参数等作了客观真实记录。通过查阅大量的中外典籍文献，浏览多个中外相关网站，参考各种有关资料对每支手枪进行了鉴别。在枪支国别、品名、型号、版本鉴别上，本着“尊重实物、尊重历史”的原则，对枪支的铭文、验证标识、细微特征仔细对照，综合分析，通过图文介绍力争反映出枪支的真实原貌。对一些典型手枪的来历、发展作了简要叙述，力求反映出每支手枪的历史轨迹，以便读者对它有深刻的了解。

在编写过程中，编者虽然对每支手枪都进行了仔细甄别，力求内容更加符合历史客观实际。但是，由于资料有限、个别枪支铭文与标识不清等原因，难免出现瑕疵，恳请武器专家和枪支爱好者不吝赐教。

编　者

2023 年 3 月

目　录

奥地利手枪

比利时手枪

德国手枪

俄罗斯手枪

法国手枪

捷克手枪

加拿大手枪

美国手枪

匈牙利手枪

日本手枪

瑞士手枪

西班牙手枪

意大利手枪

英国手枪

中国手枪

奥地利手枪

斯太尔公司

奥地利武器制造公司徽标

奥地利国徽

斯太尔（Steyr）公司是对约瑟夫•沃恩德欧（Josef Werndl）1853 年建立至今公司的笼统称谓。1853 年约瑟夫•沃恩德欧在奥地利西部的斯太尔城市成立斯太尔（Steyr）公司。创办人约瑟夫•沃恩德欧出身于武器贸易世家，父亲去世后，24 岁时的沃恩德欧和母亲一起接管了父亲留下的企业。而后，沃恩德欧去美国学习新的制造技术，回国后沃恩德欧把前装枪重新设计改进成后装枪，把这种重新改造的步枪称为“沃恩德欧步枪”，他这一改进使奥地利的枪械装备业得到了极大的发展。1864 年 4 月 16 日，约瑟夫•沃恩德欧正式创立了“约瑟夫 – 弗朗茨•沃恩德欧奥地利武器生产和锯木厂联合公司”，没多久又组成了“奥地利武器制造公司”。1924 年，更名为“斯太尔工厂股份有限公司”。

1885 年，斯太尔公司设计主管费迪南・里特尔・冯・曼利夏和奥托・施奈尔开发出在枪托弹仓内装有 5 发枪弹的“曼利夏系统”快速装填步枪，成为最流行的弹仓式步枪之一，斯太尔公司因此获得巨大成功，全世界各地的订单纷至沓来。1889 年，公司不断扩大规模，工人的数量超过 10,000 名。1890 年工厂已经生产了接近 800,000 支快速装填步枪和超过 500,000 个步枪配件。在第二次世界大战期间，斯太尔公司还大量生产毛瑟步枪，在大战结束后，公司的枪械生产进入萧条期。

1950 年，美军驻奥地利最高指挥马克・克拉克将军（Mark Clarc）批准斯太尔公司可以生产狩猎步枪，主要产品为毛瑟 6.5 毫米口径步枪弹和曼利夏 M1903 步枪。后来凭着为奥地利第二共和国陆军生产军用武器，主要产品是经比利时特许生产的 STG58 步枪，斯太尔公司又重新得到发展。接下来开始生产 STG77 突击步枪，出口名称“AUG”，该枪取得了巨大的成功。

1987 年，轻武器制造分部从斯太尔 – 戴姆勒 – 普赫股份公司分离出来，组成一家独立的“斯太尔 – 曼利夏”公司。在 20 世纪 90 年代，世界各国都开始修订枪械法规，限制民用枪械发展和销售。斯太尔 – 曼利夏公司的狩猎武器销售量下跌，因此斯太尔 – 曼利夏公司决定改变思路，开始大力发展运动枪械的生意。在 1992 年的巴塞罗那奥运会上，斯太尔 – 曼利夏生产的气枪获得了两金一银两铜的奖项和一项奥运会的新纪录。1994 年为了拓展公司的业务，斯太尔 – 曼利夏公司还接管了德国苏尔地区的苏勒狩猎和运动枪有限公司。

费迪南·里特尔·冯·曼利夏

1848年费迪南•里特尔•冯•曼利夏（Ferdinand Ritter von Mannlicher，1848～1904年）出生在德国的美因兹地区，父亲去世以后，他移居到奥地利，在当地一家学校学习工程及机械专业，毕业后供职于一家铁路公司。1876年，他在美国旅行期间参观了美国的武器工业，回到奥地利后对轻武器设计产生了浓厚兴趣，开始钻研设计出多种轻武器结构。他的这些设计被斯太尔武器公司看中，1877年斯太尔公司聘请曼利夏作为该公司设计部门的主管。从此曼利夏在斯太尔武器公司一直从事武器设计工作，直到1904年去世。

1885年，曼利夏和奥托•施奈尔开发出在枪托弹仓内装有5发枪弹的“曼利夏系统”，从此快速装填步枪成为最流行的步枪之一。1894年，曼利夏设计出M1894曼利夏手枪，该枪不论是外形还是结构都非常独特，其套筒座设在枪管的后下方，扳机组件位于套筒座前下方，扳机为半圆形，外部设有一个宽大的椭圆形扳机护圈，其采用桥夹从套筒座上方装填子弹，套筒座顶部设有一个开口，以方便进行装弹和抛出空弹壳，击锤水平地置于套筒座后方。该枪既可以单动发射，也可以双动发射。

曼利夏设计的M1900曼利夏手枪采用枪机后坐式自动原理，复进簧设置在套筒座前部，平行地置于枪管下方。弹匣不再位于扳机护圈前方，而是设置在了握把内，手枪外形看起来非常优雅。两侧的握把护板可拆卸，该枪发射一种7.65毫米（0.32英寸口径）无底缘枪弹，需要使用桥夹向弹仓内装弹。根据法国陆军的要求，曼利夏在M1900 曼利夏手枪的基础上进行改进，设计制作出 M1901 式曼利夏手枪，但是法国陆军没有采用。曼利夏接着在 M1901 曼利夏手枪的基础上加以小改进，设计出一款非常独特的 M1905 手枪，该枪提交给阿根廷军队进行测试，得到了阿根廷军方的认可，阿根廷陆军采用并将该枪命名为阿根廷 M1905 曼利夏手枪，同时阿根廷还采购了一部分M1900 曼利夏手枪和 M1901 曼利夏手枪。

曼利夏在斯太尔公司工作期间，设计了很多不同结构的手枪、步枪和机枪，他在枪械上的很多创新设计被其他设计师所仿制，被应用到不同的枪械上，装备多个国家，因此曼利夏也被这些国家授予了很高的荣誉头衔。

奥匈帝国曼利夏 7.63 毫米 M1896 式Ⅱ型自动手枪

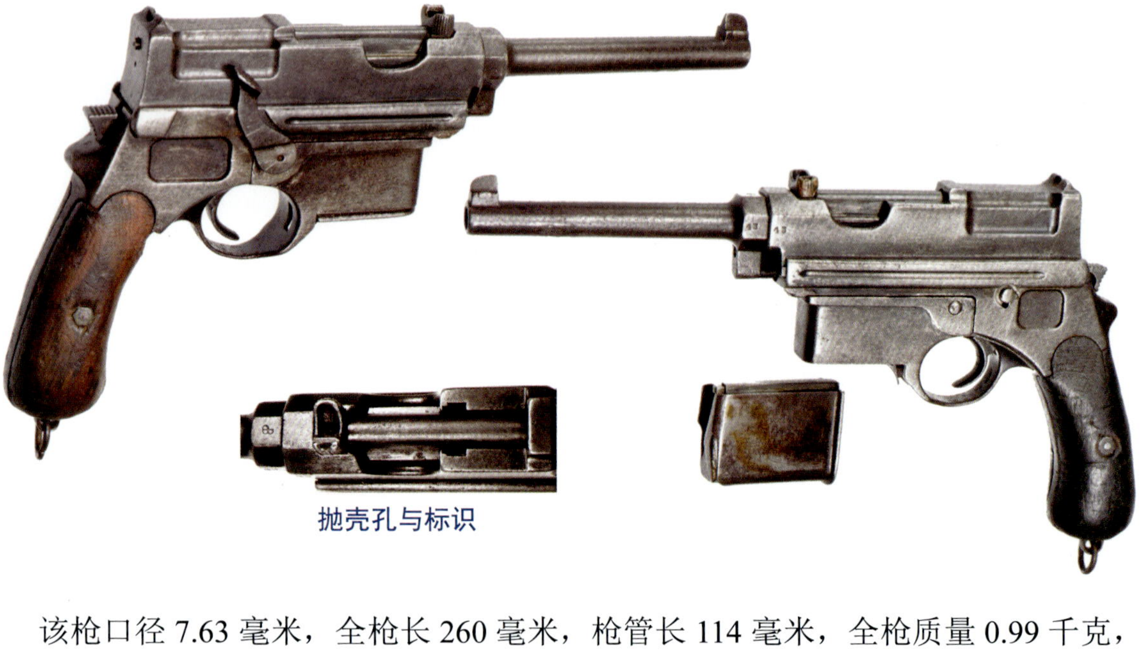

该枪口径 7.63 毫米，全枪长 260 毫米，枪管长 114 毫米，全枪质量 0.99 千克，弹匣容量 6 发，发射 7.63 毫米瓶颈式曼利夏手枪弹。编号“43”位于左侧枪管后部，保险在右侧，枪栓在枪身上方，枪栓中间留有缺口用于瞄准使用。

设计师曼利夏在 M1894 曼利夏手枪设计成功后，又在该枪的基础上进行了大的改进，例如，改变了自动原理，把由桥夹从套筒顶部装填改为在扳机机构前方弹匣装填供弹，推出了 M1896 曼利夏手枪。M1896 曼利夏手枪采用延迟枪机后坐式自动方式，套筒座顶端设有两个凸起，可用于打开枪机。击锤位于套筒座内部，但向外延伸出击锤手柄，以便操作击锤待击或解脱击锤。枪管顶端上方设有片状准星，照门位于套筒后端。该枪枪弹装填的火药量较少。曼利夏 M1896 手枪设计成功后没有投入大批量生产，因此，该枪存量很少，比较罕见。

奥匈帝国曼利夏 7.63 毫米 M1901 式手枪

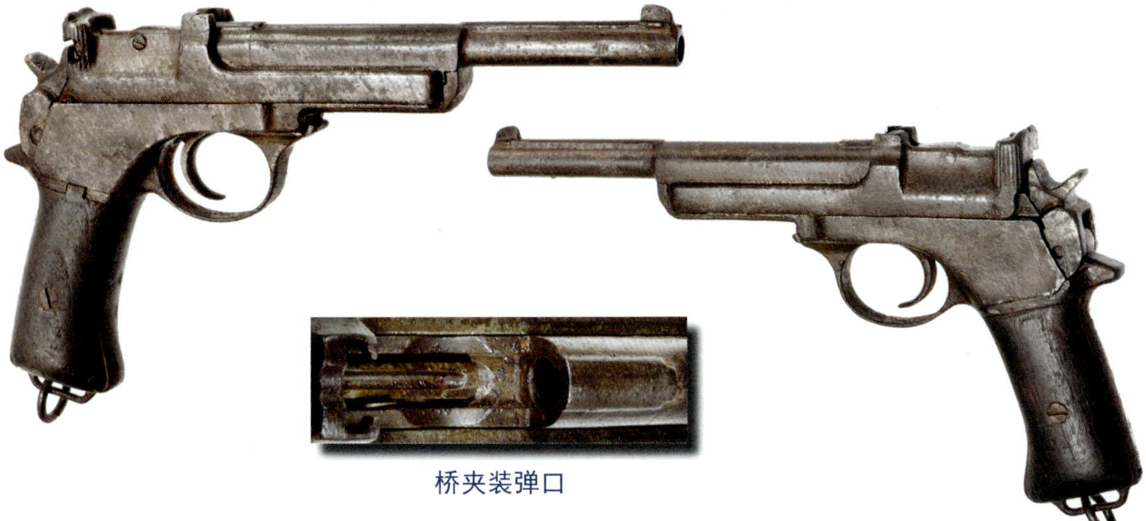

桥夹装弹口

该枪口径 7.63 毫米，全枪长 278 毫米，枪管长 150 毫米，全枪质量 0.80 千克，弹仓容弹量 8 发，发射 7.63 毫米无底缘曼利夏手枪弹，从套筒顶部用桥夹装填子弹。

费迪南・里特尔・冯・曼利夏根据订购方法国陆军的要求，在曼利夏 M1900 手枪的基础上进行改进，使用簧力更强的复进簧，以避免在枪机闭锁期间击针意外打击底火，扳机力变得更为柔和。除此之外，还进行了一些小的改进设计，改进后的 M1900 被命名为曼利夏 M1901 式手枪。

奥匈帝国皮颇–斯太尔 7.65 毫米 M1909 式手枪

该枪口径 7.65 毫米，全枪长 160 毫米，枪管长 90 毫米，全枪质量 0.60 千克，发射 7.65 毫米勃朗宁手枪弹。编号“19603 ”位于左侧扳机护圈上方。左侧套筒前方铭文：“PAT.No 9379–05.No”。套筒中下部的“10.”代表 1910 年生产，右边隐约可见奥地利国徽，左侧后端铭文：“ÖESTERR WAFFENFABRIKS–GES.STEYR.”（奥地利武器制造公司斯太尔）。保险前方有“S”标识，套筒右侧前部铭文：“PAT.+ No 40335.”，左下方有维也纳认证部门认证标识“NPV”（无烟火药验证标识）。套筒右侧后部有“N.PIEPER PATENT”（尼古拉斯 • 皮颇专利）。握把护片上“ÖWG”徽标是（ÖESTERR.WAFFENFABRIKS–GES）奥地利武器制造公司缩写，下方有“STEYR”（斯太尔）标识。该枪特点：复进簧在枪管上方，下压左侧分离扳把枪管可向上撅开，复进簧同枪机实现分离，尾部有针状弹膛指示器，待击状态针状弹膛指示凸出。

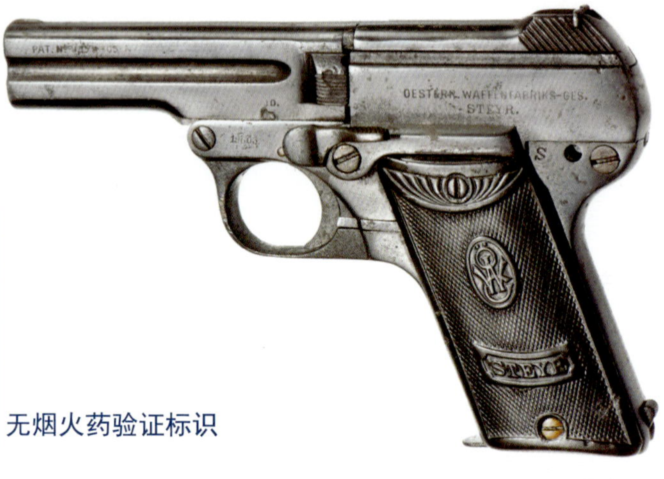

无烟火药验证标识

枪右侧专利号

尼古拉斯 · 皮颇专利

奥地利武器制造公司 斯太尔

1909 年，斯太尔公司收购了比利时尼古拉斯 • 皮颇（Nicolas Pieper）的专利生产权，并命名为M1909式手枪，通常称这种手枪为皮颇－斯太尔手枪。这种手枪的生产分两个阶段：第一阶段从1909～1914年，“一战”期间不再生产；第二阶段自1921年后又开始重新生产，一直到1928年。据有关资料介绍，7.65毫米M1909式皮颇－斯太尔手枪大约生产了6万支。

奥匈帝国斯太尔9毫米M1911型手枪

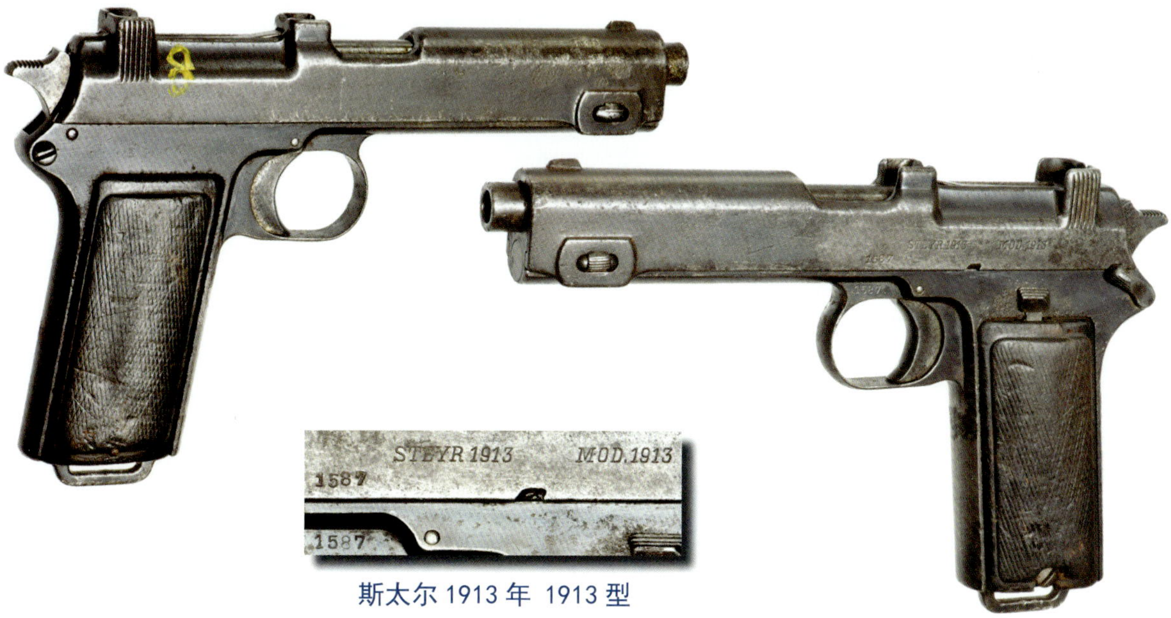

斯太尔 1913 年 1913 型

该枪口径9毫米，全枪长217毫米，枪管长125毫米，全枪质量0.96千克，弹仓容弹量8发，发射9毫米斯太尔手枪弹。编号“1587”位于左侧套筒及护圈上方和握把底部。套筒左侧铭文：“STEYR1913 MOD.1913”（斯太尔1913年，1913型）。左侧套筒尾部保险上方有“S”标识，握把左侧护木上部设置装弹器按钮，击锤有防滑纹。M1911型手枪最显著的特征就是采用固定式弹仓由上方装填枪弹的供弹方式。不可拆卸的8发固定式弹仓位于握把内。装弹时，需将套筒拉到后方位置，使套筒上的抛壳窗正对弹匣上端才能装弹。装弹时，既可以一发一发地向弹匣内装，也可以使用专门的 8 发桥夹，以提高装弹速度。当枪内弹药耗尽时，空仓挂机会将套筒卡在后方位置，以便于迅速装弹。斯太尔 M1911 自动手枪属早期自动手枪，由于该枪采用了非主流弹药和供弹具产品，因此在“二战”后便被淘汰了。

1911 年，斯太尔公司将由捷克的伽列 • 科恩卡设计师设计的商业用手枪命名为斯太尔 M1911 型手枪。1912 年，该枪被奥匈帝国军队采用，军用型定型为 M1912 手枪并开始生产，直到 1918 年生产结束，共生产了 25 万支。智利、罗马尼亚部队也曾列装，“二战”时期德国纳粹国防军也曾使用。

M1912 手枪列装奥军不久，罗马尼亚于 1913 年开始订购该枪，定购型号的套筒左侧有王冠图案和“M1912”标记。1913 ～ 1914 年智利军队也与斯太尔公司签下订购合同，购买的型号上刻有智利国徽和“智利武装力量”字样。1916 年，M1912 手枪的威力和可靠性得到巴伐利亚军方的青睐，巴伐利亚军队与斯太尔兵工厂签下了采购 1 万支的合同订单。

1938 年，奥地利被纳粹德国吞并后，纳粹德国警察机构将该枪作为制式武器使用。由于该枪与德军当时主用的帕拉贝鲁姆 9 毫米子弹不匹配，因此在 1940 年，纳粹德国当局决定对 6 万支 M1912 手枪进行改造，换成发射 9 毫米帕拉贝鲁姆手枪弹的枪管。并将原先的生产批号磨平后，重新在套筒左侧打上了“08”的标记，表明只能发射 9 毫米帕拉贝鲁姆手枪弹。这种改造后的手枪被纳粹德国称为“P12（8）”手枪。

奥地利 ÖWA 6.35 毫米微型手枪

该枪口径 6.35 毫米，全枪长 120 毫米，枪管长 50 毫米，全枪质量 0.44 千克，弹匣容弹量 6 发，发射 6.35 毫米勃朗宁手枪弹。编号“11092”位于左侧扳机护圈上方，该枪套筒左侧上排铭文：“CAL.6.35–ARSENAL.VIENNA AUSTRIA”（口径 6.35 毫米 奥地利维也纳兵工厂）。套筒左侧有维也纳认证部门认证标识“NPV”（无烟火药验证标识）和奥地利国徽，数字“22”（1922 年）。下排铭文：“PATENT ANGEMELDET”（安格梅得专利）。握把护片上的“ÖWA”是（Österreichische Waffenfabrik Anstalt）奥地利国家兵工厂缩写。

枪左侧后方为分解销，向上提起，枪后部全部掀开，枪机可取出。左后侧为保险销，保险为横置，向前为解脱保险，向后为保险。该枪主要特点是：复进簧位于枪管上方，内置击锤，枪机为中空槽，为击锤提供空间，右侧抛壳。奥地利 6.35 毫米 ÖWA 手枪由奥地利维也纳的国家兵工厂于 1920 ～ 1925 年间生产，在中国曾用名为奥 6.35 毫米小袋式半自动手枪。

奥地利国家兵工厂缩写

无烟火药验证标识
奥地利国徽 1922 年

安格梅得专利

口径 6. 35 毫米 奥地利维也纳兵工厂

比利时手枪

比利时列日斗牛犬 0.32 英寸无护圈转轮手枪

列日 A. 弗朗科蒂亚

无烟火药 膛线枪管与检查员验证

该枪口径 0.32 英寸，全枪长 127 毫米，枪管长 43 毫米，全枪质量 0.31 千克，右旋转 5 弹巢。编号“4315”位于左侧整体框架下方。整体框架上部铭文：A. FRANCOTTEIA LIEGE（列日 A. 弗朗科蒂亚）。整体框架右侧与枪管后部有比利时无烟火药、膛线枪管与检查员验证标识。该枪无击锤，无护圈，折叠扳机。经考证，该枪为比利时 L. 安森 • 马克思公司（L.Ancion Marx）生产。

L. 安森 • 马克思公司是比利时列日的一个武器公司。19 世纪 90 年代转向生产一种整体框架、中心发火的斗牛犬转轮手枪，斗牛犬转轮手枪通常口径为 0.38 英寸或 0.32

英寸，无扳机护圈，扳机可折叠。弹巢数通常为5到6个。该公司1877年至1968年生产的产品上会有比利时膛线枪管验证标识（皇冠下有一个“R”的铭文）。产品上还会有检验员标识（“*”与字母A至Z中的一个或两个），转轮上通常有比利时枪支最终验证标识（一个椭圆形的皇冠内有“E、L、G”三个字母）。L. 安森•马克思公司的手枪在世界许多国家销售，手枪的名称较多，也被世界多个兵工厂仿制，品名有“Cobalt”“Extracteur”“Lenovo”“Lincoln”“Milady”等。

比利时斗牛犬型6.35毫米无护圈转轮手枪

该枪口径6.35毫米，全枪长150毫米，枪管长65毫米，全枪质量0.26千克，右旋转6弹巢。编号“5327”位于枪管和握把底部，无扳机护圈，扳机可折叠。该枪没有铭文，制作工艺精良，经考证比对，应为比利时L. 安森•马克思公司斗牛犬工艺类转轮手枪。

比利时黑山式 11 毫米转轮手枪

检验员标识

膛线枪管与检验员验证

该枪口径 11 毫米，全枪长 260 毫米，枪管长 145 毫米，全枪质量 0.90 千克，右旋转 6 弹巢。右侧枪管后部与扳机护圈上有比利时膛线枪管与检查员验证标识。八棱枪管，顶断式转轮。自动退壳圆盘，握把护片上是花形图案。该枪为 19 世纪末 20 世纪初比利时 L. 安森 • 马克思公司生产的黑山式转轮手枪。

比利时威廉 · 格拉 7.62 毫米 M1910 式转轮手枪

该枪口径 7.62 毫米，全枪长 235 毫米，枪管长 102 毫米，全枪质量 0.80 千克，右旋转 7 弹巢，发射 7.62 毫米纳甘手枪弹。枪号“3292”位于左侧整体框架护圈上方。枪管上方铭文:“W.GRAH’S PATENT LIEGE BELGIUM”(比利时列日威廉•格拉专利)。转轮开启柄下方与转轮弹巢后部有比利时无烟火药、检查员标识及整枪最终验证标识。

握把护片徽标是一个骑马勇士枪刺猛兽图案。

比利时的威廉•格拉（William Grah）于 1906 ～ 1910 年间将自己的发明注册了专利，采用了纳甘的转轮闭气的原理，发射 7.62 毫米纳甘手枪弹。

最终验证 无烟火药验证 检查员标识

比利时列日 威廉 · 格拉专利

比利时 0.38 英寸转轮手枪

该枪口径 0.38 英寸，全枪长 220 毫米，枪管长 102 毫米，全枪质量 0.62 千克，右旋转 6 弹巢，发射 0.38 英寸柯尔特手枪弹。编号“35”位于握把底部。右侧枪管尾部有比利时膛线枪管与检查员验证标识，右侧整体框架前方有检查员验证标识，转轮后部有比利时枪支最终验证和检验员验证标识。右侧整体框架前方下部铭文：“CAL.38”（口径 0.38 英寸）。握把底部铭文：“MADE IN BELGIUM”（比利时制造）。

检查员验证和最终验证

比利时制造 编号

膛线枪管与检查员验证

比利时 SF0.32 英寸转轮手枪

最好的美国子弹适合那些最佳的 SF 转轮手枪

无烟火药 膛线枪管与检查员验证

无烟火药 检查员与最终验证

适用 0.32 英寸长枪弹

该枪口径 0.32 英寸，全枪长 237 毫米，枪管长 127 毫米，全枪质量 0.53 千克。左旋转 6 弹巢，发射 0.32 英寸 S & W 长转轮手枪弹。编号“27926”位于握把前部和枪管后部下方。枪管上方铭文：“BEST AMERICAN CARTRIDGES ARE THOSE THAT FIT BEST THE S.F REVOLVER”（最好的美国子弹适合那些最佳的 SF 转轮手枪）。枪管左侧铭文：“FOR .32 LONG CTG”（适用 0.32 英寸长枪弹）。枪管左侧后部与整体框架上有比利时无烟火药、膛线枪管与检查员验证标识。转轮转柄支架上有“18488”编码。转轮后部有比利时无烟火药、检查员及最终验证标识。左侧枪身上有“SF”徽标。SF 转轮手枪是比利时仿制美国 0.32 英寸史密斯＆威森执法警用转轮手枪的产品，因枪身刻有“SF”徽标而命名。由于大小适中，非常适合指挥人员使用，在中国战争年代使用比较广泛。周恩来、贺龙、左权等在革命战争年代都曾使用过比利时 0.32 英寸 SF 转轮手枪。

西班牙也有大量同款“SF”转轮手枪出品，在式样、规格和“SF”徽标等外观上与比利时“SF”转轮手枪无大的差异。该枪也常被误认为是西班牙出品，鉴别时要注意以两国的枪支验证标识与铭文为准。

比利时列日加瓦格 0.32 英寸长管转轮手枪

该枪口径 0.32 英寸，全枪长 245 毫米，枪管长 127 毫米，全枪质量 0.48 千克，左旋转 6 弹巢，发射 0.32 英寸史密斯＆威森转轮长手枪弹。编号“E 406681”位于握把底部。枪管上铭文：“FABRIQUE D' ARMES DE GUERRE A.GAVAGE–LIEGE–BELGIQUE”（比利时 – 列日 – 阿曼德 • 加瓦格枪械战争武器制造厂）。枪左侧铭文：“–.32 LONG CTG–”（0.32 英寸长子弹）。整体框架左侧上方转轮前有西班牙埃瓦尔验证机构、年份代码与整枪最终验证标识。该枪铭文是比利时列日加瓦格枪械战争武器制造厂，又有 1933 年西班牙的枪支验证标识。我们推测该枪是西班牙某工厂为列日阿曼德 • 加瓦格枪械战争武器制造厂代工生产的产品。

比利时－列日－阿曼德·加瓦格枪械战争武器制造厂

适用 0.32 英寸长子弹 埃瓦尔验证机构 年份代码与整枪最终验证

A.GAVAGE 是阿曼德·加瓦格（Armand Gavage）缩写。阿曼德·加瓦格战争武器制造厂也称比利时列日的高精密战争武器兵工厂（Fabrique d' armes de guerre de haute precision）。

比利时皮颇·巴亚德 7.65 毫米转轮手枪

该枪口径 7.65 毫米，全枪长 235 毫米，枪管长 116 毫米，全枪质量 0.84 千克，左旋转 7 弹巢。编号上下两行“1960 109”位于转轮转柄打开处。枪管上方铭文：“H.PIEPER' S PATENT LIEGE BELGIUM”（比利时列日亨利·皮颇专利）。整体框架右侧转轮前方有比利时无烟火药、检查员及验证标识。握把护片上有巴亚德徽标（BAYARD 与提枪武士骑马图）。

1866 年，FN 兵工厂创始人之一比利时人亨利·皮颇（Henri Pieper）建立皮颇公司，公司主要生产步枪零件。1898 年亨利去世，其子尼古拉斯·皮颇（Nicolas Pieper）继承产业并将公司名称改为尼古拉斯·皮颇（Nicolas Pieper）。1905 年，公司更名为

AEP（Anciens Etablissements Pieper）公司，1950年前后停产。该枪以制造商和品牌（巴亚德）合在一起命名。

巴亚德徽标

无烟火药 检查员及验证标识

比利时列日亨利 · 皮颇专利

比利时皮颇 · 巴亚德 7.65 毫米 M1908 袖珍手枪

该枪口径 7.65 毫米，全枪长 120 毫米，枪管长 53 毫米，全枪质量 0.44 千克，弹匣容弹量 4 发，编号“259397”位于右侧套筒与套筒座后部。套筒顶部铭文：BREVETE S.G.D.G.（该枪获得专利保护）。左侧套筒座前部铭文：“ANCIENS ETABLSSEMENTS PIEPER（AEP）”。右侧套筒与套筒座前部有比利时无烟火药、检验员、闭锁系统与枪支最终检验验证标识。左侧套筒座（握把上方）有“BAYARD”（巴亚德）与武士提枪骑马图。左侧扳机护圈处有“E”字母，弹匣上铭文：“CAL 7.65”（口径 7.65 毫米）。握把护片已更换。

巴亚德 武士提枪骑马图

无烟火药 检验员 闭锁系统与
枪支最终检验验证

该枪获得专利保护

皮颇•巴亚德 M1908 手枪，是 1908 年比利时枪械制造商尼古拉斯•皮颇以比利时枪械设计师伯纳德克拉鲁斯的一项专利设计为基础，研发设计的一款 7.65 毫米口径的小型手枪。该枪以制造商和品牌（巴亚德）合在一起命名。1911 年和 1912 年，尼古拉斯•皮颇公司又推出了 9 毫米和 6.35 毫米两种口径版本。这 3 种口径的手枪尺寸相同，使用相同的零件，只有枪管、套筒、弹匣不同，其中 7.65 毫米口径最为普遍。皮颇•巴亚德 M1908 手枪问世后受到普遍赞誉，被认为是“相同口径中最小的手枪”“同类产品中最为结实的手枪”。

比利时尼古拉斯•皮颇 6.35 毫米袖珍手枪

该枪口径 6.35 毫米，全枪长 118 毫米，枪管长 55 毫米，全枪质量 0.34 千克，弹匣容弹量 6 发，发射 6.35 毫米勃朗宁手枪弹。编号“42552”位于右侧套筒前、后部。

枪身左侧铭文不清，套筒左侧前下部有比利时无烟火药、膛线枪管、检查员及闭锁系统和最终验证标识。保险上方有“F”标识、下方有“SA”标识，防滑纹为小方块形状。该枪是比利时 AEP 公司生产的尼古拉斯 • 皮颇产品。

无烟火药 膛线枪管
检查员及闭锁系统和最终验证

1909 年，奥地利斯太尔公司为了销售，收购了比利时尼古拉斯 • 皮颇（Nicolas Pieper）的专利生产权，开始生产奥地利 7.65 毫米和 6.35 毫米皮颇手枪，产品命名为皮颇 • 斯太尔手枪。

比利时列日梅利尔 7.65 毫米手枪

该枪口径 7.65 毫米，全枪长 150 毫米，枪管长 90 毫米，全枪质量 0.56 千克，编号“28149”位于枪右侧套筒与套筒座护圈上部。左侧套筒上排铭文：“MELIOR”（梅利尔），下排铭文：“BREVETS–259178–265491 LIEGE–BELGIUM”（比利时列日专利号 –259178–265491），枪管有比利时无烟火药、膛线枪管、检查员、闭锁系统与整枪最终验证标识。左侧套筒尾部与套筒座护圈上部无烟火药、检查员、闭锁系统标识。握把有“MELIOR”（梅利尔）与圆圈内“TR”图案徽标，有握把保险。该枪是比利时勃朗宁 7.65 毫米 M1910 式手枪的仿制品，由比利时罗巴公司制造。

无烟火药 膛线枪管
检查员 闭锁机构与
整枪最终验证标识

梅利尔 比利时列日
专利号 - 259178 - 265491

比利时罗巴公司（Robar Co.），创始人为 Robar，1906 ～ 1910 年称罗巴费欧斯公司（Robar & Fils Co.），1910 ～ 1926 年称罗巴费欧斯 – 柯寇夫公司（Robar Fils and L De Kerckhove），1926 ～ 1972 年称罗巴公司（Robar Co.）。主要品牌有 Jieffeco、Lincoln、Melior、Mercury、Phoenix，但经常在完全相同的一种枪上打上不同的品牌名称。

比利时列日梅利尔 6.35 毫米袖珍手枪

该枪口径 6.35 毫米，全枪长 115 毫米，枪管长 52 毫米，全枪质量 0.36 千克，弹匣容弹量 6 发，发射 6.35 毫米勃朗宁手枪弹，编号“9998”位于右侧套筒、套筒座和枪机上。采用自由枪机自动方式，复进簧在枪管上方，设手动保险，握把护片已更换。该枪是比利时罗巴公司（Robar Co.）生产的梅利尔（Me1ior） 品牌手枪。

分解状态

比利时列日莱佩格 7.65 毫米工艺手枪

该枪口径 7.65 毫米，全枪长 165 毫米，枪管长 95 毫米，全枪质量 0.59 千克，弹匣容弹量 6 发，编号“13634”位于握把后部。套筒左侧法语铭文第一行：“MANUFACTURE D’ARMES LEPAGE–LIEGE–BELGIQUE”（比利时 – 列日 – 莱佩格武器制造），第二行：“CAL.765 BREVET No 305326”（口径 7.65 毫米，专利号 305326）。左侧套筒及套筒座有比利时膛线枪管、检查员、无烟火药与枪支最终验证标识。套筒座左侧护圈前上方有 7.65 BR。握把护片中间标识：LEPAGE（莱佩格）徽标。整个枪装饰了不同的花纹。枪支结构与常见的手枪也不一样，是很特别的一支工艺手枪。

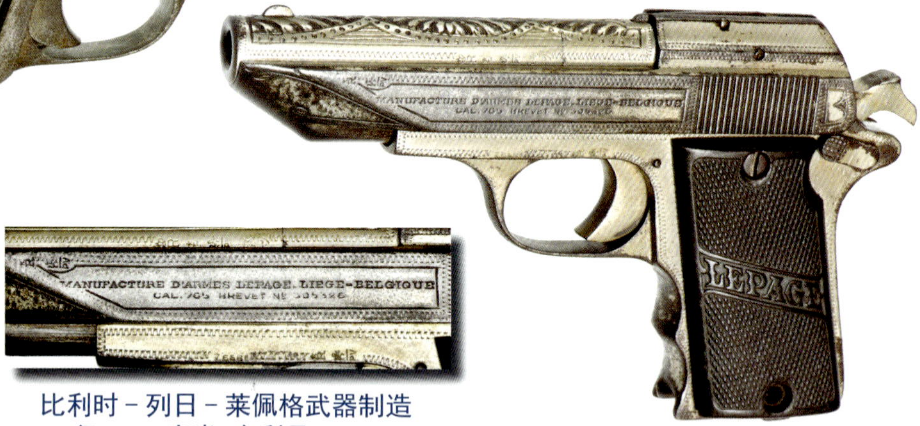

比利时－列日－莱佩格武器制造
口径 7. 65 毫米 专利号 305326

比利时膛线枪管 检验员 无烟火药
最终验证标识

上方抛壳

比利时克莱门特 7.65 毫米 M1910 式手枪

该枪口径 7.65 毫米，枪全长 150 毫米，枪管长 75 毫米，全枪质量 0.58 千克，发射 7.65 毫米勃朗宁手枪弹。编号“9735”位于左侧套筒、套筒座和枪机上。套筒顶部铭文：“–AUTOMATIC PISTOL CLEMENT’ S PATENT–”（克莱门特自动手枪专利），右侧套筒前部有：“MADE IN BELGIUM”（比利时制造）。右侧套筒、套筒座和枪机上有比利时无烟火药、膛线枪管、检查员、闭锁系统与最终验证标识。握把护片已被更换。

1903 年，查尔斯•克莱门特（Charles Clement）在比利时列日获得了一种自动手枪专利，采用自由枪机式原理，使用 5 毫米克莱门特枪弹。后来克莱门特创办了属于自己的枪械工厂。1907 年，克莱门特重新改进了枪机设计，改用 6.35 毫米和 7.65 毫米手枪弹。后经不断地改进，生产出 M1908、M1909、M1910 式手枪。克莱门特去世后，公司被列日的纽曼－弗里里斯公司接管，纽曼公司以克莱门特的名义继续生产手枪。1914 年，德国占领比利时后纽曼公司关闭。

无烟火药 膛线枪管 检查员
闭锁机构与最终验证与比利时制造

克莱门特自动手枪专利

列日市赫斯塔尔国家兵工厂

FN 公司徽标

FN 公司是 1889 年在比利时列日市附近的赫斯塔尔（B–4400）区列日路 33 号建

立的国家兵工厂，它的法文全称为“Fabrique Nationale d’Armes de Guerre，Herstal lez Liége”，直译是“列日市赫斯塔尔国家兵工厂”，取前两个法文词首简称FN公司。1889年7月，FN公司获得毛瑟兵工厂生产M1889式毛瑟步枪特许权。1891年年底，公司生产的第一支毛瑟步枪组装成功，3年后完成了政府的150000支全部订货。1899年，公司积极开拓民用运动步枪和霰弹枪市场，经过几年发展，FN公司已小具规模，成为列日市武器制造商的强劲对手。

FN公司的决策者深刻地认识到企业要发展，要有自己的“拳头”产品，必须有一流的设计师队伍。因此，FN公司广招英才。1898年，生于美国的约翰•摩西•勃朗宁武器设计大师与FN公司合作，自此开始了FN与勃朗宁的长期合作。1900年，勃朗宁为FN公司设计出世界上第一支采用套筒式自由枪机原理的自动手枪M1900式手枪。1910年又设计出M1910式手枪。此后勃朗宁又设计了M1911自动手枪，改进M1911后定型为M1911A1手枪。

20世纪60年代初，为了适应步枪小口径化风潮，FN公司相应地推出了CAL步枪。该枪于1967年完成生产定型。1974年，FN公司研制成功了世界小口径轻机枪的先驱5.56毫米米尼米轻机枪。1975年，为参加北约组织的“下一代步枪”选型试验，FN公司在CAL基础上进行改进，于1976年研制出FNC自动步枪，并在选型中一举击败所有竞争对手。该枪经过进一步改进，于1980年年底定型投产，先后装备比利时、印度尼西亚、蒙古、尼日利亚、黎巴嫩等国军队。

1986年，FN公司开发出短小精悍、造型前卫的P90单兵自卫武器，枪、弹都进行了全面革新。该枪虽然采用常规的自由枪机原理，但外形别具一格，采用整体式的“无托”设计，后坐力可以直接传递到肩部，扳机设在前、后握把中间的拇指孔中间，该枪结构紧凑，携行方便，能单手伸臂或双手抵肩射击，充分体现了人机工程的要求。

2005年5月和8月，美国特种作战部队司令部（SOCOM）与FN美国分公司签订了一份为期10年的合同，由后者负责研制和生产SCAR步枪。FN公司在此前FNC突击步枪的基础上，继承了FNC的导气式自动原理和枪机回转闭锁机构，在细节设计上凸显了人机工效，例如，它的聚合材料枪托通过旋转可前后伸缩，根据需要也可以将枪托向右折叠，集伸缩式和折叠式两种枪托的优势于一身。SCAR在枪托与机匣的连接处还专门设计了可调节的贴腮，方便使用光学瞄准镜。

“二战”后到20世纪80年代末的近50年间，由该公司设计的武器几乎占据了全球轻武器市场的四分之一，从欧洲、美洲到亚非拉，都有FN公司产品的身影，因此FN公司被称为“世界兵工厂”。

约翰·摩西·勃朗宁

约翰·摩西·勃朗宁（John Moses Browning，1855～1926年）出生于美国犹他州一个名叫奥格登的小镇，父亲乔纳森在当地经营着一家枪铺。1879年父亲去世后，勃朗宁兄弟合伙开办了“勃朗宁枪支制造厂”。当年，勃朗宁设计的“后膛装弹式单发步枪”获得专利，并开始批量生产。1883年，美国军方枪械供应商温彻斯特公司看到勃朗宁设计的后膛装弹式单发步枪，公司总部对该枪进行评估后决定与勃朗宁合作，并花8000美元买下该枪专利开始生产单发步枪。

1890年，勃朗宁成功设计了世界上第一挺导气式原理的机枪。勃朗宁将这一发明交给了美国的柯尔特公司，第一挺重机枪命名为柯尔特－勃朗宁重机枪，该枪于1895年定型并装备美国军队。1900年，勃朗宁又设计了一挺水冷式重机枪，1917年改进后命名为M1917式勃朗宁重机枪，并被定为美军的制式装备。

1897年，勃朗宁利用击发时枪膛内气体的能量设计出一种自动滑膛枪，但温彻斯特公司拒绝批量生产，勃朗宁离开了温彻斯特公司，来到比利时的赫斯塔尔国家兵工厂，后来成为FN公司的首席枪械设计师。1900年，勃朗宁因设计出世界上第一把自动手枪——M1900式手枪而风靡全球，很多国家纷纷仿制。1910年，勃朗宁又设计出M1910手枪并得到多数国家的青睐。此后勃朗宁还设计了M1911自动手枪，1923年改进后M1911定型为M1911A1手枪，该枪历经两次世界大战、朝鲜战争、越南战争，在美国直到1986年才退役，创下了手枪服役时间最长的纪录。世界上许多国家对M1911手枪进行仿造，其总产量超过270万支，成为有史以来销量最大的手枪。

1918年，应美军的要求，勃朗宁开发了12.7毫米大口径重型机枪，称0.50M1921式勃朗宁重机枪。采用水冷式枪管，后来改进成气冷枪管型机枪，命名为M2HB重机枪，M2HB重机枪现在仍被许多国家装备。

1925年，勃朗宁设计出后来驰名世界的9毫米口径大威力手枪，该枪首次采用了将弹匣中子弹并列排放的方式。勃朗宁去世后，该枪由其徒弟带领完成了设计改造工作，命名为1935大威力手枪，弹匣装弹量达到13发，这在20世纪20年代是一项创举。从此以后现代手枪的弹匣大多采取这种形式，该枪在世界范围内服役了半个多世纪。

1926年，世界著名的轻武器设计大师约翰·摩西·勃朗宁离世。勃朗宁是个多产的设计大师，而且很多设计成为现代手枪的设计标准。他一生中设计研制成功的手枪、步枪、轻重机枪和大口径机枪等武器多达37种，而这些众多枪械成果已成为流传后世的经典武器。

比利时勃朗宁 M1900 式手枪系列（枪牌撸子）

早期徽标

枪身上徽标

勃朗宁 M1900 式 7.65 毫米手枪，是比利时 FN 公司大规模生产的第一种约翰 • 勃朗宁自动手枪，也是世界上第一支有套筒的自由枪机式结构自动手枪。该枪采用了复进簧在上、枪管在下的结构；在击发系统上，采用击针式击发原理，阻铁直接卡住击针体上的待发卡槽，扣下扳机阻铁释放击针，击针直接在弹簧作用下击发枪弹，没有击锤机构；枪的击针没有击针簧，而是通过一个杠杆利用复进簧的弹力来推动击针，射击时，装上实弹匣拉套筒向后，套筒上部复进簧管内的复进簧导杆一起向后运动，压缩复进簧储存弹力，击针则被阻铁卡住，释放套筒后，枪弹上膛，因为击针被阻铁固定，此时复进簧导杆依旧在后方位置，复进簧保持在压缩状态，扣下扳机阻铁释放击针，复进簧回弹，通过杠杆将击针向前拨动打击枪弹底火击发；在使用中，拨动击针的杠杆除了传递弹簧力量外，其上方尾端突出于照门前，当手枪处于非待击状态时，因为击针在前方位置，杠杆后端突出部翘起，正好遮挡在照门前面，射手的瞄准视野被遮挡，可以知道手枪还未上膛；当拉动套筒手枪处于待击状态时，击针被阻铁挂住处在后方位置，杠杆被击针向后拉，后端突出部向前倒，离开瞄准基线，扣下扳机即可击发。勃朗宁 M1900 式 7.65 毫米手枪总产量达 72 万余支，在民国时期流入中国较多，中国有多家工厂仿制该型手枪达 20 万支。勃朗宁 M1900 式 7.65 毫米手枪在枪身上和握把上有手枪图案，在中国被称为“枪牌手枪”，也习惯称其为“枪牌撸子”。

不同时期的比利时勃朗宁 M1900 式 7.65 毫米手枪从外观上可以看到十分明显的差

别。例如，握把护片不同：早期产品握把上带有枪的图形标识，中后期产品为 FN 花体字母标识，军用产品采用不带任何标识的握把。又如，枪身表面有不同的处理方法，普通型采用发蓝处理，豪华型采用镀镍处理，另外还有雕花工艺型手枪。除了以上这些明显差别外，还存在 4 种不尽相同的铭文版式。这些不同的铭文为鉴别勃朗宁 FN M1900 式 7.65 毫米手枪的生产年份提供了条件。

1907 年以前两行铭文，第一行：FABRIQUE NATIONALE HERSTAL LIEGE（BROWNING' S PATENT），铭文之间是空格。第二行：BREVETE S.G.D.G.，铭文之间是空格。

1907 年以前两行铭文，第一行：FABRIQUE–NATIONALE–HERSTAL–LIEGE（BROWNING' S–PATENT），铭文之间是横线。第二行：BREVETE–S.G.D.G.，铭文之间是横线。

1907 年以后三行铭文，第一行：FABRIQUE NATIONALE D' ARMES de GUERRE HERSTAL BELGIQUE，铭文之间是空格。第二行：BROWNING' S–PATENT DEPOSE，铭文之间是横线。第三行：BREVETE S.G.D.G.，铭文之间是空格。

1907 年以后三行铭文，第一行：FABRIQUE –NATIONALE D–ARMES de GUERRE HERSTAL–BELGIQUE，铭文之间是横线。第二行：BROWNING' S–PATENT DEPOSE，铭文之间是横线。第三行：BREVETE S.G.D.G.，铭文之间是空格。

比利时勃朗宁 7.65 毫米 M1900 式镀镍手枪

该枪口径 7.65 毫米，全枪长 165 毫米，枪管长 98 毫米，全枪质量 0.63 千克，弹匣容弹量 7 发，发射 7.65 毫米勃朗宁手枪弹。编号“358”位于右侧套筒及套筒座上。全枪无铭文及验证标识。其余与勃朗宁 M1900 手枪无异。该枪各部件所用材料上乘，加工工艺考究，编号小，分析可能是勃朗宁 M1900 式手枪研发阶段生产的样枪。

比利时勃朗宁 7.65 毫米 M1900 式镀镍豪华型手枪
（1907 年前）

列日－赫斯塔尔国兵工厂 勃朗宁专利
FN 枪徽标 检查员
闭锁系统验证与该枪获得专利保护

该枪口径 7.65 毫米，全枪长 165 毫米，枪管长 98 毫米，全枪质量 0.63 千克，弹匣容弹量 7 发，发射 7.65 毫米勃朗宁手枪弹。编号“4070”位于右侧套筒及套筒座上。套筒左侧铭文：“FABRIQUE NATIONALE HERSTAL LIEGE”（赫斯塔尔国兵工厂 列日）“（BROWNING' S–PATENT）”（勃朗宁专利）。套筒座左侧上方有 FN 公司早期徽标。左侧套筒座下方有“BREVETE S.G.D.G.”（该枪获得专利保护），“S.G.D.G.”为“San Garantie Du Governement”的缩写。枪左侧套筒及套筒座上有比利时枪支检查员与闭锁系统验证标识。握把护片上方有 FN 公司早期徽标。该枪是 1907 年前产品，为高级军官使用。

比利时勃朗宁 7.65 毫米 M1900 式军用型手枪

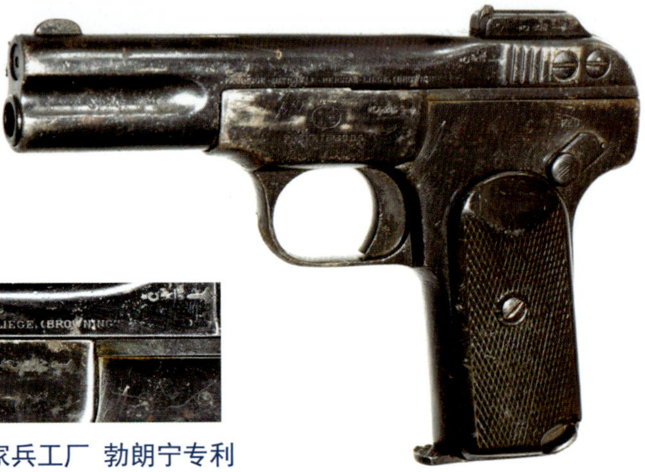

列日 - 赫斯塔尔国家兵工厂 勃朗宁专利
FN 枪徽标 检查员 无烟火药与闭锁系统验证
该枪获得专利保护

该枪口径 7.65 毫米，全枪长 165 毫米，枪管长 98 毫米，全枪质量 0.63 千克，弹匣容弹量 7 发，发射 7.65 毫米勃朗宁手枪弹。编号“101136”位于右侧套筒及套筒座上。套筒左侧铭文：“FABRIQUE–NATIONALE–HERSTAL–LIEGE.”（列日–赫斯塔尔国兵工厂）“（BROWNING’S–PATENT）”（勃朗宁专利）。套筒座左侧上方有 FN 公司徽标，徽标下铭文：“BREVETE–S.G.D.G.”（该枪获得专利保护）。枪左侧套筒及套筒座上有比利时检查员、无烟火药与闭锁系统验证标识，握把护片上没有标识。军用产品的握把护片不带任何标识，分析该枪应该是 1907 年以前的军用产品。

比利时勃朗宁 7.65 毫米 M1900 式手枪（1907 年前）

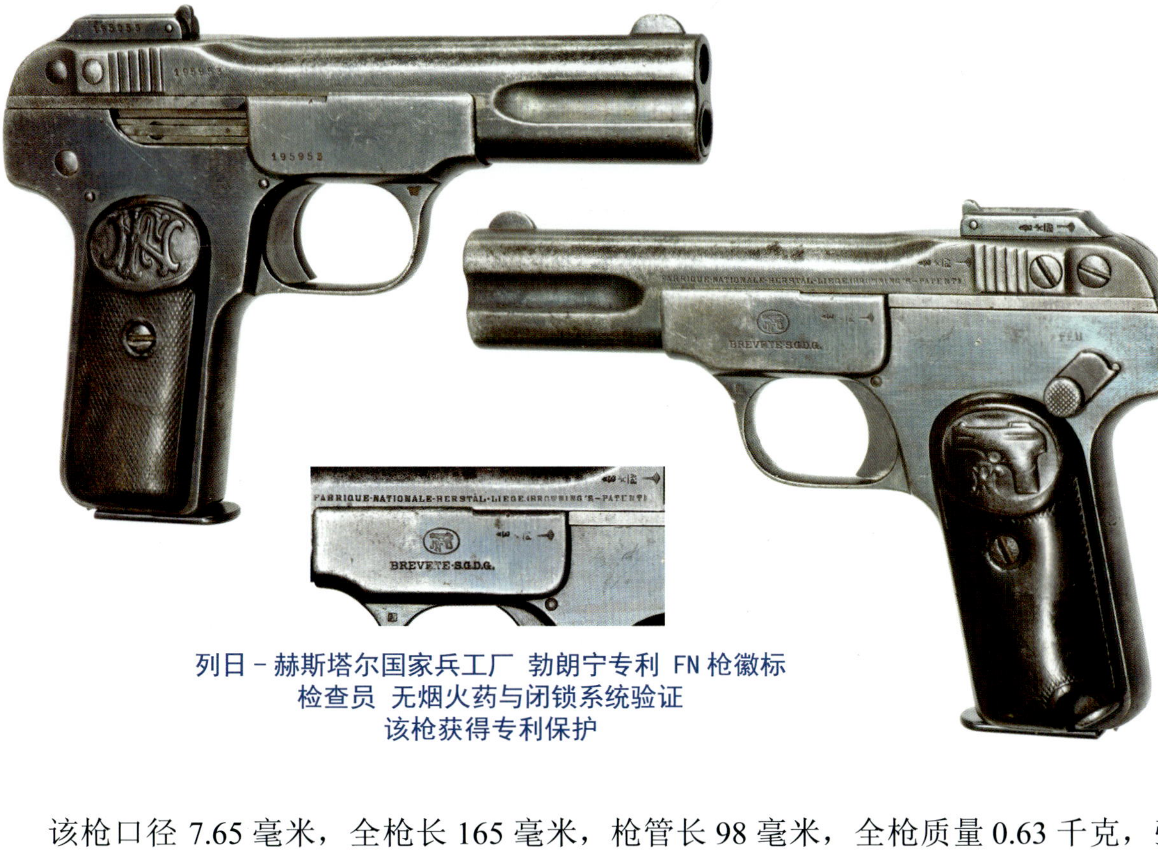

列日–赫斯塔尔国家兵工厂 勃朗宁专利 FN 枪徽标
检查员 无烟火药与闭锁系统验证
该枪获得专利保护

该枪口径 7.65 毫米，全枪长 165 毫米，枪管长 98 毫米，全枪质量 0.63 千克，弹匣容弹量 7 发，发射 7.65 毫米勃朗宁手枪弹。编号“195953”位于右侧套筒及套筒座上。套筒左侧铭文：“FABRIQUE–NATIONALE–HERSTAL–LIEGE.”（列日–赫斯塔尔国兵工厂）“（BROWNING’S–PATENT）”（勃朗宁专利）。左侧套筒座上方有 FN 公司徽标，下有铭文：“BREVETE–S.G.D.G.”（该枪获得专利保护）。左侧套筒及套筒座上有比利时检查员、无烟火药与闭锁系统验证标识。握把护片上方有 FN 公司早期徽标。该枪为 1907 年以前生产。

比利时勃朗宁 7.65 毫米 M1900 式手枪（1907 年后）

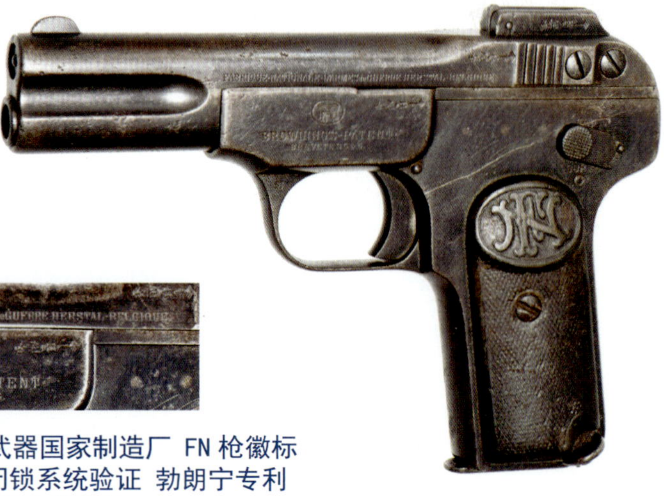

比利时赫斯塔尔战争武器国家制造厂 FN 枪徽标
无烟火药 检查员与闭锁系统验证 勃朗宁专利
该枪获得专利保护

该枪口径 7.65 毫米，全枪长 165 毫米，枪管长 98 毫米，全枪质量 0.63 千克，弹匣容弹量 7 发，发射 7.65 毫米勃朗宁手枪弹。编号“610269”位于枪右侧套筒及套筒座。套筒左侧铭文：“FABRIQUE –NATIONALE D’ ARMES de GUERRE HERSTAL–BELGIQUE”（比利时赫斯塔尔战争武器国家制造厂）。左侧套筒座中部有 FN 公司徽标，徽标下铭文：“BROWNING’ S–PATENT”（勃朗宁专利），“BREVETE S.G.D.G.”（该枪获得专利保护）。左侧套筒及套筒座上有比利时无烟火药、检查员与闭锁系统验证标识，握把护片上方有花体 FN 徽标 。该枪铭文为三行，铭文之间采用的是横线。

应是 1907 年以后的产品。

比利时勃朗宁 7.65 毫米 M1900 式镀镍豪华型手枪（1907 年后）

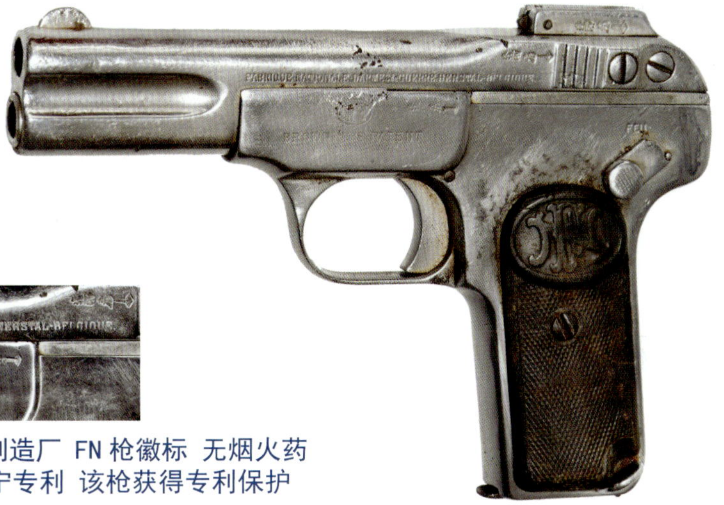

比利时赫斯塔尔战争武器国家制造厂 FN 枪徽标 无烟火药检查员与闭锁系统验证 勃朗宁专利 该枪获得专利保护

该枪口径 7.65 毫米，全枪长 165 毫米，枪管长 98 毫米，全枪质量 0.63 千克，弹匣容弹量 7 发，发射 7.65 毫米勃朗宁手枪弹。编号“657422”位于右侧套筒及套筒座上。套筒左侧铭文：FABRIQUE –NATIONALE– DARMES de GUERRE HERSTAL–BELGIQUE（比利时赫斯塔尔战争武器国家制造厂）。套筒座左侧中部有 FN 公司早期徽标。套筒座左侧铭文：“BROWNING’S–PATENT”（勃朗宁专利）与“BREVETE S.G.D.G.”（该枪获得专利保护）。枪左侧套筒及套筒座上有比利时无烟火药、检查员与闭锁系统验证标识。护圈左侧方块内有“V”标识、护圈右侧圆圈内有“G”标识。握把护片上方有花体 FN 徽标。该枪铭文为三行，应是 1907 年以后的产品。

比利时勃朗宁 7.65 毫米 M1900 式微型手枪

上海公共租界巡捕房 编号 94 S

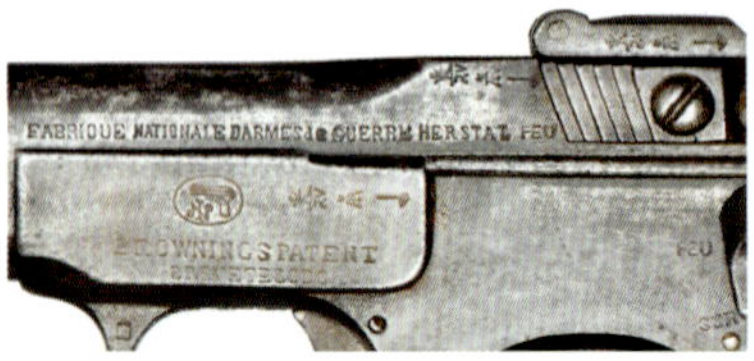

赫斯塔尔战争武器国家制造厂 FN 枪徽标 无烟火药
验证员与闭锁机构验证 勃朗宁专利 该枪获得专利保护

该枪口径 7.65 毫米，全枪长 140 毫米，枪管长 80 毫米，全枪质量 0.52 千克，弹匣容弹量 5 发，发射 7.65 毫米勃朗宁手枪弹。编号“26063”位于枪右侧套筒与套筒座后部。左侧套筒铭文：“FABRIQUE NATIONALE D’ARMES de GUERRE HERSTAL FEU”（赫斯塔尔战争武器国家制造厂）。左侧套筒座上有 FN 公司徽标，左侧套筒座铭文：“BROWNING’S PATENT”（勃朗宁专利）“BREVTE S.G.D.G.”（该枪获得专利保护）。左侧有比利时无烟火药、验证员与闭锁机构验证标识。握把后部“SMP 94 S”（上海公共租界巡捕房或上海工部局警察局，编号 94 S）。握把护片上方有 FN 公司早期徽标。保险上方有“FEU”下方有“SUR”标识。

该枪铭文与 M1900 式手枪几乎一样，不同的地方在于 M1900 式手枪套筒左侧第一行铭文尾部是“BELGIQUE”，而该枪尾部是“FEU”，枪身比 M1900 式手枪普遍小，只有 140 毫米。可能是比利时 FN 工厂生产的勃朗宁 7.65 毫米 M1900 式微型手枪。

比利时勃朗宁 9 毫米 M1903 式手枪

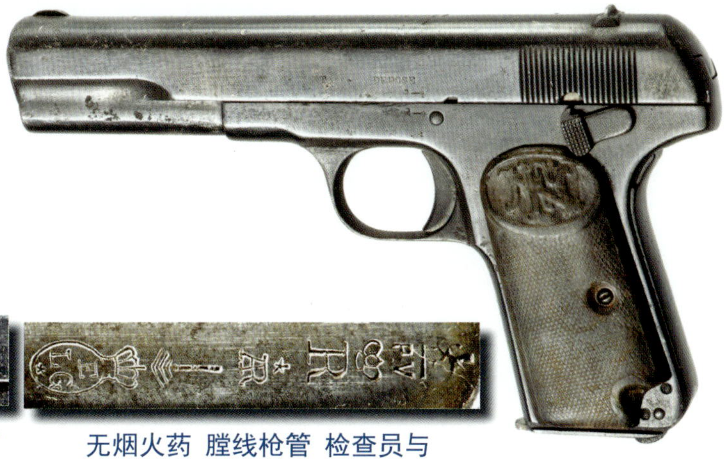

比利时赫斯塔尔战争武器国家制造厂
勃朗宁专利所有

无烟火药 膛线枪管 检查员与
闭锁机构验证

该枪口径 9 毫米，全枪长 205 毫米，枪管长 127 毫米，全枪质量 0.93 千克，弹匣容弹量 7 发，发射勃朗宁设计的 9 毫米半底缘式勃朗宁手枪弹。编号“41491”位于右侧套筒座上。套筒左侧铭文第一行：“FABRIQUE NATIONALE D’ARMES de GUERRE HERSTAL BELGIQUE”（比利时赫斯塔尔战争武器国家制造厂）, 第二行：“BROWNING’S PATENT DEPOSE”（勃朗宁专利所有）。左侧套筒及套筒座上有比利时无烟火药、检查员与闭锁系统验证标识，枪管上有比利时无烟火药、膛线枪管、检查员、闭锁机构与整枪最终验证标识。握把护片上方有花体 FN 徽标。

该型手枪是约翰•勃朗宁 1902 年设计的自动手枪，1903 年由比利时 FN 工厂正式生产，称为 FN M1903 式手枪或勃朗宁 M1903 式手枪。发射 9 毫米 ×20 毫米勃朗宁（9 毫米半底缘式勃朗宁手枪弹）弹药。采用枪管短后坐自动方式、单动扳机，复进簧在枪管下方，击针平移击发方式，设有握把保险，手动保险置于枪底座左后侧，处于保险位置时，会强制锁死套筒。该枪推出后，由于 FN M1903 式手枪使用的 9 毫米半底缘式勃朗宁手枪弹，与当时欧洲流行的 9 毫米帕拉贝鲁姆枪弹不通用，因此，FN M1903 式手枪的销量一直不好，到 1927 年停产时为止（中间因第一次世界大战爆发而停产了几年），资料介绍总产量才 58442 支。瑞典也曾生产 FN M1903 式手枪，命名为 M1907 式 9 毫米半自动手枪，但产量不大。

比利时勃朗宁 6.35 毫米 M1906 式袖珍手枪

比利时赫斯塔尔战争武器国家制造厂 勃朗宁专利所有
无烟火药 检查员与闭锁系统验证

该枪口径 6.35 毫米，全枪长 114 毫米，枪管长 53 毫米，全枪质量 0.35 千克，弹匣容弹量 6 发，发射 6.35 毫米勃朗宁手枪弹。编号“413331”位于右侧套筒座中部。套筒左侧铭文第一行：“FABRIQUE NATIONALE D’ARMES DEGUERRE HERSTAL BELGIQUE”（比利时赫斯塔尔战争武器国家制造厂），第二行：“BROWNING’S–PATENT DEPOSE”（勃朗宁专利所有）。左侧套筒及套筒座上有比利时无烟火药、检查员与闭锁系统验证标识。右侧扳机护圈上方有“V”标识。握把上方有花体比利时 FN 徽标。该枪结构简单，全枪只有 33 个零件，该枪属于 M1906 式第三版。

1904 年勃朗宁以 M1903 式手枪为基础开始研发，开发出了第一支袖珍型（Pocket

Model）M1906 式自动手枪，发射 6.35 毫米 ×15.5 毫米半底缘自动手枪弹（0.25 英寸 ACP），并于 1906 年正式投产。M1906 式袖珍手枪进行了多次改版：第一版 FN M1906 式手枪在保险方面，带有一个握把保险。这个握把保险不是针对扳机，而是阻挡击发阻铁，在握持时，保险就会让开击发阻铁。这样扣动扳机就可以让击发阻铁落下，让击针前移打击枪弹底火。第一版出现在 1906 年至 1909 年，总共大约生产 130000 支。

第二版出现在 1909 年年底，勃朗宁给这版手枪加上了一个手动保险。这个手动保险有两个功能：一是保险功能，保险向上即卡入套筒的缺口内，阻止套筒运动，二是套筒内部保险上升还会顶住击发阻铁，这样就算握住手枪，并且扣动扳机，击发阻铁也不会释放。该版本大概生产了 30000 支。

第三版增加了弹匣保险，即未装弹匣时该部件可锁住扳机，不能击发。弹匣保险的作用是防止枪内没有弹匣，但枪膛内却有枪弹存留时的安全隐患，自此，这版小手枪自身已经拥有了三重保险机构。勃朗宁还改进了枪管的设计，在枪管尾部增加了一个独特的凸笋。并同时在枪机机头部位设有一个凹槽，好让凸笋插入凹槽，保证枪管和枪机在惯性闭锁时，枪管本身不会发生位移，更加牢固稳定。而这第三版的改进，让勃朗宁 FN M1906 式手枪变得十分完美。在 1914 年“一战”前，其产量已经达到 550000 支。直到 1959 年该枪停产，FN 公司总共生产了 1311256 支 M1906 式袖珍手枪。

比利时勃朗宁 M1910 式手枪系列（花口撸子）

FN 徽标

滚花枪口套

约翰·摩西·勃朗宁一直想设计一种体积和质量均适中的自动手枪，作为警察和军官自卫用枪。1910 年 FN 兵工厂按照勃朗宁的设计生产出一款自动手枪，定名为勃朗宁 M1910 式 7.65 毫米自动手枪。该枪瞄准装置设计是在套筒顶部开了一道前后贯通防光凹槽，在凹槽内的前端，设置了一个埋头的片状准星，这一凹槽实际上是把照门的缺口拉长为照准槽，起到了引导射手构成瞄准线的作用。该枪采用了扳机及扳机连杆和击发阻铁结构；握把保险、手动保险、不到位保险和枪上无弹匣保险机构；枪管断隔突笋机构结合的构造，套筒口部的横截面也从传统的“8”字形变为“O”字形，枪口套变为一个正圆形环套，并且还在枪口套的前缘上加工了一圈滚花。

勃朗宁 FN M1910 式 7.65 毫米自动手枪整体造型玲珑清秀，体积轻捷小巧，构造简单，保险动作可靠，后坐力很小，击锤内置。由于枪口套上有一圈漂亮的“滚花”，战争时期就被中国人称为“花口撸子”。“花口撸子”自问世以来，累计生产了近百万支之多。

早期生产的勃朗宁 FN M1910 式 7.65 毫米自动手枪，套筒前端带有明显的长曲线，这种套筒生产到 1913 年下半年，之后生产的枪支套筒前端曲线变短，在接下来的几十年这种外形特征再没有更多改变，唯一的变化是出现过 4 种不同样式的带花纹的枪口帽。虽然枪的样式变化不大，但不同时期生产的手枪，套筒铭文在字体或内容上有着细微差别，M1910 式手枪仔细分辨有 7 种不尽相同的铭文，这些不同为鉴别勃朗宁 FN M1910 式 7.65 毫米自动手枪生产年份提供了条件。

第一种为 1912 ～ 1913 年生产，铭文内容为："FABRIQUE NATIONALE D' ARMES de GUERRE HERSTAL BELGIQUE BROWNING' S PATENT DEPOSE（比利时赫斯塔尔战争武器国家制造厂，勃朗宁专利所有），Serif 字体，中间的字母"de"小写，字体稍长。

第二种为 1913 ～ 1914 年生产，铭文内容同上，Serif 字体，中间的字母"de"小写，字体稍扁。

第三种为 1914 ～ 1919 年生产，铭文内容同上，Sans–Serif 字体，中间的字母"de"小写，字体略长。

第四种为 20 世纪 20 年代生产，铭文内容同上，Serif 字体，中间的字母"de"小写，且字体较小，排列紧密。

第五种为 20 世纪 30 年代生产，铭文内容同上，Sans–Serif 字体，中间的字母"DE"大写。

第六种为 1935 ～ 1940 年生产，铭文中增加了"S.A"（Societe Anonyme 的缩写，中文意思是股份有限），Sans–Serif 字体，中间的字母"DE"大写。

第七种为 1935 ～ 1940 年生产，内容、字体与第五种相同，字号偏大。

比利时勃朗宁 7.65 毫米 M1910 式手枪（1912–1913 年）

该枪口径 7.65 毫米，全枪长 154 毫米，枪管长 87 毫米，全枪质量 0.56 千克，弹匣容弹量 7 发，发射 7.65 毫米勃朗宁手枪弹。编号"125066"位于右侧套筒座与枪管上。套筒左侧铭文第一行："FABRIQUE NATIONALE D' ARMES de GUERRE HERSTAL BELGIQUE"（比利时赫斯塔尔战争武器国家制造厂），第二行："BROWNING' S PATENT DEPOSE"（勃朗宁专利所有）。左侧套筒及套筒座上有比利时无烟火药、检查员与闭锁系统验证标识。左侧护圈前上圆圈内有“V”标识。枪管有无烟火药、膛线枪管、检查员、闭锁机构及最终验证标识。握把护片上方有花体 FN 徽标。 枪口套花纹没有开槽。该枪为 1912 ～ 1913 年间产品。

枪口套“花口”

比利时赫斯塔尔战争武器国家制造厂
勃朗宁专利所有 无烟火药
检查员与闭锁机构验证

无烟火药 膛线枪管 检查员 闭锁系统及
最终验证与编号

比利时勃朗宁 7.65 毫米 M1910 式手枪（1913–1914 年）

该枪口径 7.65 毫米，全枪长 154 毫米，枪管长 87 毫米，全枪质量 0.56 千克，编号“148994”位于枪右侧枪管及套筒座上。弹匣容弹量 7 发，发射 7.65 毫米勃朗宁手枪弹。套筒左侧铭文第一行：“FABRIQUE NATIONALE D’ARMES de GUERRE HERSTAL BELGIQUE”（比利时赫斯塔尔战争武器国家制造厂），第二行：

“BROWNING’ S PATENT DEPOSE”（勃朗宁专利所有）。枪左侧套筒及套筒座上有比利时无烟火药、检查员、闭锁机构验证标识。枪管上有无烟火药、枪管膛线、检查员、闭锁机构与最终验证标识。握把护片上方有花体 FN 徽标。枪口套花纹没有开槽。该枪为 1913 ～ 1914 年生产的 M1910 式手枪。

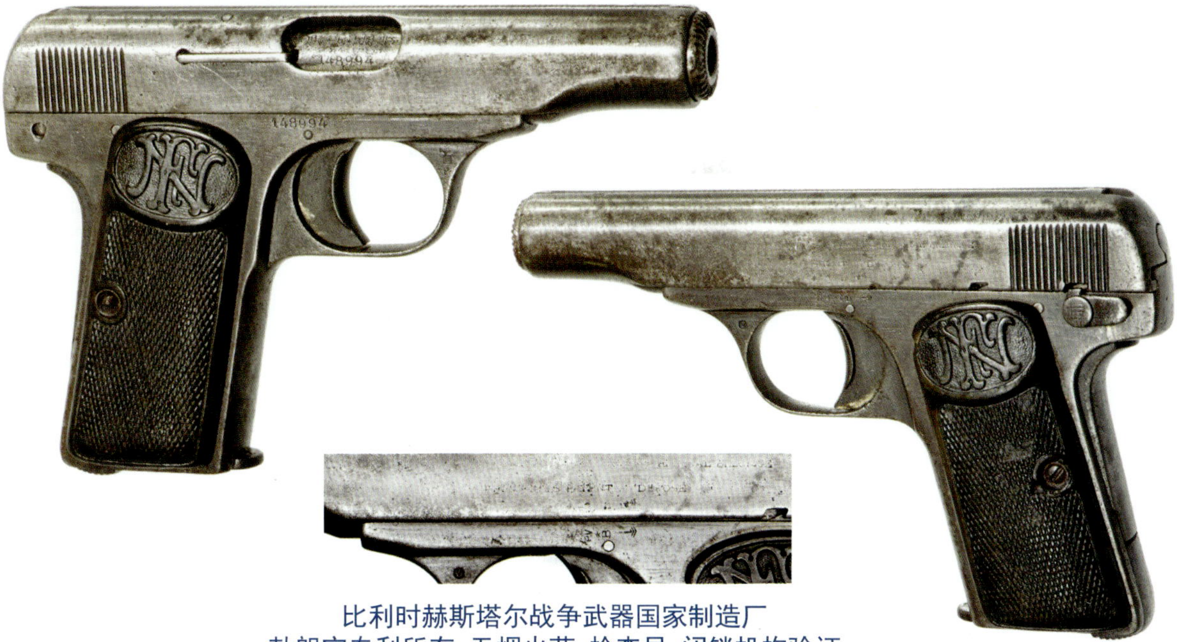

比利时赫斯塔尔战争武器国家制造厂
勃朗宁专利所有 无烟火药 检查员 闭锁机构验证

比利时勃朗宁 7.65 毫米 M1910 式手枪

该枪口径 7.65 毫米，全枪长 154 毫米，枪管长 87 毫米，全枪质量 0.56 千克，弹匣容弹量 7 发，发射 7.65 毫米勃朗宁手枪弹。编号“181677”位于枪右侧枪管和套筒座上。套筒左侧铭文第一行：“FABRIQUE NATIONALE D’ ARMES de GUERRE HERSTAL BELGIQUE”（比利时赫斯塔尔战争武器国家制造厂），第二行：“BROWNING’ S PATENT DEPOSE”（勃朗宁专利所有）。左侧套筒及套筒座上有比利时无烟火药、检查员、闭锁系统验证标识。枪管上有无烟火药、膛线枪管、检查员、闭锁系统与整枪最终验证标识。握把护片上方有花体 FN 徽标。枪口套花纹开槽。该枪是 1913 ～ 1914 年间产品。

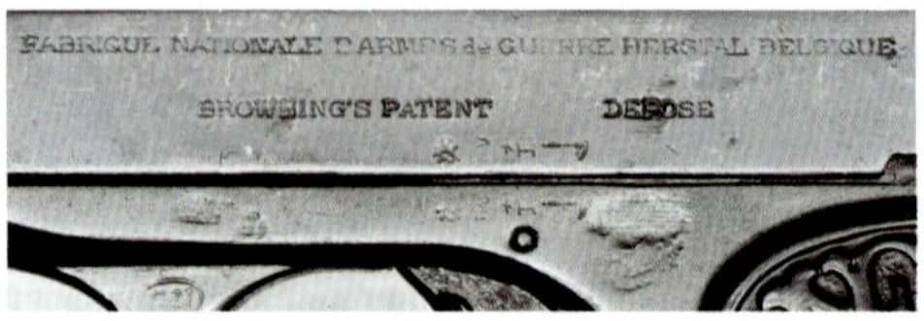

比利时赫斯塔尔战争武器国家制造厂
勃朗宁专利所有 无烟火药 检查员 闭锁系统验证

枪口套“花口”

比利时勃朗宁 7.65 毫米 M1910 式工艺手枪

该枪口径 7.65 毫米，全枪长 154 毫米，枪管长 88 毫米，全枪质量 0.57 千克，弹匣容弹量 7 发，发射 7.65 毫米勃朗宁手枪弹，编号“285025”位于右侧套筒座。左侧套筒铭文第一行：“FABRIQUE NATIONALE D’ARMES de GUERRE HERSTAL BELGIQUE”（比利时赫斯塔尔战争武器国家制造厂）, 第二行：“BROWNING’S PATENT DEPOSE”（勃朗宁专利所有）。左侧套筒及套筒座上方有比利时无烟火药与检查员验证标识。左侧扳机护圈前上有 FN 公司标识。枪管有比利时无烟火药、检查员、最终验证标识和“CAL 7m/m65”（口径 7.65 毫米）标识，枪口套花纹开槽。握把护片上方有花体 FN 徽标。金色花纹镶满枪身，非常漂亮。工艺手枪主要用于赠送，或奖励给立功将士之用。该枪是 20 世纪 20 年代的产品。

20 世纪 20 年代生产的 M1910 手枪的变化：精简验证标识，去掉了套筒、套筒座和枪管上的闭锁机构、膛线枪管验证标识，枪管上编号位置换为口径标识。

比利时赫斯塔尔战争武器国家制造厂
勃朗宁专利所有 无烟火药与检查员验证

无烟火药 检查员
最终验证与口径 7.65 毫米

比利时勃朗宁 7.65 毫米 M1910 式手枪（1930 年后）

该枪口径 7.65 毫米，全枪长 154 毫米，枪管长 87 毫米，全枪质量 0.56 千克，弹匣容弹量 7 发，发射 7.65 毫米勃朗宁手枪弹。编号“368282”位于枪右侧套筒座上。套筒左侧铭文第一行：“FABRIQUE NATIONALE D’ARMES DE GUERRE HERSTAL BELGIQUE”（比利时赫斯塔尔战争武器国家制造厂），第二行：“BROWNING’S PATENT DEPOSE”（勃朗宁专利所有）。左侧套筒与套筒座上有无烟火药与检查员验证标识。左侧护圈上菱形框内有“S”标识。枪管上有比利时无烟火药、检查员、最终验证标识和口径“CAL 7m/m 65”（口径 7.65 毫米）标识，枪口套花纹开槽。该枪是 20 世纪 30 年代生产的 M1910 式手枪。

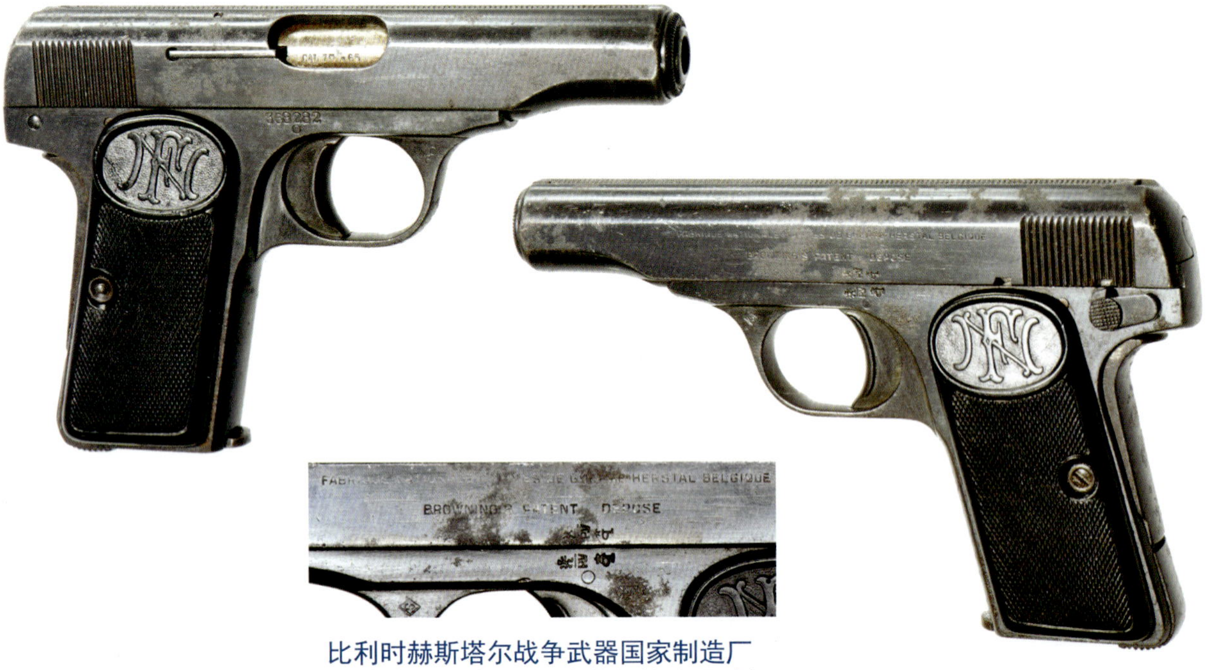

比利时赫斯塔尔战争武器国家制造厂
勃朗宁专利所有 无烟火药与检查员验证

比利时勃朗宁 7.65 毫米 M1910 式军用型手枪

该枪口径 7.65 毫米，全枪长 154 毫米，枪管长 87 毫米，全枪质量 0.56 千克，弹匣容弹量 7 发，发射 7.65 毫米勃朗宁手枪弹。编号“381980”位于右侧套筒座上。套筒左侧铭文第一行：“FABRIQUE NATIONALE D’ARMES DE GUERRE HERSTAL BELGIQUE”（比利时赫斯塔尔战争武器国家制造厂）, 第二行：“BROWNING’S PATENT DEPOSE”（勃朗宁专利所有）。套筒与套筒座左侧有比利时检查员、无烟火药验证标识，左侧扳机护圈上方块内有“A”标识。枪管上有比利时检查员、无烟火药、最终验证标识和口径标识“CAL 7m/m 65”（口径 7.65 毫米）。握把护片上没有标识。枪口套的花纹上有开口槽。该枪是 20 世纪 30 年代生产的军用型手枪。

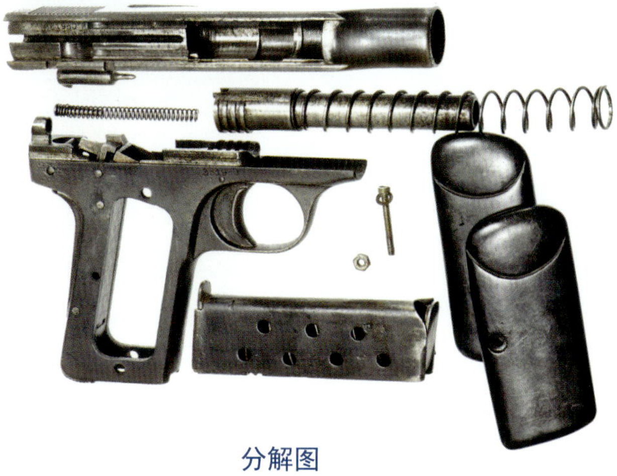

分解图

比利时赫斯塔尔战争武器国家制造厂
勃朗宁专利所有 检查员 无烟火药验证

比利时勃朗宁 9 毫米 M1922 式手枪

该枪口径 9 毫米，全枪长 178 毫米，枪管长 112 毫米，全枪质量 0.68 千克，弹匣容弹量 8 发，发射 9 毫米勃朗宁手枪弹。编号“256552”位于套筒前端分解套上与右侧套筒座上。套筒左侧铭文第一行：“FABRIQUE NATIONALE D’ARMES DE GUERRE HERSTAL BELGIQUE ”（比利时赫斯塔尔战争武器国家制造厂），第二行：“BROWNING’S PATENT DEPOSE”（勃朗宁专利所有）。左侧套筒及套筒座上有比利时无烟火药与检查员标识，左侧护圈方块内有“A”标识，枪管上有比利时无烟火药、检查员、最终验证标识与口径标识“CAL 9m/m”（口径 9 毫米），握把护片上方有花体 FN 徽标。握把内侧有“M G 滬公 816”铭文。上海解放后，人民公安接管旧警察局，在公安局内部枪支管理上以钢印“滬公”二字代替了旧上海警察局的“S.M.P”印记。“M G”可能是人名的缩写字母，“816”应是市公安局内部编码。

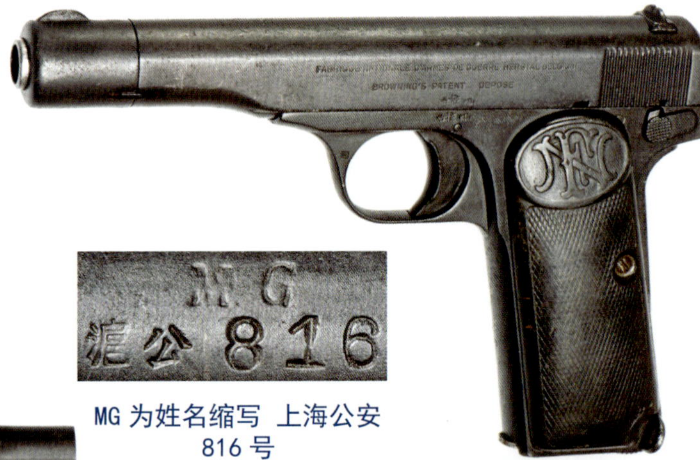

MG 为姓名缩写 上海公安 816 号

无烟火药 检查员
最终验证标识与口径 9 毫米

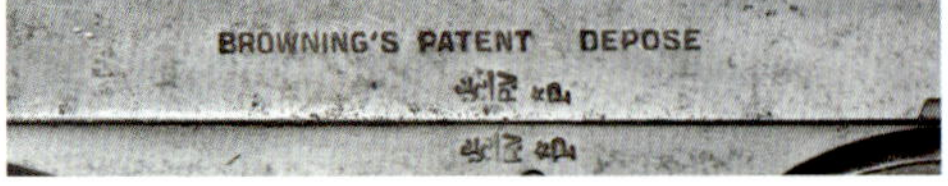

比利时赫斯塔尔战争武器国家制造厂
勃朗宁专利所有 无烟火药与检查员标识

1918 年塞尔维亚－克罗地亚－斯洛文尼亚王国建立，为了装备新建立的王国军队，决定向比利时 FN 公司订购一批制式手枪。1922 年 FN 公司根据塞尔维亚军队的要求，以 7.65 毫米 M1910 式手枪为基础，研发设计了口径 9 毫米的 M1910 式加长型——

M1922 式手枪。M1922 式手枪正式投入批量生产，从 1923 年开始陆续供货。M1922 式手枪结构和 M1910 基本相同，绝大部分零件也都一样，只是加长了枪管和握把，弹匣容弹量有所增加。为了适应军方的需求，有的 M1922 式手枪还在握把的左后侧下角加上了枪纲挂环。M1922 式手枪设置了可调方向照门。M1922 式手枪有三道保险：保险钮、握把保险及弹匣保险，可以安全地上膛携带。1924 ～ 1939 年，FN 公司又先后获得了荷兰、希腊、土耳其、罗马尼亚、法国、丹麦等国的政府 M1922 式手枪订单。1940 ～ 1944 年德军占领比利时期间，FN 公司继续生产 M1922 式手枪，作为德军的补助用枪。

比利时 FN 9 毫米 M1935 式大威力手枪（标准版）

无烟火药 检查员
最终验证标识与口径 9 毫米

无烟火药与检查员验证

比利时赫斯塔尔战争武器国家
制造厂 勃朗宁专利所有

该枪口径 9 毫米，全枪长 199 毫米，枪管长 120 毫米，全枪质量 0.90 千克，弹匣容弹量 13 发，使用 9 毫米 ×19 毫米帕拉贝鲁姆手枪弹。编号“7398”位于套筒右侧及套筒座上。套筒左侧铭文：“FABRIQUE NATIONALE D’ARMES DE GUERRE HERSTAL BELGIQUE”（比利时赫斯塔尔战争武器国家制造厂）、“BROWNING S PATENT DEPOSE”（勃朗宁专利所有）。左侧套筒及套筒座上有比利时无烟火药与检验员验证标识。右侧枪管上有无烟火药、检验员、最终验证等标识与 CAL 9m/m（口径 9 毫米）口径标识，标尺 50 ～ 500 英尺。

M1935 式大威力手枪采用著名的枪管短后坐式工作原理和枪管偏移闭锁方式，枪管下方有一凸耳，其上有开闭锁斜面。套筒座上有开闭锁凸起。依据套筒座上的开闭锁突起进入枪管下方凸耳的缺口内，与凸耳的开闭锁斜面相互作用，使枪管尾端下降而实现开锁。该枪握把护片上方有手动保险，保险时可以锁住套筒和阻铁，设有弹匣保险和不到位保险。握把后下方有开槽，可以安装枪托。

比利时 FN9 毫米 M1935 式大威力手枪是勃朗宁 1925 年设计的最后一个作品，该枪首次采用容弹量高达 13 发的双排弹匣，发射当时欧洲威力最强大的 9 毫米 ×19 毫米帕拉贝鲁姆手枪弹。比利时政府正式订购该枪为军用手枪，定名为 M1935 式大威力手枪，又称勃朗宁大威力自动手枪（Browning High Power 或 Browning Hi–Power），简称 BHP。法语为 M1935GP 式（GP：Ggrande Puissance，即大威力的意思）。在德国该手枪被称为 640（b）手枪；在丹麦被称为 M46 式 9 毫米手枪；在印度尼西亚被称为平达德 PIA 式 9 毫米手枪；法国人的名称是“GP”；在比利时和爱尔兰又被称为威力手枪又简称为“勃朗宁 HP–35”“GP–35”“P–35”或是“M1935 式”。M1935 式大威力手枪是目前世界应用最广泛的手枪之一，有近 50 个国家使用或仿制，中国国民政府曾批量购买，装备部队。

“二战”期间，两大阵营对立国家都装备该枪，是世界上为数不多的敌对双方同时生产和装备的武器。1940 年比利时沦陷后，FN 公司被德军接收，重新命该枪名为 P640（b）手枪。

比利时 FN 9 毫米 M1935 式大威力手枪

该枪口径 9 毫米，全枪长 199 毫米，枪管长 120 毫米，全枪质量 0.91 千克，弹匣容弹量 13 发，发射 9 毫米 ×19 毫米帕拉贝鲁姆手枪弹。编号“9227”位于右侧套筒及套筒座上。套筒左侧铭文：“FABRIQUE NATIONALE D’ARMES DE GUERRE HERSTAL BELGIQUE”（比利时赫斯塔尔战争武器国家制造厂）、“BROWNING S PATENT DEPOSE”（勃朗宁专利所有）。左侧套筒及套筒座有比利时无烟火药与检查员验证标识。枪管有无烟火药、检查员、最终验证标识与 CAL 9m/m（口径 9 毫米）口径标识。标尺 50 ～ 500 英尺，标尺刻度紧凑且紧贴大坡度底座。9227 手枪和 7398 手枪区别：标尺都是 50 ～ 500 英尺，9227 手枪与 7398 式手枪标尺刻度相比， 9227 手枪标尺数字紧凑，7398 手枪标尺数字间距大。9227 手枪标尺紧贴底座，7398 手枪标尺与平缓底座之间有空隙，除标尺有区别外，两支手枪其余都部分相同。“二战”前生产的两种弧形座标尺对比：上图为配用抵肩枪托的枪而设计，射程刻度排列紧凑；下图为未配抵肩枪托的枪而设计，射程刻度排列稀疏。

1936 年以后，FN9 毫米 M1935 式大威力手枪配用的射程为 500 英尺的缺口式弧形座标尺制作了两个版本，标准的版本是为了配合抵肩枪托使用而设计的，其射程刻度排列比较紧凑；另一个版本则是为了没有配备抵肩枪托的枪而设计的，其射程刻度排列相对稀疏。因此，尽管设计两种标尺的必要性值得质疑，但是这两款不同的标尺也就成为区分“二战”前生产的 FN9 毫米 M1935 式大威力手枪是否带有原厂配发抵肩枪托的特征。

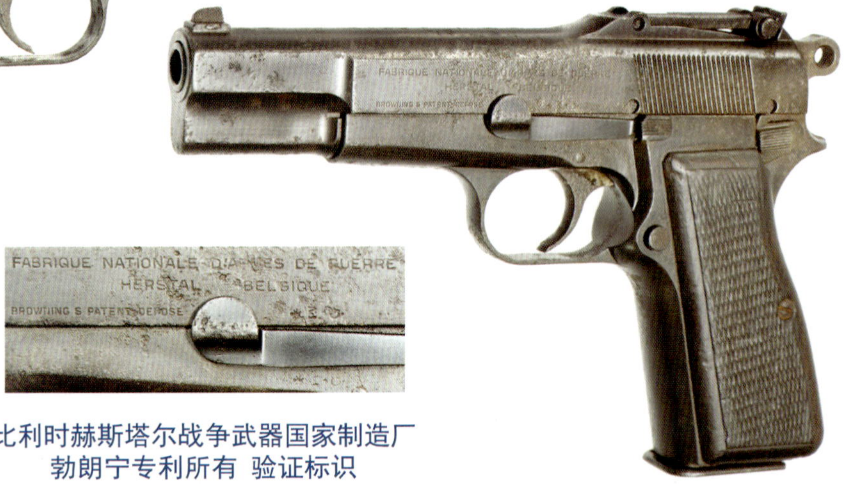

比利时赫斯塔尔战争武器国家制造厂
勃朗宁专利所有 验证标识

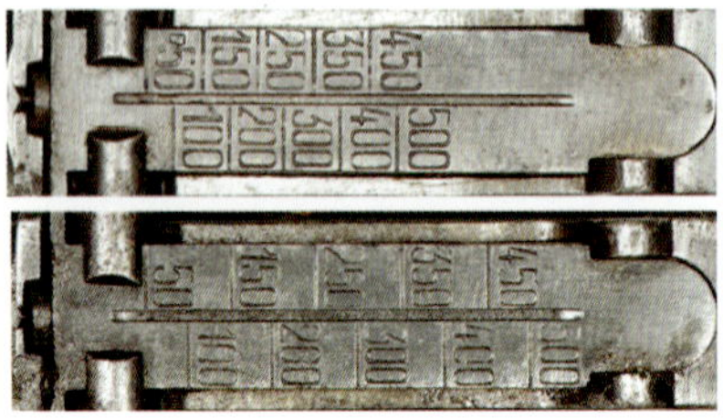

标尺比较
上图为 9227 枪 下图为 7398 枪

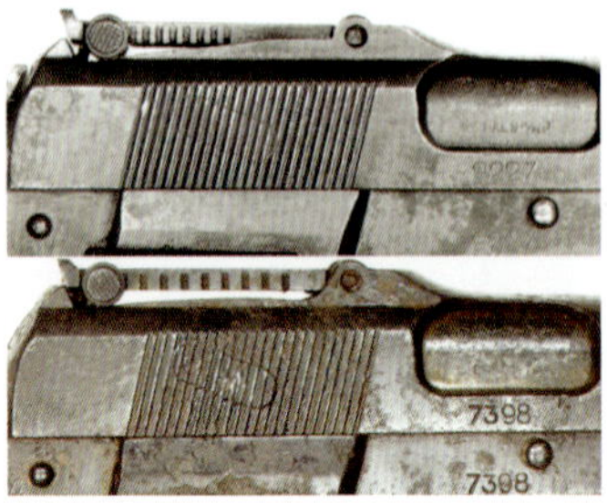

标尺与底座比较

德国手枪

毛瑟武器制造股份公司

保罗·毛瑟 1838－1914 年
（Paul Mauser）

威廉·毛瑟 1834－1882 年
（Wilhelm Mauser）

毛瑟公司的历史可以追溯到 1811 年 7 月 31 日，当时符腾堡（Württemberg）国王腓特烈一世（Friedrich I）在德国黑森林的一个小镇奥本多夫（Oberndorf）建立一间皇家兵工厂，该工厂于第二年开始运作，雇用了 133 个工人，专门为普鲁士军队生产武器。毛瑟两兄弟威廉与保罗自小就跟随父亲在这家兵工厂当学徒，也是在这家工厂开始尝试设计枪支。在 1867 年，毛瑟两兄弟以法国的夏塞波后装枪为基础，设计了一种旋转式闭锁枪机的后装单发枪，这种步枪于 1871 年被德国军队采用，并命名为 71 式步枪，这就是历史上第一支毛瑟步枪。威廉·毛瑟在 1882 年 1 月 13 日去世后，保罗·毛瑟继续在轻武器设计方面进行研究。为了提高 71 式步枪的射速，保罗·毛瑟在枪管下方增设了一个管状弹仓，这种改进型步枪后来被命名为71/84式步枪。保罗•毛瑟先后推出了众所周知的M1894步枪式和M1895式步枪、毛瑟系列M1898式步枪及98K卡宾枪。这一系列的毛瑟步枪被卖到世界各地，毛瑟步枪很快就在全世界流行起来，随着毛瑟步枪的名气不断攀升，保罗•毛瑟也逐渐全面控制了皇家兵工厂的股份，最终在1897年皇家兵工厂重新改组成为毛瑟武器制造股份公司（Waffenfabrik Mauser AG）。

毛瑟公司除了生产步枪外也大量生产手枪，这种手枪也被称为毛瑟手枪。在中国，广为人知的毛瑟手枪有两种，一种是毛瑟M1896式手枪，由毛瑟公司工厂雇员菲德勒三兄弟于1893年开始研制，1894年制造出了7.63毫米样枪，1896年获得专利，1897年定型，命名为“7.63毫米M1896式毛瑟自动手枪”（欧洲统称毛瑟C96），发射7.63毫米毛瑟瓶形手枪弹。配备木盒，既作枪套，又可与枪握把连接，作为枪托实施抵肩射击。另一种被称为“张嘴蹬撸子”的毛瑟手枪，因其套筒前半部敞开，像张大的嘴巴，故名“张嘴蹬撸子”。1910年毛瑟公司推出的6.35毫米口径的M1910式手枪，获得了很大的成功，生产量很大。自M1910式推出后，毛瑟兵工厂对这种自由枪机手枪进行了不断改进，1914年，毛瑟兵工厂对M1910式手枪进行了改进，推出两种样式，即7.65毫米M1914式手枪和6.35毫米M1914式手枪。1934年，继续改进M1914式手枪，推出了7.65毫米M1934式手枪。在中国，使用的“张嘴蹬撸子”类手枪主要有6.35毫米M1910式手枪、6.35毫米M1914式手枪、7.65毫米M1914式手枪、7.65毫米M1934式手枪。1895～1938年，毛瑟兵工厂生产的各种毛瑟手枪，共计100余万支。

毛瑟兵工厂深刻影响枪械史的步枪主要有M1871式单发栓式步枪、M71/84式管式弹仓步枪、M1898式步枪及98K卡宾枪。“二战”开始时，德国国防军已经装备了约277万支98K，在战争期间又有754万支98K交付部队（包括了12万支狙击型）。其中空军约有92万支，海军约有19万支，党卫军也有6万多支。从1935年到1945年，98K式短卡宾枪的总产量有一千多万支。大量的98K卡宾枪在战后被法国、东德、挪威、丹麦、捷克、南斯拉夫等国家翻修和继续使用，在朝鲜战争、1956年的第二次中东战争和后来的越南战争中，98K卡宾枪仍在战场上作战。98K式卡宾枪作为一种经典的“二战”武器，仍然受到枪械爱好者的欢迎，并用于收藏、射击运动或狩猎。

纳粹德国战败后，奥本多夫处于法国的控制之下，整个兵工厂遭到占领军的破坏。后来，3 个毛瑟公司的前雇员在奥本多夫建立了 H & K 公司，H & K 公司最终完全取代了毛瑟公司为德国军方供应轻武器。毛瑟公司只是属于德国防务企业莱茵金属公司（Rheinmetall）下的一个子公司，其主要的业务只是生产 BK–27 转膛式自动炮，在轻武器业务方面已经完全没落，只能生产一些名气不大、产量不多的民用产品。

德国毛瑟 M1896 式手枪系列

M1896 式毛瑟手枪是德国毛瑟兵工厂制造的世界上最早出现的自动手枪之一。它由德国毛瑟兵工厂的菲德勒三兄弟（Fidel Feederle，Friedrich Feederle and Josef Feederle）设计，最后申请专利者是毛瑟兵工厂的老板，所以命名为毛瑟手枪，有一款早期毛瑟 M1896 式手枪的机匣两侧既无凹凸也无铭文，整个机匣就是平整一块，十分光洁，是 1899 ～ 1905 年间的产品。据说最初是应意大利海军的要求定制的，总量不多，有少数此款毛瑟 M1896 式手枪枪支流传到了中国，在中国俗称大镜面手枪。

“一战”后，签订的《凡尔赛条约》对战败德国的武器生产和使用给予限制，不允许德国生产和采用口径超过 9 毫米、枪管超过 100 毫米的手枪。因此，“一战”后德国生产的毛瑟 M1896 式手枪枪管长由 132 毫米变为 100 毫米以下。20 世纪 20 年代后期国际联盟对德国管制放松，德国开始大量生产枪管长超过 100 毫米的手枪。

20 世纪 20 年代，西班牙 BH 公司和温塞塔公司开始仿制生产毛瑟 M1896 式半自动手枪，设计师又在轮上增加了一个快慢机，从而将仿制毛瑟 M1896 式半自动手枪改制成了能连发的冲锋手枪，进而占据了亚洲市场。毛瑟兵工厂为了抢回市场，聘请了奥地利著名武器设计师约瑟夫•尼克尔，火速改进 M1896 式毛瑟手枪，使其具有连发射击性能，并于 1930 年 11 月 25 日在德国获得了毛瑟冲锋手枪的专利，并迅速投入生产，这个时期的毛瑟冲锋手枪快慢机操作柄为条形，直到 1931 年上半年，生产的毛瑟冲锋手枪几乎全部卖给了中国。由于 1930 ～ 1931 年生产的产品经常发生故障，1932 年毛瑟兵工厂的卡尔•威斯汀格在早期设计的基础上再次改进了快慢机，快慢机操作柄改为桃形，并于 1932 年 4 月 13 日在德国获得专利，命名为 7.63 毫米 M1932 式手枪或称冲锋手枪，而后正式名称为毛瑟速射型手枪，M1932 式手枪的商业编号是“712 型”。M1932 式手枪版序列号与前几种版本没有接续关系，从 1 开始另行编号，最大序列号在 98000 左右。与 M1896 式相比，该枪的外部特征主要是枪身左侧增加了快慢机，可选择单、连发发射，并配有 10 发或 20 发可拆卸弹匣，其他与 M1896 式基本相同。M1932 式手枪可在握把后方驳接木质枪套作为肩托使用。在 1925 ～ 1935 年间，德国向中国销售的各种毛瑟手枪达 40 余万支。

德国毛瑟 7.63 毫米 M1896 式手枪（大镜面）

该枪口径 7.63 毫米，全枪长 294 毫米，枪管长 140 毫米，枪质量 1.11 千克，弹匣容弹量 10 发，发射 7.63 毫米毛瑟瓶型手枪弹。编号“2272”位于枪管后部左侧。枪身后部、击发机构有编号“4159”（更换了部分零部件，造成编号不一）。枪管后端上部铭文：“WAFFENFABRIK MAUSER OBERNDORF A/N.”（奈卡河畔奥本多夫镇毛瑟兵工厂）。机匣两侧无凹凸、无铭文，平整如镜。大圆环击锤，保险圆环实心。与毛瑟 M1896 式其他手枪保险的主要区别，一是行程短，二是保险打开的方向相反，属毛瑟 M1896 式手枪的第一型保险机构。标尺 1 ～ 10（1 代表 100 英尺）。该枪符合德国毛瑟兵工厂 1899 ～ 1905 年间给意大利海军定制的毛瑟 M1896 式手枪的特征。这种手枪在我国通常称为“大镜面”。

吕正操将军担任冀中军区司令员时，身边时常佩带着一支“大镜面”手枪。1959 年 10 月，时任铁道部副部长的吕正操将该毛瑟手枪捐赠中国人民革命军事博物馆收藏。

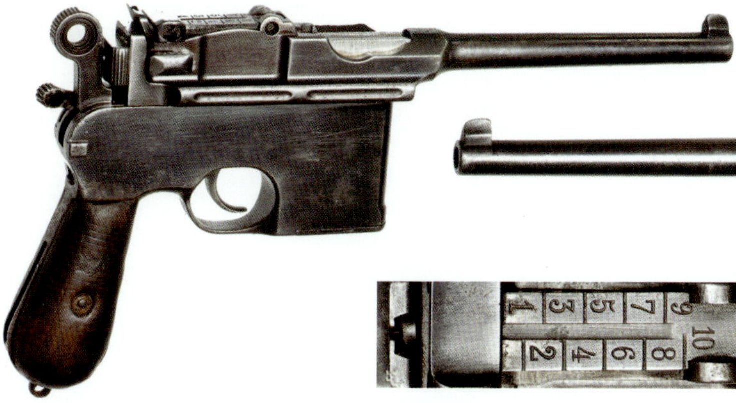

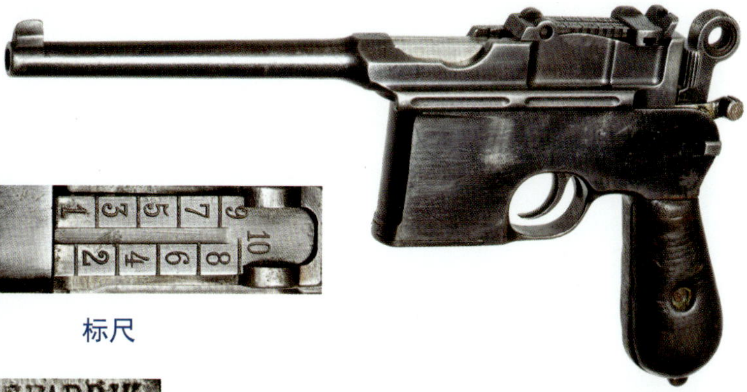

标尺

大圆环击锤 保险没孔

奈卡河畔奥本多夫镇
毛瑟兵工厂与编号

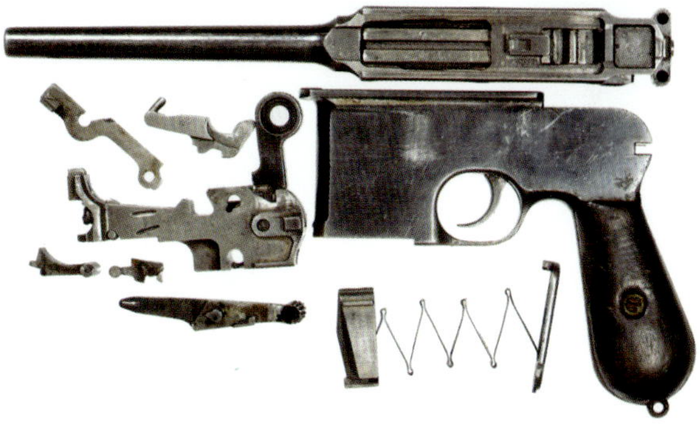

德国毛瑟 7.63 毫米 M1896 式战前商业版短管手枪

该枪口径 7.63 毫米，全枪长 256 毫米，枪管长 103 毫米，全枪质量 1.07 千克，弹仓容弹量 10 发，发射 7.63 毫米毛瑟手枪弹。可调标尺 50 英尺～ 1000 英尺，有 900 英尺刻度。编号“83893”位于枪管后部左侧斜面、枪身尾部与击发机后部。枪身右侧后方铭文：“WAFFENFABRIK MAUSER OBERNDORF A．NECKAR”（奈卡河畔奥本多夫镇毛瑟兵工厂）。枪管后部上方铭文：“WAFFENFABRIK MAUSER OBERNDORF A/N”（奈卡河畔奥本多夫镇毛瑟兵工厂）。枪管后部左侧有双皇冠 -U（德国枪支最终验证标识），枪栓上方有双皇冠 -U 与编号，采用第二种保险机构，保险圆环有孔，小圆环鸭嘴击锤，大握把，握把底部挂环可前后摆动。根据标尺上有 900

英尺刻度、编号位于枪管后部左侧斜面、枪身左侧没有“MAUSER”（毛瑟）徽标等特征，可以认定该枪为战前前期生产的德国毛瑟 7.63 毫米 M1896 式战前商业版短管手枪。该枪为 1905 ～ 1912 年的产品。

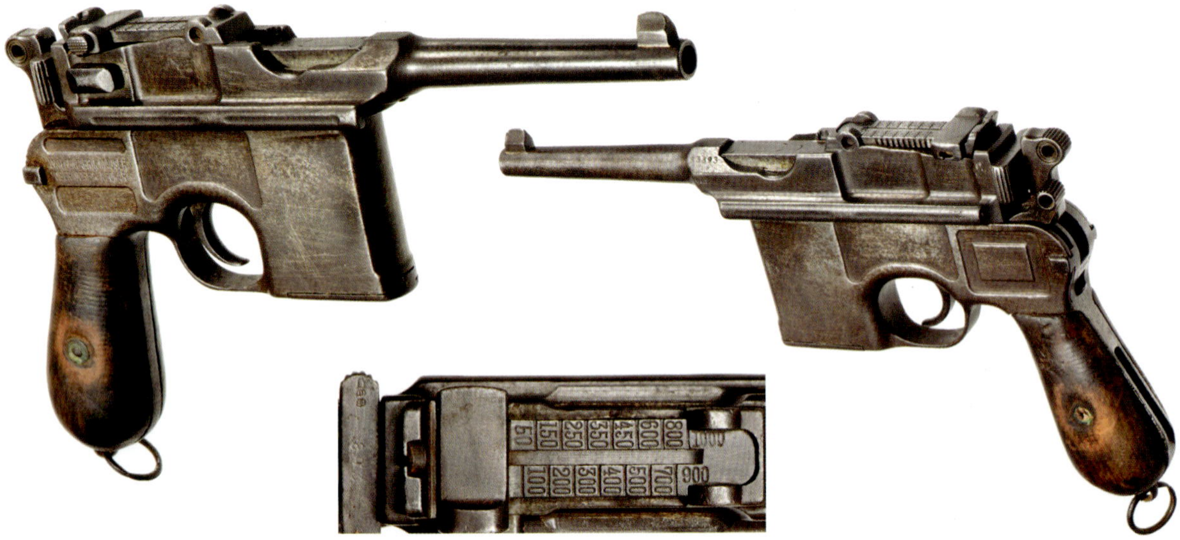

战前前期标尺有 900 英尺刻度

德国毛瑟 7.63 毫米 M1896 式战时商业版短管手枪

该枪口径 7.63 毫米，全枪长 254 毫米，枪管长 98 毫米，全枪质量 1.03 千克，弹仓容弹量 10 发，发射 7.63 毫米毛瑟手枪弹。可调标尺 50 ～ 1000 英尺，没有 900 英尺刻度。编号“481265”位于枪管后部左侧斜面、枪身尾部与击发机后部。枪身右侧后方铭文：“WAFFENFABRIK MAUSER OBERNDORF A．NECKAR”（奈卡河畔奥本多夫镇毛瑟兵工厂）。枪管后方上部铭文：“WAFFENFABRIK MAUSER OBERNDORF A/N”（奈卡河畔奥本多夫镇毛瑟兵工厂）。枪管后部左侧有双皇冠 -U（德国枪支最终验证标识），枪栓上方有双皇冠 -U 与编号。采用新式保险机构（New Safety），保险圆环实心，小圆环鸭嘴击锤，小握把底部挂环可左右摆动，枪身左侧没有“MAUSER”（毛瑟）徽标。

该枪既有战时短管商业版特征：编号位于枪管后部左侧斜面、枪身左侧没有“MAUSER”（毛瑟）徽标，又有战后短管手枪特征：准星设在枪管口部的套箍上、小握把、保险圆环没有孔、采用新式保险机构，击锤上有“NS”标识。可以认定该枪为德国毛瑟 7.63 毫米 M1896 式战时商业版短管手枪，也可称为战时过渡型毛瑟商业版短管 M1896 式手枪。

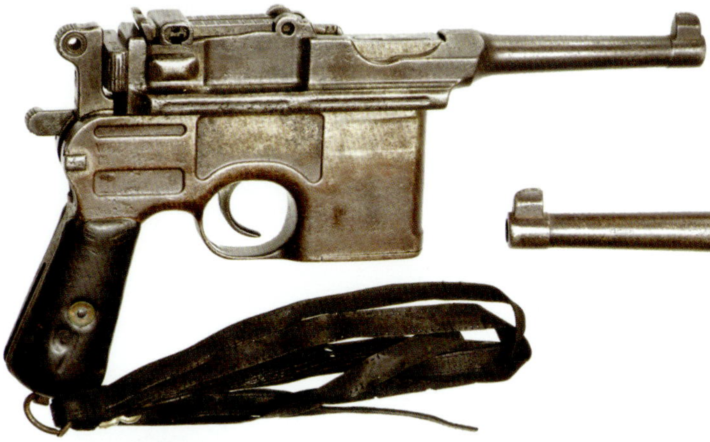

枪身尾部有六位编号、
击锤上有“NS”标识

德国毛瑟 7.63 毫米 M1896 式 1920 改装版手枪

该枪口径 7.63 毫米，全枪长 262 毫米，枪管长 110 毫米，全枪质量 1.10 千克，弹仓容弹量 10 发，发射 7.63 毫米毛瑟手枪弹。可调标尺 50 ~ 1000 英尺，没有 900

英尺刻度。编号“121695”位于枪管后部左侧斜面、枪身尾部与击发机后部。枪管后部右侧斜面刻有“1920”标识。枪管后部上方铭文：“WAFFENFABRIK MAUSER OBERNDORF A/N”（奈卡河畔奥本多夫镇毛瑟兵工厂），枪管后方左侧有双皇冠 -U（德国枪支最终验证标识）。枪身右侧后方铭文：“WAFFENFABRIK MAUSER OBERNDORF A. NECKAR”（奈卡河畔奥本多夫镇毛瑟兵工厂）。枪栓上方有双皇冠 -U，采用新式保险机构（New safety），保险圆环实心，小圆环鸭嘴击锤。大握把，握把底部挂环可前后摆动，枪身左侧没有“MAUSER”（毛瑟）徽标。

第一次世界大战德国战败，国际联盟对德国实行军事制裁。根据 1920 年 1 月生效的《凡尔赛条约》，德国生产的手枪管长不得超过 100 毫米，对于已经生产的手枪必须进行改装才能使用。1920 年后毛瑟公司对手枪改装包括：枪管缩短至 100 毫米以下、将准星焊接在枪管上、在枪管后部右侧斜面刻有“1920”标识，表示执行了《凡尔赛条约》。由于是 1920 年后改装的枪支，枪上的序列号仍是原序列号。

该枪符合战时商业版时期的特征，因为枪管截去一部分，准星是重新焊接在枪管上，枪管截短后比战后短管手枪粗，整枪比战后短管手枪重。枪管后部右侧斜面刻有明显的“1920”标识，认定该枪为德国毛瑟 7.63 毫米 M1896 式 1920 改装版手枪，也可称为战时毛瑟商业版改装型手枪。

枪管后部左侧斜面有编号、上方有铭文、右侧斜面有 1920 标识

德国毛瑟 7.63 毫米 M1896 式战后短管手枪

标尺

奈卡河畔奥本多夫镇毛瑟兵工厂
最终验证 编号

新式保险标识与编号

该枪口径 7.63 毫米，全枪长 253 毫米，枪管长 98 毫米，全枪质量 1.06 千克，弹匣容弹量 10 发，发射 7.65 毫米毛瑟手枪弹。编号“666223”位于枪管左侧后部、枪身尾部与击发机后部。右侧枪身后方铭文：“WAFFENFABRIK MAUSER OBERNDORF A. NECKAR”（奈卡河畔奥本多夫镇毛瑟兵工厂）。左侧枪身尾部有小号“MAUSER”（毛瑟）徽标。击锤小环鸭嘴型，保险圆环实心，击锤上有“NS”（New Safety 新式保险机构）与编号 “223”。枪管后方三棱左侧与枪栓上部有双皇冠 –U（德国枪支最终验证标识）。枪管后方三棱上部铭文：“WAFFENFABRIK MAUSER OBERNDORF A/N”（奈卡河畔奥本多夫镇毛瑟兵工厂）。标尺 50 ～ 1000 英尺，没有 900 英尺刻度，枪栓上部有编号“皇冠 –U 6223”，准星套在枪管上，握把较小。

第一次世界大战德军战败，国际联盟对德国实行军事制裁，根据《凡尔赛条约》的规定，战后德国生产的手枪，枪管长不得超过 100 毫米，之前生产的枪支如果继续使用必须进行改装。毛瑟的战后版因广泛被警察机关使用，因此也被称为警用型。其主要特征有：击锤后方有交错组合的字母“NS”（意为新式保险）；保险杆上没有孔，握把较小。

1927 年，朱德在南昌起义时曾经使用的手枪就是毛瑟 M1896 式短管手枪。枪身刻有“南昌暴动纪念朱德自用”字样，该枪现珍藏在中国人民革命军事博物馆。

德国毛瑟 7.63 毫米 M1896 式战后晚期版手枪

该枪口径 7.63 毫米，全枪长 288 毫米，枪管长 132 毫米，全枪质量 1.10 千克，弹匣容弹量 10 发，发射 7.63 毫米毛瑟手枪弹。编号“740627”位于枪管后部左侧、枪身尾部与击发机构上。右侧枪身后方铭文：“WAFFENFABRIK MAUSER OBERNDORF A. NECKAR”（奈卡河畔奥本多夫镇毛瑟兵工厂）。左侧枪身尾部有大号“MAUSER”（毛瑟）徽标。保险圆环实心，击锤小环鸭嘴型。枪管后方三棱左侧有双皇冠 –U（德国枪支最终验证标识）。枪管后方三棱上部铭文：“WAFFENFABRIK MAUSER OBERNDORF A/N”（奈卡河畔奥本多夫镇毛瑟兵工厂），枪栓上部有编号“皇冠 –U 0627”，标尺 50 ～ 1000 英尺，没有 900 英尺刻度。击锤上有“NS”（New Safety 新式保险机构）与编号“627”。

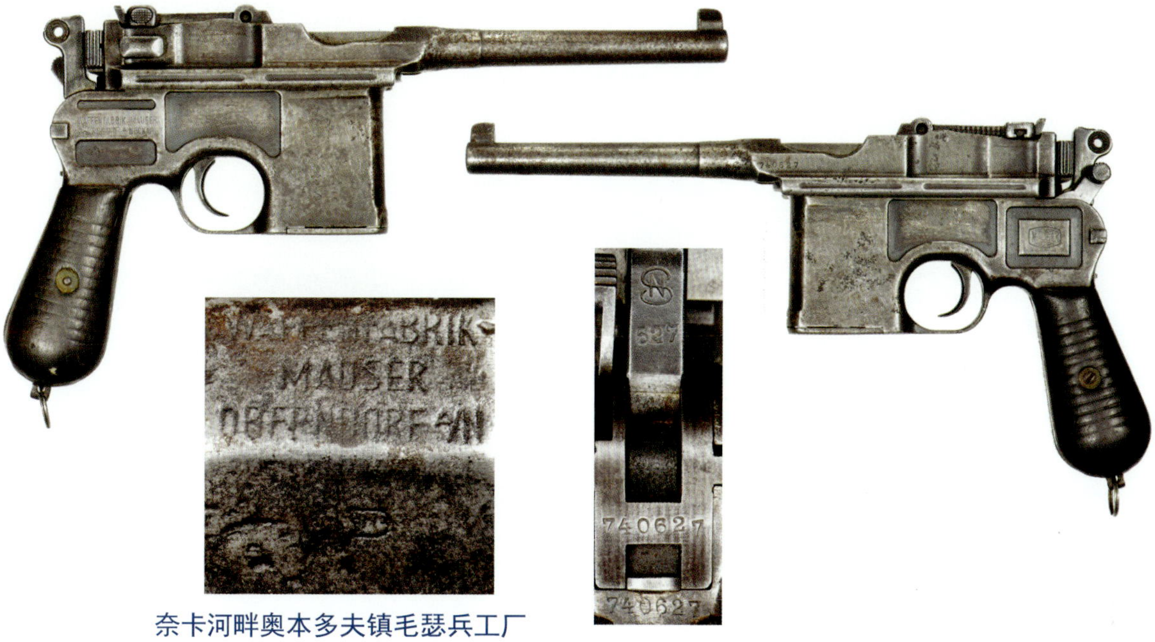

奈卡河畔奥本多夫镇毛瑟兵工厂
最终验证

编号

“一战”后晚期，国际联盟对德国实行的军事制裁逐渐放松，德国对《凡尔赛条约》也不再严格遵守，手枪枪管长突破 100 毫米的限制。从该时期开始，毛瑟 M1896 式手枪枪管长恢复到 132 毫米或 140 毫米，枪管外形上分段，握把大，但是还采用了毛瑟新式保险机构。经考证，该枪属德国毛瑟 7.63 毫米 M1896 式战后晚期版手枪。

德国毛瑟 7.63 毫米 M1930 式早期型手枪

该枪口径 7.63 毫米，全枪长 285 毫米，枪管长 132 毫米，全枪质量 1.15 千克，弹匣容弹量 10 发，发射毛瑟 7.63 毫米手枪弹。“编号 811867”位于枪管后部左侧。右侧枪身后方铭文：“WAFFENFABRIK MAUSER OBERNDORF A.NECKAR”（奈卡河畔奥本多夫镇毛瑟兵工厂），左侧枪身尾部有大号“MAUSER”徽标。击锤小环鸭嘴型，小圆环保险采用通用型保险机构。枪管后方三棱左侧与枪栓上方有双皇冠 –U（德国枪支最终验证标识），枪栓上方有双皇冠 –U，没有编号，枪管后方三棱上部铭文：

“WAFFENFABRIK MAUSER OBERNDORF A/N”（奈卡河畔奥本多夫镇毛瑟兵工厂）。标尺刻度 50 ～ 1000 英尺，没有 900 英尺刻度。

击锤小环鸭嘴型
小圆环通用型保险 毛瑟徽标

奈卡河畔奥本多夫镇毛瑟兵工厂

1930 年版毛瑟 M1930 式 7.63 毫米手枪。1930 ～ 1937 年生产大约 12 万支，编号范围大约在 803115 ～ 921075 之间，这一款被毛瑟单独命名。主要特征有：使用了另一种保险装置即通用型保险，击锤有所改变，保险杆圆柄上有孔；枪管弹膛加厚，加工有多锥坡膛。表尺射程 50 ～ 1000 英尺，没有 900 英尺刻度，早期枪支上的“1000”从右向左读，后期枪支从左向右读；枪支后部没有序列号；握把尺寸增大，胡桃木握把上有 12 道沟槽；枪管上有完整序列号，枪身右侧铭文：“WAFFENFABRIK MAUSER OBERNDORF A. NECKAR”（奈卡河畔奥本多夫镇毛瑟兵工厂）。

德国毛瑟 7.63 毫米 M1930 式军用手枪

该枪口径 7.63 毫米，全枪长 297 毫米，枪管长 140 毫米，全枪质量 1.18 千克，弹

仓容弹量 10 发，发射 7.63 毫米毛瑟瓶型手枪弹。编号“892423”位于枪管后部左侧。右侧枪身后方铭文：“WAFFENFABRIK MAUSER OBERNDORF A.NECKAR”（奈卡河畔奥本多夫镇毛瑟兵工厂）和“D.R.P.u.A.P.”（德国专利和其他专利）。枪身左侧有大号“MAUSER”毛瑟徽标。击锤小环鸭嘴型，小圆环保险采用通用型保险机构。枪管后方三棱左侧有双皇冠 –U（德国枪支最终验证标识），枪栓上方有双皇冠 –U，没有编号，枪管后方三棱上部铭文：“WAFFENFABRIK MAUSER OBERNDORF A/N”（奈卡河畔奥本多夫镇毛瑟兵工厂）。可调标尺 50 ～ 1000 英尺，没有 900 英尺刻度。

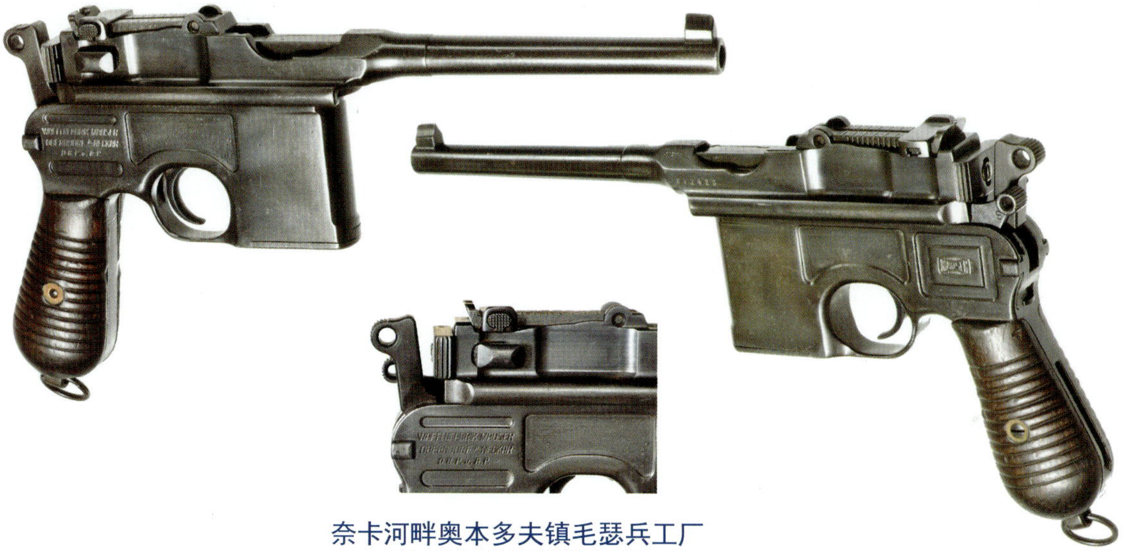

奈卡河畔奥本多夫镇毛瑟兵工厂
德国专利和其他专利

德国毛瑟 7.63 毫米 M1932 式手枪

该枪口径 7.63 毫米，全枪长 287 毫米，枪管长 132 毫米，全枪质量 1.31 千克，弹匣容弹量 10 ～ 20 发，发射 7.63 毫米毛瑟瓶型手枪弹。可调标尺 50 ～ 1000 英尺，没有 900 英尺刻度。编号“8245”位于枪管后部左侧。枪身右侧铭文：“WAFFENFABRIK MAUSER OBERNDORF A.NECKAR”（奈卡河畔奥本多夫镇毛瑟兵工厂）和“D.R.P.u.A.P.”（德国专利和其他专利）。枪身左侧后部有“MAUSER”（毛瑟）徽标，枪管上部铭文：WAFFENFABRIK MAUSER OBERNDORF A/N（奈卡河畔奥本多夫镇毛瑟兵工厂）。枪管后方三棱左侧有双皇冠 –U（德国枪支最终验证标识），枪栓上方有双皇冠 –U，没有了编号，小圆环鸭嘴击锤，小圆环保险采用通用型保险机构。桃形快慢机有上“N”右“R”标识，可使用 10 发、20 发弹匣。配木质枪盒（可以安装在握把后部卡槽内作为枪托使用）。又称毛瑟 7.63 毫米 M1932 式速射型手枪或冲锋型手枪。

刘华清在抗日战争时期使用的此款德国 7.63 毫米 M1932 式毛瑟手枪现由中国人民革命军事博物馆收藏。

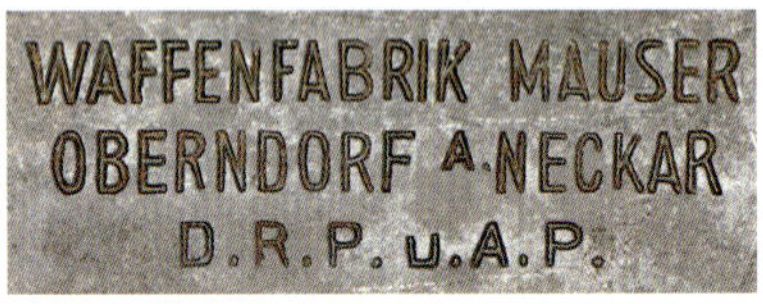

奈卡河畔奥本多夫镇毛瑟兵工厂
德国专利和其他专利

小圆环鸭嘴击锤 桃型快慢机
小圆环通用保险 毛瑟徽标

德国毛瑟 7.63 毫米 M1932 式冲锋手枪

该枪口径 7.63 毫米，全枪长 297 毫米，枪管长 140 毫米，全枪质量 1.31 千克，弹匣容弹量 10 ～ 20 发，发射 7.63 毫米毛瑟瓶型手枪弹。可调标尺 50 ～ 1000 英尺，没有900英尺刻度。编号“29995”位于枪管后部左侧。枪身右侧铭文：“WAFFENFABRIK MAUSER OBERNDORF A.NECKAR”（奈卡河畔奥本多夫镇毛瑟兵工厂）和“D.R.P.u.A.P.”（德国专利和其他专利）。枪身左侧后部有“MAUSER”（毛瑟）徽标，枪管上部铭文：“WAFFENFABRIK MAUSER OBERNDORF A/N”（奈卡河畔奥本多夫镇毛瑟兵工厂）。枪管后方三棱左侧有双皇冠–U（德国枪支最终验证标识），枪栓上方有双皇冠–U，没有编号，小圆环鸭嘴击锤，小圆环保险采用通用型保险机构。桃形快慢机有上“N”右“R”标识，20发弹匣底部有“MAUSER”徽标。配木质枪盒（可以安装在握把后部卡槽内作为枪托使用）。又称毛瑟7.63毫米M1932式速射型（或二十响）手枪。

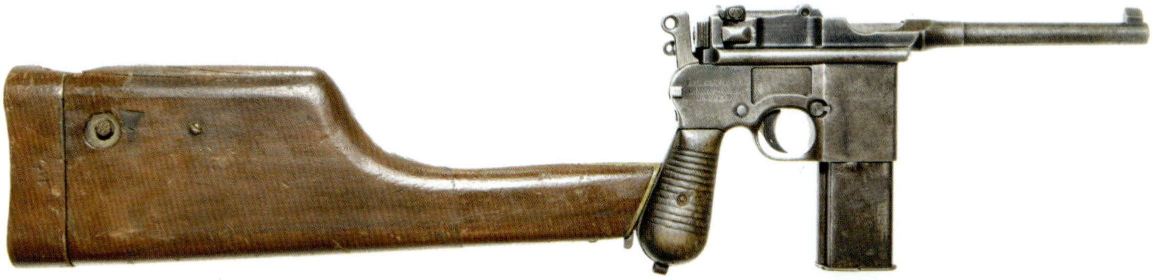

奈卡河畔奥本多夫镇毛瑟兵工厂
最终验证 编号

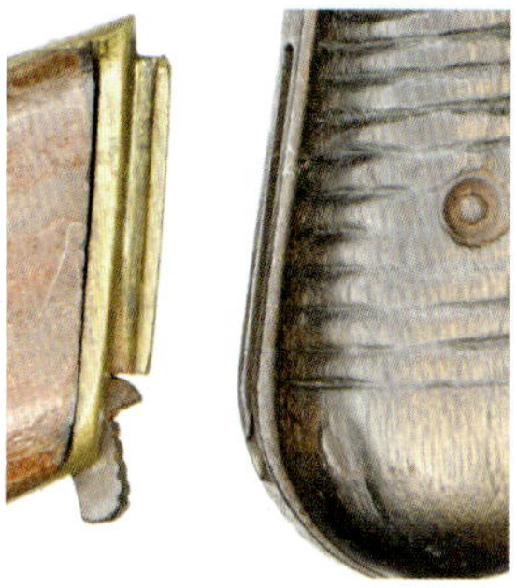

枪托连接部位

徐向前担任八路军129师副师长时曾使用过德国7.63毫米M1932式冲锋手枪，聂荣臻、罗瑞卿在革命战争时期也曾使用过该型号手枪，这三支手枪现由中国人民革命军事博物馆收藏。

德国毛瑟 7.63 毫米 M1932 式手枪（德国制）

德国制

该枪口径 7.63 毫米， 全枪长 292 毫米，枪管长 140 毫米，全枪质量 1.26 千克，弹匣容弹量 10 ～ 20 发，发射 7.63 毫米毛瑟瓶型手枪弹。编号“50818”位于枪管后部左侧，击发机构编号“0818”。右侧枪身后方铭文：“ WAFFENFABRIK MAUSER OBERNDORF A. NECKAR”（奈卡河畔奥本多夫镇毛瑟兵工厂）和“ D.R.P.u.A.P.”（德国专利和其他专利）。枪管后方三棱上部铭文：“ WAFFENFABRIK MAUSER OBERNDORF A/N”（奈卡河畔奥本多夫镇毛瑟兵工厂）。枪管后方三棱左侧双皇冠 –U（德国枪支最终验证标识），枪栓上方有双皇冠 –U，没有编号，可调标尺 50 ～ 1000 英尺，没有 900 英尺刻度。左侧枪身尾部有“MAUSER”（毛瑟）徽标。桃形快慢机有“N”（正常）“R”（连发）标识。击锤小环鸭嘴型，小圆环保险采用通用型保险机构。枪身左侧弹匣筒上有“德国制”标识。德国毛瑟武器公司为中国生产的 M1932 式毛瑟手枪，为了区别于仿造，在该枪弹匣筒上的左侧刻有“德国制”三个汉字。

任弼时、许光达在革命战争时期使用过枪身左侧有“德国制”的汉字铭文的 M1932 式毛瑟手枪。

德国毛瑟 M1910–M1934 手枪系列（张嘴蹬撸子）

由冯·约瑟夫·尼克设计的毛瑟式袖珍手枪于 1910 年定型，故命名为毛瑟 M1910 式 6.35 毫米袖珍半自动手枪。从 1911 年开始正式生产，最初的产品只有 6.35 毫米一种口径，1914 年进行改进，增加了 7.65 毫米口径版本，毛瑟 M1914 式手枪于 1934 年停产，总产量 50 多万支。1934 年再次改进，使用了一项新的设计专利，并改进了握把，毛瑟 M1934 式手枪于 1941 年停产，总产量约 12 万支。毛瑟公司从一开始就没有正式的官方命名，国外研究人员为便于区分，按照以枪支研发成功年代命名的惯例，并在名称中加上枪的口径，根据铭文的变化，于是出现了 6.35 毫米 M1910 版、6.35 毫米 M1914 版、7.65 毫米 M1914 版、7.65 毫米 M1934 版等不同的型号。该枪的特点是套筒前方顶部为敞开式设计，即这一部分枪管裸露，好像在张着嘴一样，由于该枪样式别致，性能良好，击发干净利落，给人以虎虎生威之感，在中国，人们习惯称呼其为“张嘴蹬撸子”，也受到中国军官的喜爱。

德国毛瑟 6.35 毫米 M1910 式手枪

竖向最终验证标识

编号 奈卡河畔奥本多夫镇毛瑟兵工厂毛瑟专利 徽标

该枪口径 6.35 毫米，全枪长 132 毫米，枪管长 78 毫米，全枪质量 0.40 千克。弹匣容弹量 9 发，发射 6.35 毫米勃朗宁手枪弹。编号“25363”位于左侧套筒前端和套筒座后部。套筒左侧铭文：WAFFENFABRIK MAUSER A–G. OBERNDORF A.N. MAUSER'S PATENT.（奈卡河畔奥本多夫镇毛瑟兵工厂毛瑟专利）。套筒座左侧有大号“MAUSER”（毛瑟）徽标，左侧套筒座扳机上方有侧门闩。套筒座右侧前部有德国枪支竖向最终验证标识（双皇冠 –U），右侧没有铭文。防滑纹 9 道。半包握把护片上方有“MW”叠加在一起的毛瑟徽标（毛瑟武器），弹匣底部有“MAUSER”（毛瑟）徽标。

毛瑟 M1910 式手枪外形独特，套筒前部采用开顶式设计，枪管裸露在外，枪管上有两个凸耳，通过导槽卡在套筒座上，并由枪管固定导杆方式固定，枪管固定导杆并兼做复进簧导杆。左侧扳机上面有一个闩，称为侧闩，可以在不动套筒的情况下，拆下扳机、阻铁等击发构件，所以这款枪也称为 M1910 “侧闩”款。手枪采用手动保险，位置在握把左侧，需保险时按下保险按键，当按下下方圆形按钮时则解脱保险。设有空仓挂机机构，握把采用半包形护片，弹匣容弹量在袖珍手枪中可以说是最大的，达到了 9 发。

德国毛瑟 6.35 毫米 M1910/1914 式手枪（第一版）

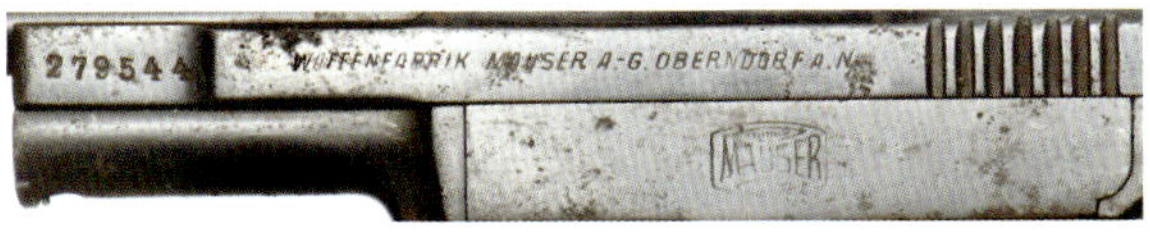

编号 奈卡河畔奥本多夫镇毛瑟兵工厂 毛瑟徽标

毛瑟 6. 35 毫米

该枪口径 6.35 毫米，全枪长 134 毫米，枪管长 76 毫米，全枪质量 0.40 千克，弹匣容弹量 9 发，发射 6.35 毫米勃朗宁手枪弹。编号“279544”位于左侧套筒前端，套筒座后部及扳机旁有四位编码“9544” 。左侧套筒铭文：“WAFFENFABRIK

MAUSER A–G. OBERNDORF A. N.”（奈卡河畔奥本多夫镇毛瑟兵工厂）。套筒座左侧有大号“MAUSER”（毛瑟）徽标。套筒右侧铭文：Mauser–6.35（毛瑟 6.35 毫米），右侧套筒前部横向双皇冠 –U（德国枪支最终验证标识）。有 7 道防滑纹。

M1910/1914 式手枪（第一版）的特点是：套筒左侧上的生产厂家铭文由“WAFFENFABRIK MAUSER A–G. OBERNDORF A.N. MAUSER’S PATENT”缩减为“WAFFENFABRIK MAUSER A–G. OBERNDORF A. N.”。取消了左侧套筒座扳机上方的侧门闩；9 道防滑纹改为 7 道防滑纹；右侧套筒前部竖向双皇冠 –U 改成横向双皇冠 –U。

德国毛瑟 6.35 毫米 M1910/1914 式手枪（第二版）

横向最终验证标识

编号 奈卡河畔奥本多夫镇毛瑟制造公司 毛瑟徽标

毛瑟 6. 35 毫米

该枪口径 6.35 毫米，全枪长 134 毫米，枪管长 76 毫米，全枪质量 0.40 千克，弹

匣容弹量 9 发，发射 6.35 毫米勃朗宁手枪弹。编号“362850”位于左侧套筒前端，套筒座尾部及扳机旁有四位编码“2850”。左侧套筒铭文：“MAUSER WERKE A.–G. OBERNDORF A.N.”（奈卡河畔奥本多夫镇毛瑟制造公司）。左侧套筒座有大号“MAUSER”（毛瑟）徽标。右侧套筒铭文“Mauser–6.35”（毛瑟 6.35 毫米），右侧套筒座前部横向双皇冠 –U（德国枪支最终验证标识）。套筒后部 7 道防滑纹，握把木质护片。

这是毛瑟 6.35 毫米 M1910/1914 式手枪中最常见的一款。左侧套筒铭文与 M1910/1914 式（第一版）不同的是铭文由“WAFFENFABRIK MAUSER A–G. OBERNDORF A.N.”改为“MAUSER–WERKE A.G. OBERNDORF A.N.”。

第三版与第二版不同之处是右侧套筒铭文改为 CAL6.35–D.R.P.U.A.P，其余都一样。

德国毛瑟 7.65 毫米 M1914 式手枪不同版本

在毛瑟 M1910 式、M1910/14 式、M1914 式小型手枪系列中，毛瑟 M1914 式持续生产的时间最长，从 1914 年生产到 1934 年，20 年间总共生产了 50 余万支。共同的改变是：准星前移到枪口，防滑纹改成驼峰形防滑纹，右侧枪管前部没有双皇冠与“U”标识，编号从 000001 开始。但不同时期生产的枪支，在枪身铭文和外部形态上存在细微差别。根据细节，可以区分出 5 种不同的版本。

第一版本，套筒左侧铭文“WAFFENFABRIK MAUSER A.–G.OBERNDORF A.N. MAUSER' SPATENT”（奈卡河畔奥本多夫镇毛瑟兵工厂毛瑟专利），套筒座左侧有大号“MAUSER”徽标。套筒右侧没有铭文，套筒座右侧有条形凹槽。编号左侧套筒前部与枪身尾部为全码，扳机一侧有三位编号。

第二版本，套筒左侧铭文与第一版本相同，但无“MAUSER”徽标。套筒右侧铭文：Mauser–7.65（毛瑟 –7.65），套筒座右侧有条形凹槽。编号左侧套筒前部与枪身尾部为全码，扳机一侧有三位编号。

第三版本，套筒铭文内容与前两版相同，但铭文由一行变为两行，套筒右侧铭文由“Mauser–7.65”改为“MAUSER–7.65”（毛瑟 7.65），套筒座左侧有大号“MAUSER”徽标，套筒座右侧无条形凹槽。编号左侧套筒前部与枪身尾部为全码，扳机一侧有四位编号。

第四版本，套筒座左侧 “MAUSER”徽标改为小号，其他与第三版本相同。编号左侧套筒前部与枪身尾部为全码，扳机一侧有四位编号。

第五版本，套筒左侧铭文由第一行“WAFFENFABRIK MAUSER A.–G. OBERNDORF A.N.”，第二行“MAUSER' S PATENT”改为“MAUSER–WERKE A.G.OBERNDORF A.N.”（奈卡河畔奥本多夫镇毛瑟制造公司），套筒右侧铭文与第四版本相同。编号左侧套筒前部与枪身尾部为全码，扳机一侧有三位编号。

德国毛瑟 7.65 毫米 M1914 式手枪（第一版本）

该枪口径 7.65 毫米，全枪长 158 毫米，枪管长 86 毫米，全枪质量 0.61 千克，弹匣容弹量 8 发，发射 7.65 毫米勃朗宁手枪弹。编号“84021”位于左侧套筒前部与枪身尾部。左侧套筒铭文：“WAFFENFABRIK MAUSER A.–G.OBERNDORF A.N.MAUSER' S PATENT ”（奈卡河畔奥本多夫镇毛瑟兵工厂）。套筒座左侧有大号“MAUSER”徽标，枪右侧套筒无铭文，套筒座右侧有条形凹槽，扳机一侧有三位编号“021”。与毛瑟 M1910/1914 式不同的是：准星前移到枪口，有 12 道驼峰形防滑纹。与其他 M1914 式手枪不同的是：右侧套筒座上有条形凹槽，右侧枪管与套筒座前端连接处有竖向最终验证标识“双皇冠加 U”。

最终验证标识

编号 奈卡河畔奥本多夫镇毛瑟兵工厂
毛瑟专利 毛瑟徽标

条形凹槽

德国毛瑟 7.65 毫米 M1914 式手枪（第二版本）

该枪口径 7.65 毫米，全枪长 158 毫米，枪管长 86 毫米， 全枪质量 0.58 千克，弹匣容弹量 8 发，发射 7.65 毫米勃朗宁手枪弹。编号“251026”位于左侧套筒前部与枪身尾部，套筒右侧铭文：“Mauser–7.65”（毛瑟 7.65 毫米），套筒座右侧有条形凹槽，套筒左侧铭文：“WAFFENFABRIK MAUSER A.–G.OBERNDORF A.N MAUSER’S PATENT ”（奈卡河畔奥本多夫镇毛瑟兵工厂毛瑟专利）。有 13 道驼峰防滑纹。扳机一侧有三位编号“026”。与 M1914 式手枪第一版本不同的是该枪右侧套筒有“Mauser–7.65”（毛瑟 7.65）。但是左侧套筒座没有毛瑟徽标，驼峰防滑纹由 12 道改成 13 道。

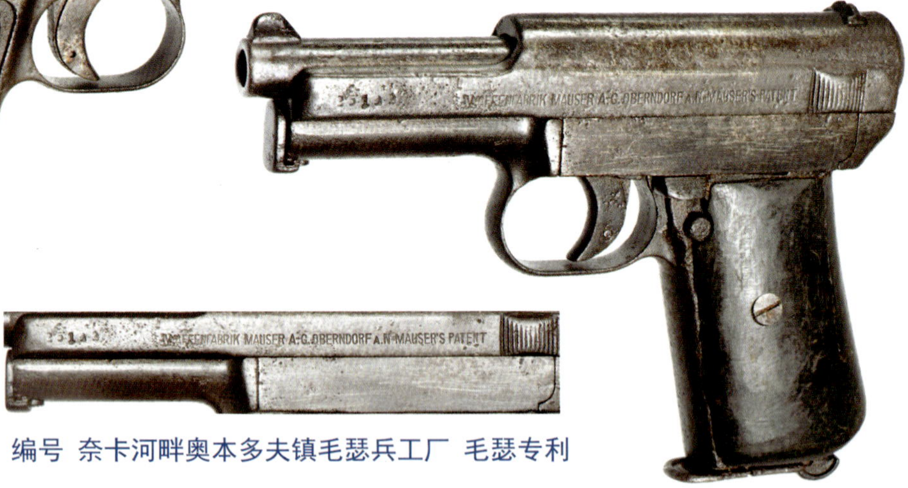

编号 奈卡河畔奥本多夫镇毛瑟兵工厂 毛瑟专利

毛瑟 -7.65 与条形凹槽

德国毛瑟 7.65 毫米 M1914 式手枪（第三版本）

该枪口径 7.65 毫米，全枪长 158 毫米，枪管长 86 毫米，全枪质量 0.61 千克，弹匣容弹量 8 发，发射 7.65 毫米勃朗宁手枪弹。编号“411013”位于左侧套筒前部与枪身尾部。右侧套筒铭文为大写“MAUSER– 7.65 ”（毛瑟 7.65 毫米），左侧套筒铭文：“WAFFENFABRIK MAUSER A.–G. OBERNDORF A.N. MAUSER’S PATENT”（奈卡河畔奥本多夫镇毛瑟兵工厂毛瑟专利）。左侧套筒座有大号“MAUSER”毛瑟徽标，有 13 道驼峰形防滑纹，扳机一侧有四位编号“1013”。弹匣底部有“MAUSER”徽标。同第二版本不同的是右侧套筒铭文改为大写的“MAUSER–7.65 ”，套筒座右侧无驼峰型凹槽。

编号 奈卡河畔奥本多夫镇毛瑟兵工厂
毛瑟专利 毛瑟徽标

毛瑟 -7.65

德国毛瑟 7.65 毫米 M1914 式手枪（第四版本）

该枪口径 7.65 毫米，全枪长 158 毫米， 枪管长 86 毫米， 全枪质量 0.61 千克，弹匣容弹量 8 发，发射 7.65 毫米勃朗宁手枪弹。编号“421575”位于左侧套筒前部与枪身尾部。套筒左侧铭文第一行：“WAFFENFABRIK MAUSER A.–G.OBERNDORF A.N.”，第二行“MAUSER’S PATENT”（奈卡河畔奥本多夫镇毛瑟兵工厂毛瑟专利）。套筒座左侧有小号“MAUSER”徽标。套筒右侧铭文“MAUSER–7.65”。有 13 道驼峰形防滑纹，扳机一侧有四位编号“1575”。握把护片上方有毛瑟徽标，同第三版不同的是毛瑟商标改成小号毛瑟商标图案。

编号 奈卡河畔奥本多夫镇毛瑟兵工厂
毛瑟专利 毛瑟徽标

毛瑟 - 7. 65

德国毛瑟 7.65 毫米 M1914 式手枪（第五版本）

该枪口径 7.65 毫米，全枪长 158 毫米，枪管长 86 毫米，全枪质量 0.60 千克，弹匣容弹量 8 发，发射 7.65 毫米勃朗宁手枪弹。编号“476506”位于左侧套筒前部与枪身尾部。套筒左侧铭文：“ MAUSER–WERKE A.G.OBERNDORF A.N.”（奈卡河畔奥本多夫镇毛瑟制造公司），套筒座左侧有“MAUSER”小号徽标。套筒右侧铭文“Cal. 7.65”，有 13 道驼峰防滑纹。

同第四版不同之处是铭文“WAFFENFABRIK MAUSER A.–G. OBERNDORF A.N., MAUSER’ S PATENT”改为“MAUSER–WERKE A.G.OBERNDORF A.N.”。右侧套筒铭文由“MAUSER–7.65”（毛瑟 7.65）改成“Cal.7.65”（口径 7.65），扳机一侧有三位编号“506”。握把后脊前凹便于握持手枪。

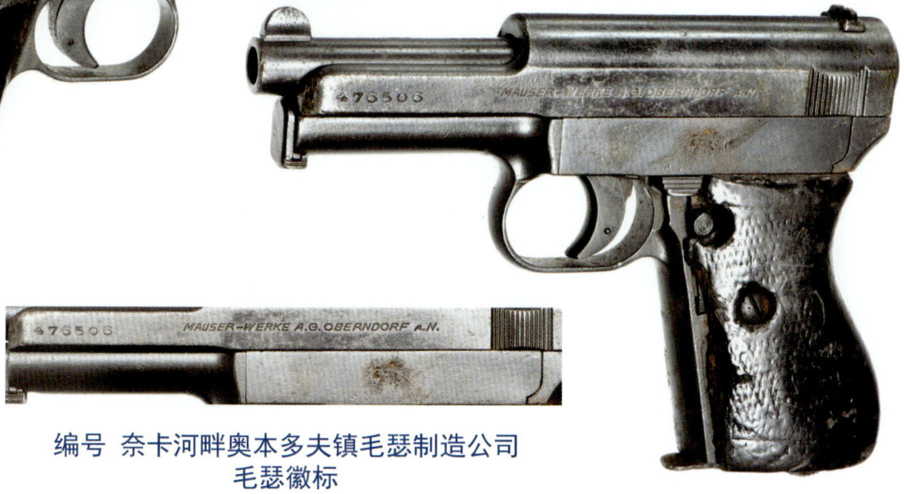

编号 奈卡河畔奥本多夫镇毛瑟制造公司
毛瑟徽标

口径 7. 65 毫米

德国毛瑟 7.65 毫米 M1934 式手枪

该枪口径 7.65 毫米，全枪长 158 毫米，枪管长 86 毫米，全枪质量 0.59 千克，弹匣容弹量 8 发，发射 7.65 毫米勃朗宁手枪弹。编号“515540”位于左侧套筒前部凹槽内。左侧套筒铭文：“MAUSER–WERKE A G. OBERNDORF A.N.”（奈卡河畔奥本多夫镇毛瑟制造公司）。套筒右侧铭文：“Cal.7.65 D.R.P.u.A.P. ”（口径 7.65 毫米德国专利和其他专利）。套筒座左侧有小号“MAUSER”徽标，枪身尾部与扳机一侧有三位编号“540”。弹匣底部有“MAUSER”徽标，套筒有驼峰防滑纹。握把后脊前凹便于握持，编号延续毛瑟 7.65 毫米 M1914 式手枪。

毛瑟 M1914 式手枪推出后，虽然获得了德国政府的认可，并成为德国警察的制式装备之一，但仍未得到军方的订单，于是毛瑟公司于 1934 年又推出了毛瑟 M1934 式手枪。毛瑟 M1934 式手枪与毛瑟 M1914 式手枪在内部结构上并无变化，只是将毛瑟 M1914 式手枪的握把护板换成了较符合人体工程学的带曲线的护板，握持较为舒适，除此之外，还增加了德国专利和其他专利字母，套筒座上也有些细微差别等。1939 年，德国海军订购了 8000 支毛瑟 M1934 式手枪，用于装备德国海军潜艇部队。而这也是德国军方唯一的一笔订单。毛瑟 M1934 式手枪于 1941 年停产。

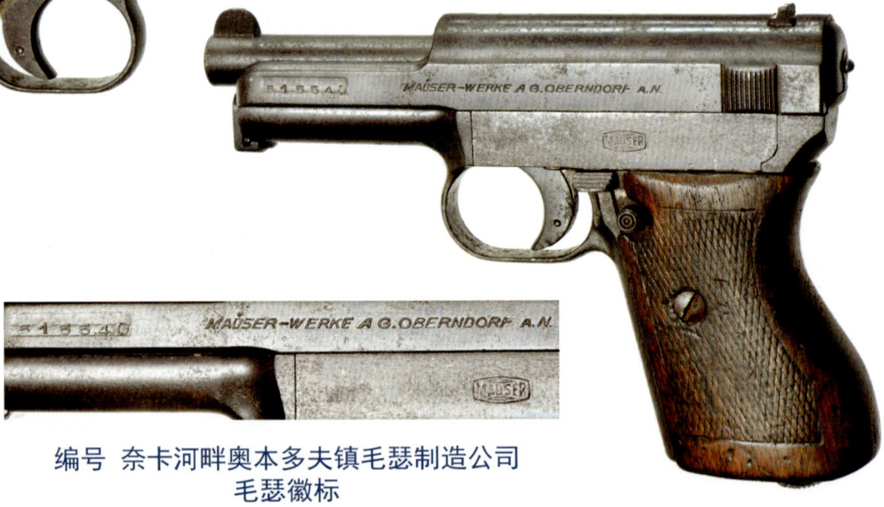

编号 奈卡河畔奥本多夫镇毛瑟制造公司
毛瑟徽标

口径 7. 65 毫米 德国专利和其他专利

德国毛瑟 7.65 毫米 M1934 式手枪（德国制）

该枪口径 7.65 毫米，全枪长 158 毫米，枪管长 86 毫米，全枪质量 0.61 千克，弹匣容弹量 8 发，发射 7.65 毫米勃朗宁手枪弹。编号“537527”位于左侧套筒前部凹槽内。左侧套筒铭文：“MAUSER–WERKE A.G. OBERNDORF A.N.”（奈卡河畔奥本多夫镇毛瑟制造公司）。套筒右侧铭文：“Cal.7.65 D.R.P.u.A.P.”（口径 7.65 毫米德国专利和其他专利），套筒座上右侧有“德国制”三个字。套筒座左侧有大号“MAUSER”徽标，弹匣底部有“MAUSER”徽标。套筒座后部和扳机一侧有三位编号“527”。套筒有驼峰防滑纹，握把后脊前凹便于握持。有“德国制”三个字的手枪标明是德国毛瑟公司专门为中国定制的。

毛瑟 M1934 式手枪，有着独特的外形，其套筒采用前开顶设计，枪管裸露在外，中国俗称为张嘴蹬撸子。张嘴蹬撸子深受我军各级指挥员的喜爱，在中国人民革命军事博物馆内就收藏有杨尚昆、张闻天等老一辈革命家所使用过的毛瑟 M1934 式张嘴蹬撸子。邓小平在革命战争年代使用的毛瑟 M1934 式手枪，解放后由中央警卫局保存，1980 年移交中国人民革命军事博物馆收藏。

编号 奈卡河畔奥本多夫镇毛瑟制造公司
毛瑟徽标

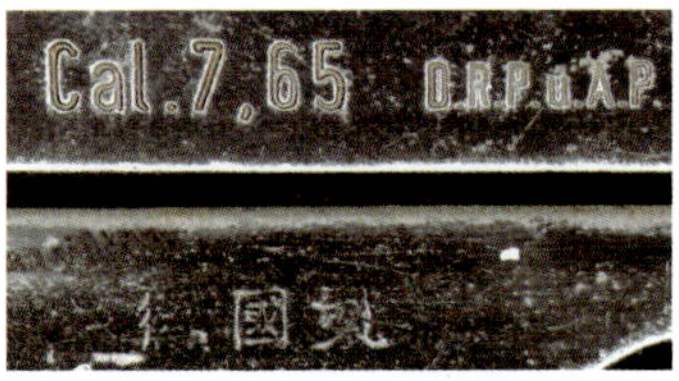

口径 7. 65 毫米 德国专利和
其他专利 德国制

德国毛瑟 7.65 毫米 M1934 式手枪（改进版）

编号 奈卡河畔奥本多夫镇毛瑟制造公司
毛瑟徽标

口径 7.65 毫米
德国专利和其他专利

该枪口径 7.65 毫米，全枪长 158 毫米，枪管长 86 毫米，全枪质量 0.59 千克，弹匣容弹量 8 发，发射 7.65 毫米勃朗宁手枪弹。编号“542075”位于左侧套筒前部凹槽内。左侧套筒铭文：“MAUSER–WERKE A.G. OBERNDORF A.N.”（奈卡河畔奥本多夫镇毛瑟制造公司）。套筒右侧铭文：“Cal.7.65 D.R.P.u.A.P. ”（口径 7.65 毫米德国专利和其他专利）。套筒座左侧有大号“MAUSER”徽标，枪身尾部与扳机一侧有三位编号“075”。弹匣底部有“MAUSER”徽标，套筒有驼峰防滑纹。握把护木已更换。

编号 515540 手枪与编号 542075 手枪的区别：套筒座左侧“MAUSER”徽标由小号徽标改为大号徽标，套筒左侧铭文内容一样，但 515540 手枪铭文靠前，542075 手枪铭文靠后。套筒右侧铭文字体不一样，542075 手枪字体要小一号，其余都一样。

德国毛瑟 6.35 毫米 WTP I 型袖珍手枪

毛瑟徽标

编号 西袋枪 - 6. 36 毫米 - 德国专利

奈卡河畔奥本多夫镇毛瑟制造公司
毛瑟徽标

该枪口径 6.35 毫米，全枪长 102 毫米，枪管长 50 毫米，全枪质量 0.28 千克，弹匣容弹量 5 发，发射 6.35 毫米勃朗宁手枪弹。编号“1373”位于套筒右侧。套筒左侧铭文：“Mauser-Werke A. g. Oberndorf a. N.”（奈卡河畔奥本多夫镇毛瑟制造公司），套筒左侧后部有“MAUSER”（毛瑟）徽标。套筒右侧有铭文“ W.T.P. –6.35– D.R.P.”为德文［Westert Taschen Pistole（西袋枪）– 口径 6.35 毫米 – D.R.P 德国专利］。握把护片与弹匣底部上有“MAUSER”徽标。

毛瑟 WTP 袖珍手枪是 1918 年获得专利，1921 年推出的产品。WTP 袖珍手枪，结构很紧凑，使用性能安全可靠，保险钮操作方便，可以锁住阻铁和套筒。握把方形，外覆硬橡胶，握起来很舒服。WTP 设有无弹匣保险，可以避免卸弹匣时走火，击针簧导杆从套筒后面伸出，被击针定位栓锁住，可作为膛内有弹指示器，当手枪处于待击状态时，不能向内按压它。该枪与 M1910 袖珍手枪一样，设有空仓挂机机构。WTP 手枪有 WTP I 型和 WTP II 型两种型式。WTPII 型在 1938 年开始生产，外形更小，并且改进了握把，重新设计了保险和膛内有弹指示器。其膛内有弹指示器和大多数毛瑟手枪的相似，从套筒后面伸出来，射手可看到或触摸到。初期的握把采用黑色硬橡胶制作，1938年以后改用棕色的塑料握把。WTP I型手枪在套筒座和套筒的侧面有“W.T.P.–6.35–D.R.P.”的铭文。WTP I型手枪大约生产了50000支。

德国DWM兵工厂7.65毫米手枪（1922版）

该枪口径7.65毫米，全枪长151毫米，枪管长90毫米，全枪质量0.56千克，弹匣容弹量7发，发射7.65毫米勃朗宁手枪弹。编号“5335”位于套筒座前方和枪管前下方。套筒左侧有德国武器弹药兵工厂（Deutsche Waffen und Munitionsfabriken）缩写花体“DWM”徽标和德国无烟火药验证标识。枪管尾部有无烟火药验证标识。设有握把保险。该枪为德国武器弹药兵工厂（DWM）仿制比利时勃朗宁M1910型手枪的产品。手枪握把护片是胡桃木制作，为早期的M1922版产品。

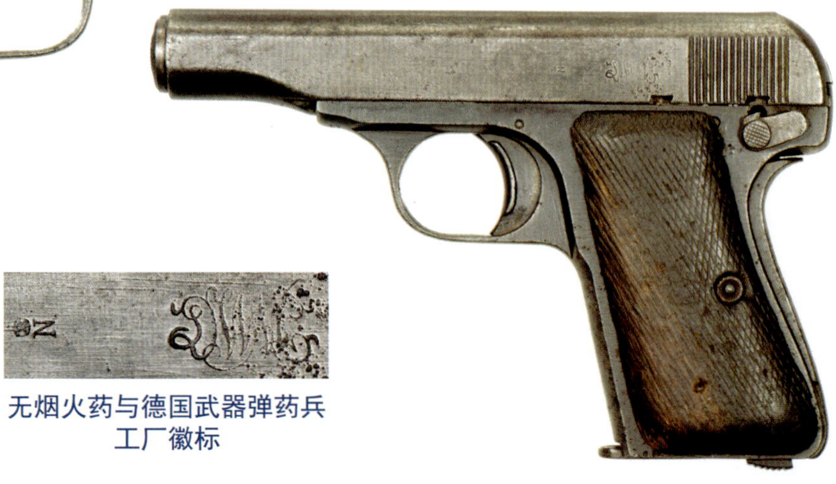

无烟火药与德国武器弹药兵工厂徽标

该枪为德国武器弹药兵工厂20世纪20年代的产品，握把护片最初为胡桃木制作，手枪型号为 M1922 版，握把护片改用黑色塑料制作后，手枪型号改为 M1923 版，这两版手枪共生产了 5 万多支，1928 年停产。

德国 DWM 兵工厂 7.65 毫米手枪（1923 版）

该枪口径 7.65 毫米，全枪长 151 毫米，枪管长 90 毫米，全枪质量 0.56 千克，弹匣容弹量 7 发，发射 7.65 毫米勃朗宁手枪弹。编号“9305”位于套筒座前方和枪管前下方。套筒左侧有德国武器弹药兵工厂（Deutsche Waffen und Munitionsfabriken） 缩写花体“DWM” 徽标和德国无烟火药验证标识。枪管尾部有无烟火药验证标识。设有握把保险。该枪为德国武器弹药兵工厂（DWM）仿制比利时勃朗宁 M1910 型手枪的产品。该枪应该为后来改进型的 M1923 版的产品。

枪口比较

无烟火药与德国武器弹药兵工厂徽标

照门比较

凹槽宽度与准星比较

德国 DWM 兵工厂生产的 7.65 毫米手枪，M1923 版与 M1922 版的不同点：手枪护片由胡桃木改为黑色塑料、套筒顶部开的前后贯通防光凹槽的宽度比 M1922 版窄、凹槽内的准星较长、照门的宽度较窄、枪口套的前缘上的滚花为直纹，而 M1922 版滚花为斜纹。

德国奥其斯手枪

奥其斯徽标（Ortgies Marke）

亨利奇•奥其斯（Heinrich Ortgies），德国人，第一次世界大战期间，奥其斯居住在比利时列日市。他曾设计出一支自动手枪，并在 1918 年获得专利。第一次世界大战后，奥其斯回到德国埃尔富特建立了奥其斯兵工厂，生产出了不同口径的德国奥其斯（Ortgies）小型自卫手枪，口径有 6.35 毫米、7.65 毫米 、9 毫米等。 1920 年奥其斯去世后，兵工厂和设计专利转让给了柏林德意志制造公司所属的德意志造船厂。该工厂生产的手枪套筒上的铭文在不同时期有所不同，早期铭文是：“Ortgies Co.Erfurt Ortgies’ Patent”（奥其斯公司埃尔福特奥其斯专利）；专利转让后套筒铭文变更为“Deutsche Werke Aktiengese Uschaft Berlin”（德意志制造股份公司柏林）；再后来又变为“Deutsche Werke Aktiengesellschaft Werke Erfurt”（德意志制造股份公司埃尔福特制造）；最后缩减为“Deutsche Werke Werke Erfurt”（德意志制造公司埃尔福特制造）。奥其斯手枪采用击针平移式击发方式，自由枪机式自动方式。1922 年前的型号设置有握把保险，也是唯一的保险形式，枪管与手枪底座以铰接的方式连接，枪身左侧的按钮为分解按钮。

奥其斯手枪是比利时 M1910 式 FN 勃朗宁手枪的仿制品，但其许多结构同 FN M1910 式勃朗宁手枪明显不同。奥其斯小型自卫手枪制造非常精良，准确性高，有很好的防尘性，实用性很好，价格便宜。1921 年，在德国举办的手枪比赛中，百分之七十的奖项都由 7.65 毫米奥其斯手枪获得。由于奥其斯手枪经济实用，加上准确性相当高，一度成为当时国际手枪射击比赛选手们的喜爱之物。

德意志制造厂生产的奥其斯手枪的徽标标志，是一只卧姿高翘尾巴的猎豹。奥其斯手枪是小型自卫手枪，它小巧玲珑，方便携带，易于隐避，准确耐用，有不少德国军官用来作为自卫手枪，其中党卫军采用最多。由于该枪价廉物美，又是德国货，在旧中国战场上使用该枪也不少。中国人称奥其斯手枪为德国撸子，因为弹容量 8 发，又叫“八音子手枪”。当时不少军官就以拥有一把德国撸子为傲。当年陆军一级上将，蒋介石的爱将陈诚所拥有过的奥其斯手枪，现存于台湾的博物馆。据说 1928 年所有口径的奥其斯手枪全部停产。奥其斯 7.65 毫米手枪生产了 250000 支，奥其斯 6.35 毫米手枪生产了 183000 支。

德国奥其斯 6.35 毫米袖珍手枪

该枪口径 6.35 毫米，全枪长 130 毫米，枪管长 68 毫米，全枪质量 0.42 千克，弹匣容弹量 6 发，编号“86635”位于套筒座前部下方。左侧套筒铭文：“DEUTSCHE WERKE”（德意志制造厂），“WERKE ERFURT”（埃尔富特兵工厂），铭文中间奥其斯徽标（卧姿高翘尾巴猎豹）。枪管上有德国无烟火药验证标识和“CAL.6.35m/m”（口径 6.35 毫米）。套筒座前部下方铭文：“Germany 86635”（德国 86635），右侧枪身握把护片右上方有无烟火药验证标识。设有握把保险，握把护片上有奥其斯铜牌徽标（卧姿高翘尾巴猎豹）。

德国奥其斯 6.35 毫米手枪。设有握把保险，击针平移式击发方式，是德意志制造厂后期的产品。

德意志制造厂 埃尔富特兵工厂

无烟火药验证 口径 6.35 毫米

德国 编号

德国奥其斯 7.65 毫米镀镍手枪

该枪口径 7.65 毫米，全枪长 165 毫米，枪管长 86 毫米，全枪质量 0.615 千克，弹匣容弹量 8 发，发射 7.65 毫米勃朗宁手枪弹。编号“148196”位于套筒座前下部。套筒左侧铭文：“DEUTSCHE WERKE”（德意志制造厂）、“WERKE ERFURT”（埃尔富特兵工厂），铭文中部有奥其斯徽标（卧姿高翘尾巴猎豹）。套筒右侧铭文：“ORTGIES PATENT”（奥其斯专利），枪管上有德国无烟火药验证标识与口径标识“CAL. 7.65 m/m”（口径 7.65 毫米），套筒座前下部铭文：“Germany 148196”（德国 148196）。设有握把保险。

德意志制造厂 埃尔富特兵工厂

德国奥其斯 7.65 毫米手枪

奥其斯专利

无烟火药验证标识与
口径 7.65 毫米

德意志制造厂 埃尔富特兵工厂

该枪口径 7.65 毫米，全枪长 160 毫米，枪管长 85 毫米，全枪质量 0.65 千克，弹匣容弹量 8 发，发射 7.65 毫米勃朗宁手枪弹。编号“143956”位于套筒座前下部。套筒左侧铭文：“DEUTSCHE WERKE ”（德意志制造厂），“WERKE ERFURT”（埃尔富特兵工厂），铭文中间奥其斯徽标（卧姿高翘尾巴猎豹）。套筒右侧铭文：“ORTGIES PATENT”（奥其斯专利），枪管上有德国无烟火药验证标识与口径标识“CAL.7.65 m/m”。套筒座前下部铭文：“Germany 143956”（德国 143956），带有握把保险，弹匣底部有奥其斯徽标与“CAL.7.65”（口径 7.65 毫米）标识，握把上有奥其斯铜牌徽标。

德国奥其斯 7.65 毫米镀镍工艺手枪

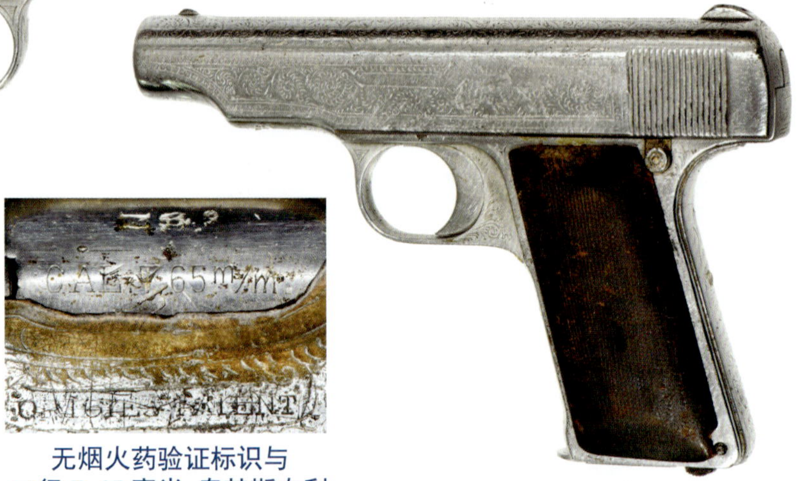

无烟火药验证标识与
口径 7. 65 毫米 奥其斯专利

编号与德国

德意志制造厂 埃尔富特兵工厂

该枪口径 7.65 毫米，全枪长 163 毫米，枪管长 86 毫米，全枪质量 0.62 千克，弹匣容弹量 8 发，编号“245352”位于套筒座前下部。套筒左侧铭文：“DEUTSCHE

WERKE”（德意志制造厂），WERKE ERFURT（埃尔富特兵工厂），套筒右侧铭文：“ORTGIES PATENT”（奥其斯专利），枪管上有德国无烟火药验证标识与口径标识“CAL.7.65m/m”（7.65 毫米），右侧套筒座扳机左上方有无烟火药验证标识，套筒座前下部铭文：“Germany 245352”（德国 245352）。带有握把保险，全枪花纹装饰。握把护片上方有奥其斯铜牌徽标。弹匣底部有奥其斯徽标和口径标识“CAL.7.65m/m”（口径 7.65 毫米）。

约翰·尼古劳斯·冯·德莱赛

约翰·尼古劳斯·冯·德莱赛（Johann Nikolaus von Dreyse，1787 ～ 1876 年）1787 年 11 月 20 日出生于德国美因茨选侯国的瑟梅尔达（Sömmerda）。德莱赛自幼喜欢枪械，1809 ～ 1814 年间曾在巴黎炮厂试验了几种后膛枪，但都没有成功。德莱赛离开巴黎炮厂后回到了自己的故乡——瑟梅尔达，并在 1814 年成立了自己的工厂生产火帽。1835 年，德莱赛成功研制发射纸包定装弹的击针击发后装枪。这种枪的弹药从枪管的后端装入枪膛，并且有效地将弹丸、发射药和火帽用弹药筒连成了一个整体。故世人又称此枪为德莱赛针发枪（Needle–gun），后经改进命名为 M1841 型德莱赛枪。

因此，约翰•尼古劳斯•冯•德莱赛成为击针后装枪创始人。

在约翰•尼古劳斯•冯•德莱赛发明 M1841 针发枪的时代，绝大多数国家还在使用枪口装填的滑膛枪。因此，当这种采用“针刺”发火原理的后膛枪解决了几项跨越性的关键技术问题后，立即被普鲁士军队采纳，并以 M1841 的名称列装。该枪是世界上第一支被广泛采用的军用后膛装填枪，采用旋转枪机和定装枪弹。这种枪弹结构特殊，弹丸、起爆药和黑火药全部装在一个称作“Treibspeigel”的圆筒状纸弹壳中，但起爆药不是装在弹壳尾部，而是装在弹丸底面中间。当扣动扳机后，弹簧的力量释放细长的击针，从枪机前端刺入弹膛内枪弹纸壳的底部，并一直向前直至刺到弹丸底部的起爆药并将其引爆，继而点燃纸壳内的黑火药。在枪机被打开以前，其击针后部的一个扳手必须要先行移动，然后才能旋转并向后打开枪机，装填下一发子弹，再将枪机推到位并旋转关闭弹膛。在击发之前，需要用手将击针后部的扳手竖起并向后旋转到待击位置。像所有的早期后膛装填步枪一样，德莱赛针发枪发射时火药气体从弹膛后方泄漏是不可避免的。

M1841 型德莱赛枪是一种机柄式长枪，射手能以各种姿势（卧、跪、立或行进中）装弹和射击。口径为 15.43 毫米，枪长 1.34 米，重 4.75 千克，定型不久便投放到普（普鲁士）奥（奥地利）战争中，由于 M1841 型德莱赛枪的弹药是从枪管后端上膛的，并且采用了击针发火的方式，所以这种枪比奥军使用的传统前装枪的射速提高了近 5 倍，凭借 M1841 型德莱赛针发步枪给普鲁士军队带来的技术和战术上的优势，在 1864 年与丹麦进行的第二次石勒苏益格战争和为期 7 个星期的普鲁士 – 奥地利战争中，普鲁士军队很快把奥地利军队打得落荒而逃。击针后装枪的出现，引发了兵器史上的又一次重大变革。不过在当时还没有“步枪”这种称呼，直到 1856 年击针后装枪才正式定名为步枪。

约翰•尼古劳斯•冯•德莱赛 1841 年创建了长针式步枪公司，兴盛 30 余年，其生产的德莱赛步枪是普法战争中普鲁士的主要制式装备。1871 年发射全金属弹壳的毛瑟步枪出现后，公司从繁荣迅速走向衰落，1901 年被莱茵金属机械厂收购。

德国德莱赛 7.65 毫米 M1907 固定盖自动手枪

该枪口径 7.65 毫米，枪长 168 毫米，枪管长 90 毫米，全枪质量 0.66 千克，弹匣容弹量 7 发，发射 7.65 毫米勃朗宁手枪弹。编号“7337”位于枪机上部。枪身左侧铭文为：DREYSE（德莱赛） Rheinische Metallwaaren– & Maschinenfabrik（莱茵金属机械厂）ABT.SÖMMERDA.（瑟梅尔达）。左侧套筒前部和护圈上部有德国无烟火药验证标识，套筒后部上方有固定盖，固定盖后部销子上开有照门，握把护片上方的莱茵金属机械厂商标由“R”“M”和“F”的组合图案组成。该枪为德莱赛早期的产品。

徽标

德莱赛 莱茵金属机械厂 瑟梅尔达

无烟火药验证标识

德莱赛手枪是莱茵金属机械厂开发的产品，由路易斯 • 施梅塞尔（Louis Schmeisser，1848 ～ 1917 年，Hugo Schmeisser' Sfather）、雨果 • 施梅塞尔父子设计，该枪的设计深受比利时勃朗宁 M1900 式手枪影响。德莱赛 M1907 式自动手枪特点：采用自由枪机式原理，当枪准备射击时，扣下扳机，击针从套筒的后方击打底火。莱茵金属机械厂首先推出的是 7.65 毫米 M1907 式德莱赛手枪。1910 年，推出的是放大后的 M1907 式德莱赛手枪，发射 9 毫米 ×19 毫米帕拉贝鲁姆枪弹的手枪，定名为 M1910 式德莱赛手枪。1912 年，推出 M1912 式德莱赛手枪，发射 9 毫米帕拉贝鲁姆手枪弹，弹匣容弹量 8 发，由于采用自由枪机原理发射大威力枪弹，致使复进簧的簧力很大，到 1917 年底，M1912 式手枪总共生产不到 2000 支。7.65 毫米 M1907 式德莱赛手枪在一战中被奥匈帝国和德国军官装备，7.65 毫米 M1907 式德莱赛手枪在世界上流传得比较广泛。

早期生产的产品套筒上刻有“DREYSE Rheinische Metallwaaren– & Maschinenfabrik ABT SÖMMERDA”，晚期的刻有“DREYSE RHEINMETALL ABT. SÖMMERDA”，1914 年生产的产品中有一部分套筒上的铭文省略了“DREYSE”。

德国德莱赛 7.65 毫米 M1907 自动手枪

该枪口径 7.65 毫米，枪长 168 毫米，枪管长 90 毫米，全枪质量 0.62 千克，弹匣容弹量 7 发，发射 7.65 毫米勃朗宁手枪弹。编号“17220”位于枪机上部。枪身左侧铭文为：DREYSE（德莱赛） Rheinische Metallwaaren– & Maschinenfabrik（莱茵金属机械厂）ABT．SÖMMERDA.（瑟梅尔达）。左侧套筒前部和护圈上部有德国无烟火药验证标识，握把护片上方的莱茵金属机械厂商标由“R”“M”和“F”的组合图案组成。该枪为德莱赛早期的产品。

编号 7337 手枪与编号 17220 手枪的区别：编号 7337 手枪套筒后部上方有固定盖，固定盖后部销子上开有照门，防滑纹是 17 道，枪身后部左右护板前下角有弧形坡口，全枪质量 0.66 千克。编号 17220 手枪套筒后部上方没有盖，枪身尾部有固定照门，防滑纹是 16 道，枪身后部左右护板前下角没有弧形坡口，全枪质量 0.62 千克。

左护板比较

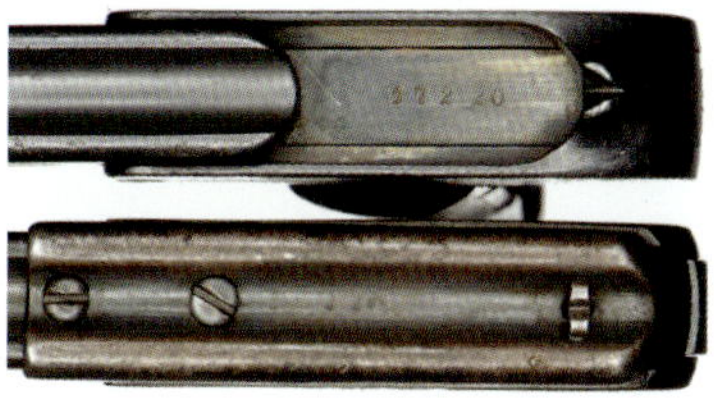

枪身上部比较

防滑纹比较

德国德莱赛 6.35 毫米袖珍手枪

该枪口径 6.35 毫米，全枪长 116 毫米，枪管长 52 毫米，全枪质量 0.39 千克，弹匣容弹量 5 发，编号“48396”位于枪身右侧。套筒左侧铭文“DREYSE”（德莱赛）。套筒左侧中部有德国无烟火药验证标识“皇冠 –N”。

德国德莱赛 6.35 毫米袖珍手枪是莱茵金属机械厂的产品，由著名枪械设计大师雨果 • 施梅塞尔（Hugo Schmeisser）开发设计。1921 年，雨果 • 施梅塞尔成为黑内尔公司的首席设计工程师后，将其设计的 6.35 毫米袖珍手枪在黑内尔生产，名为 6.35 毫米施梅塞尔袖珍手枪，与德莱赛 6.35 毫米袖珍手枪不同的是铭文由“皇冠 –N DREYSE”

改成“C.G.HAENAEL SUHL SCHMEISSER’ S PATENT”，套筒顶部由方形改成圆弧形，照门也进行了改变。

无烟火药验证 德莱赛

德国弗朗兹·斯托克 7.65 毫米手枪（样枪）

该枪口径 7.65 毫米，全枪长 170 毫米，枪管长 98 毫米，全枪质量 0.65 千克，弹匣容弹量 7 发，发射比利时 7.65 毫米勃朗宁手枪弹，编号“745”位于该枪右侧扳机与左侧套筒及套筒座上，保险上有个“5”。全枪无铭文与标识，与有铭文的斯托克手枪

比较：准星和枪口不同，握把底部有系枪绳挂环。该枪可能是初期的实验用枪。

德国弗朗兹·斯托克 7.65 毫米手枪

该枪口径 7.65 毫米，全枪长 170 毫米，枪管长 98 毫米，全枪质量 0.65 千克，编号“14934”位于左侧枪身护片上方。弹匣容弹量 7 发，发射比利时 7.65 毫米勃朗宁手枪弹，自由枪机式自动方式，击针平移式击发。左侧套筒铭文：FRANZ STOCK–BERLIN.D.R.P.（柏林弗朗兹·斯托克机械厂专利），CAL.7.65.（口径 7.65 毫米），枪管上和左侧套筒尾部有德国无烟火药验证标识，握把护片上方有“STOCK”（斯托克）徽标。

无烟火药验证 柏林弗朗兹·斯托克机械厂专利 口径 7.65 毫米

与编号 745 枪口与准星比较

1915 ～ 1918 年间瓦尔特·戴克设计了一款半自动手枪，将专利授权给了柏林的弗朗兹·斯托克机械制造厂。弗朗兹·斯托克机械制造厂于 1921 ～ 1932 年间开始生产这种自动手枪，该枪有 7.65 毫米和 6.35 毫米两种口径，两个版本共生产了 4.5 万支，主要面向运动手枪市场，因其质量高、价格贵，政府方面只有德国柏林警察局和奥地利警方有所订购。

编号 14934 手枪与编号 745 手枪比较：745 手枪没有铭文，编号 745 在套筒、枪身、扳机上，准星比较大；编号 14934 手枪套筒左侧有铭文，枪口多一圈套管，握把底部没有系枪纲的挂环。

乔治 • 卢格

乔治 • 卢格（George Lugar，1849 ～ 1923 年），1849 年出生于奥地利蒂罗尔州的施坦纳赫市，1865 年，16 岁的卢格成为了奥匈帝国陆军军校的一名学员。卢格于 1872 年离开军队，与奥地利著名枪械设计师曼利夏一道开始了漫长的枪械研制生涯，1891 年加盟路德维希 – 洛伊公司，结识了著名的枪械设计师、美籍德裔人雨果 • 博查特，并很快成为博查特的得力助手。1897 年，卢格在博查特 7.65 毫米 C93 式手枪基础上设计出了博查特 – 卢格 1898 式手枪，1898 年根据瑞士部队意见进行了改进。改进后的手枪命名为博查特 – 卢格 1899 式手枪。1900 年 5 月，博查特 – 卢格 1899 式手枪被瑞士定名为 7.65 毫米 M1900 式军用手枪以取代 M1882 式军用转轮手枪。法国用它换掉了 M1892 式陆伯转轮手枪，接着博查特 – 卢格 1899 式手枪被欧美许多国家采用。20 世

纪后，德国武器弹药制造公司（DWM）成立，卢格和博查特先后加盟此公司。

1902 年，为了满足德国陆军的要求，卢格将 7.65 毫米手枪的口径扩大为 9 毫米。成功地设计了世界上著名的 9 毫米手枪弹。该弹是截头圆锥平底被甲弹头，弹头重 8 克，初速 310 米 / 秒，发射该弹的是 9 毫米 M1902 式博查特 – 卢格手枪，该弹称为帕拉贝鲁姆枪弹。“帕拉贝鲁姆”系拉丁文“Parabellum”（准备战争）的音译，“准备战争”源自古罗马一位军事家名言“如果你希望和平，就得准备战争”。该枪弹一经推出被世界各国广泛采用，一个世纪过去了，帕拉贝鲁姆枪弹仍是各国军队和警察普遍使用的手枪弹，成为历史上使用范围最广、时间最长的手枪弹。1953 年 9 毫米帕拉贝鲁姆自动手枪弹成为北约制式枪弹。因此，乔治 • 卢格被称为 9 毫米帕拉贝鲁姆手枪弹之父。

1904 年，卢格对发射 9 毫米枪弹的 M1902 式博查特 – 卢格手枪进行改造，改进后称 M1904 式卢格手枪，被德国海军采用后称为 M1906 式海军型卢格手枪。1908 年被德国陆军采用，命名为 P08 式帕拉贝鲁姆手枪，1915 年被德国炮兵所采用。从 1908 年德国军队选用 P08 式手枪开始，该枪在德军装备时间长达 38 年之久。至 1942 年停止生产，该枪产量应在 200 万支以上。在我国，P08 式手枪因其特殊的肘节式闭锁机构而得名“罗锅撸子”。

德国卢格 9 毫米 M1906 式海军型手枪

该枪口径 9 毫米，全枪长 270 毫米，枪管长 152 毫米，全枪质量 0.95 千克，弹匣容弹量 8 发，发射 9 毫米帕拉贝鲁姆手枪弹。编号“8352a”位于枪管下方护圈与握把后部。左侧枪管尾部两个皇冠下有“M” 的字母、套筒右侧有三个皇冠，其中两个皇冠下面有“M”的字母，“M”代表“海军”之意。肘节前上方有花体“DWM”（Deutsche Waffen und Munitionsfabriken，德国武器弹药兵工厂）缩写徽标。肘节后下方有标尺

“100”，按住右侧卡键后拉显示标尺“200”。左侧枪身握把保险处有“GESICHERT”（安全）标识，握把后部有“W.W. 6685”标识，“W.W.”（威廉·武器），握把后部有“K.W”（基尔·武器），威廉港和基尔港是德国两大主要海军基地。

德国 9 毫米 M1906 式海军型卢格手枪共生产约 1.1 万支。该枪的特点是设置了握把保险，握把后面可加枪托抵肩射击，握把前下侧比其他枪多设置了一个军用挂环，缺口两侧加高，防光反射。准星后侧加防光纹，枪支编号后常有“a”或“b”的后缀。

威廉·武器序号

皇冠 M 代表海军

德国武器弹药兵工厂缩写徽标

德国卢格 9 毫米 P08 式陆军型手枪（1918 年）

该枪口径 9 毫米，全枪长 220 毫米，枪管长 100 毫米，全枪质量 0.82 千克，弹匣容弹量 8 发，发射 9 毫米帕拉贝鲁姆子弹。编号“3984”位于枪管尾部下方、枪身左侧前护圈上。肘节前上方有花体“DWM”（Deutsche Waffen und Munitionsfabriken，德国武器弹药兵工厂）缩写徽标与数字“84”。枪管尾部枪身上方“1918”为生产年份。左侧枪身握把保险处“GESICHERT”（安全）标识，右侧枪身有德国枪支最终验证标识“皇冠图案U”。

卢格P08手枪是两次世界大战中具有代表性的手枪，在欧洲被称为帕拉贝鲁姆手枪。其在德军服役了38年，是世界上著名的军用手枪之一。M1908式卢格军用手枪（简称P08手枪）的生产厂家很多，通常有DWM、海因茨·克里格霍夫、毛瑟、埃尔福特等兵工厂，枪上有不同标志标识，需要仔细区分。该枪由DWM（Deutsche Waffen und Munitionsfabriken，德国武器弹药兵工厂）生产。

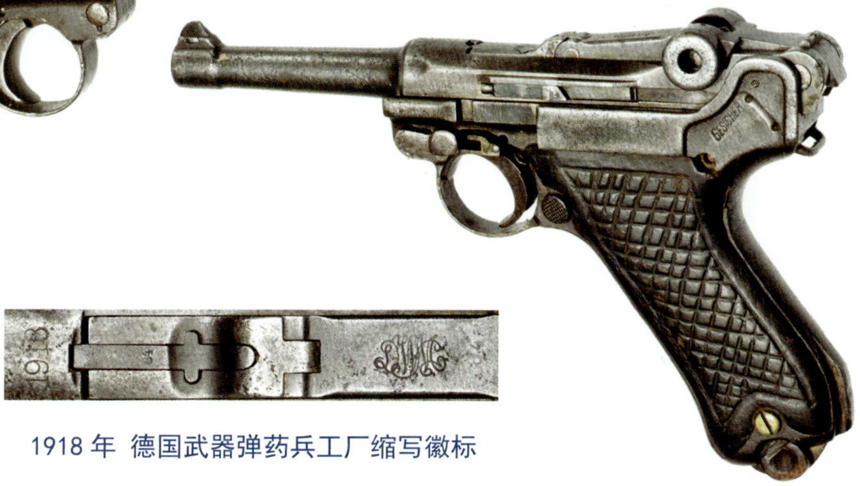

1918年 德国武器弹药兵工厂缩写徽标

德国卢格9毫米P08式陆军型手枪（1921年）

该枪口径9毫米，全枪长220毫米，枪管长100毫米，全枪质量0.82千克，弹匣容弹量8发，发射9毫米帕拉贝鲁姆手枪弹。编号“5813”位于枪管尾部下方、枪身左侧前护圈上方。左侧保险上有“GESICHERT”（安全）标识。肘节前上方有花体“DWM”（Deutsche Waffen und Munitionsfabriken）德国武器弹药兵工厂缩写徽标与数字“13”。肘节前枪身上的“1921”为生产年份，握把前刻有“R.R.1.0.6.9.”。有木质握把护片，握把后部可接肩托。该枪采用枪管短后坐自动方式，肘节式闭锁结构，准星套在枪口上，准星后侧设有防光纹，采用手动保险。

1921 年 德国武器弹药兵工厂缩写徽标

使用者姓名缩写

德国卢格 9 毫米 P08 式炮兵型手枪

该枪口径 9 毫米，全枪长 315 毫米，枪管长 203 毫米，全枪质量 0.98 千克，弹匣容弹量 8 发，发射 9 毫米帕拉贝鲁姆手枪弹。编号“3972”位于左侧枪身前和枪管下方。肘节前上方有花体“DWM”（Deutsche Waffen und Munitionsfabriken，德国武器弹药兵工厂）缩写徽标与数字“09”。肘节前枪身上有生产年份“1915”。枪管尾部上方标尺 1 ～ 8（100 ～ 800 英尺）。右侧枪身前方有三个花体符号，左侧枪身握把保险处有“GESICRERT”（安全）。

德国 9 毫米 P08 式卢格炮兵手枪，基本结构与 P08 式手枪相同，不同之处是枪管加长到 8 英寸，增设了带 V 形缺口照门的可调弧形表尺（100 ～ 800 英尺）。其准星为三角形斜坡准星，可调风偏，射击精度较高。配有枪套肩托，1917 年又配备了一个容弹 32 发的蜗牛形弹鼓。炮兵型是 P08 手枪中的宝中宝， 由德国 DWM 公司于 1914 ～ 1918 年生产，单独编号，仅 2 万多支。

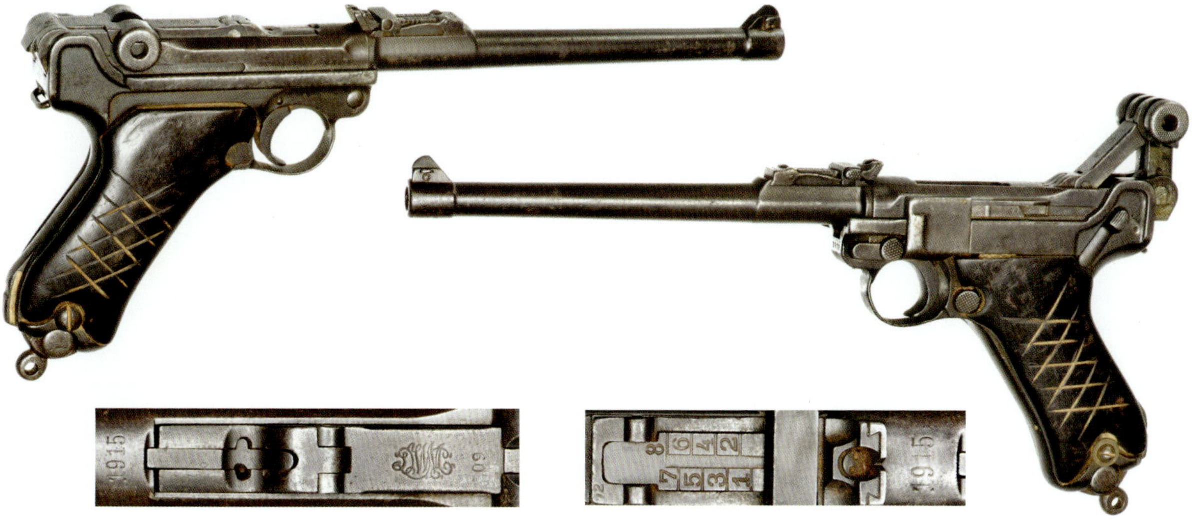

1915 年 德国武器弹药兵工厂缩写徽标

标尺

德国瑞尼麦特尔 7.65 毫米手枪

该枪口径 7.65 毫米，全枪长 163 毫米，枪管长 93 毫米，全枪质量 0.60 千克，弹匣容弹量 7 发，发射 7.65 毫米勃朗宁手枪弹。编号“266252”位于套筒前端下方。左侧套筒铭文“RHENIMETALL 7.65”（瑞尼麦特尔 7.65 毫米），枪身右侧护圈左上方有皇冠 –N（德国无烟火药验证标识）。

无烟火药验证

瑞尼麦特尔 7.65 毫米

J.P. 绍尔 & 绍恩公司

公司商标

S & S 绍尔 & 绍恩徽标

1751 年，约翰•保罗•绍尔在德国苏尔市（位于德国图林根州）建立了一个家族企业，开始生产武器。1811 年，开始接受政府订单，为军队生产军用武器，成为首个赢得德国军方合同的制造商。该公司为了快速发展，除依照军事合同做好步枪生产外，还生产高品质的狩猎武器。1838 年，斯潘根伯格＆绍尔公司同斯德姆合并成一个新的公司，主要生产德莱赛针发式步枪和毛瑟 M1871 式栓式步枪。1882 年，鲁多夫和弗兰兹•绍尔决定停止军用产品的生产，全心投入到生产运动猎枪方面。后来公司改为 J.P. 绍尔＆绍恩公司（J.P.Sauer & Sohn），德文“Sohn”之意同英文“Son”。J.P. 绍尔＆绍恩公司，表示约翰•保罗•绍尔和他的儿子共同拥有公司。

绍尔公司在手枪领域也颇有建树。绍尔 M1913 式 7.65 毫米手枪是由绍尔公司首席设计师弗里兹•泽恩厄尔主持设计的， 这种 1913 年正式生产的第一种绍尔自动手枪，以制作精良、结构严密、造型独特、性能可靠而闻名于世，是绍尔自动手枪的奠基性产品。 德国政府将 M1913 式系列袖珍手枪大量装备警察，还大量出口英、荷、美、俄、法等国，被这些国家装备该国警察使用。“二战”结束后的很长时间里，挪威警方仍在使用绍尔 M1913 式手枪。在中国因为 M1913 式握把上有 S 和 S 叠加在一起的徽标图案，看起来像盘起来的蛇，因而被我国称为“蛇牌撸子”，我们现存枪支中没有这个徽标图案。

1932 年，绍尔公司的首席设计师弗里兹•泽恩厄尔开始设计一种新型手枪击发机构，并于 1935 年申请专利。1938 年，绍尔公司推出了一款采用此种机构的新型自动手枪来和毛瑟 M1934、瓦尔特 PPK 等小型手枪竞争。该枪被称为 38H 手枪，38H 手枪采用内置式击锤，“H”是德语单词“击锤”（Hahn）的首字母。绍尔公司此前的自动手枪（M1913 式系列袖珍手枪）都没有击锤。38H 手枪被德国执法部门采用，数量几乎和大名鼎鼎的瓦尔特 PPK 手枪一样多。德国国防军（Wehrmacht）也有采用该枪，纳粹党和政府的一些官员也有自行购买。至 1945 年绍尔公司被盟军占领，38H 手枪共生产了约 20 万支。尽管该枪的设计理念十分先进，但在战争结束后，绍尔公司再也没有重启 38H 手枪的生产。1951 年，绍尔公司从东德的图林根州苏尔市搬迁至西德的石勒苏益格 – 荷尔斯泰因州艾肯弗德市。20 世纪 70 年代，瑞士的西格武器公司收购了绍尔公司，生产的自动手枪称西格 – 绍尔手枪。

德国绍尔 7.65 毫米 M1913 式手枪（中早期）

分解图

无烟火药验证

套筒上部

零部件编号

该枪口径 7.65 毫米，全枪长 145 毫米，枪管长 76 毫米，全枪质量 0.53 千克，弹匣容弹量 7 发，发射 7.65 毫米勃朗宁手枪弹。编号“108468”位于左侧枪身后部握把护片上方。套筒上方没有铭文和任何图案。枪管前端下部、螺旋盖内、枪机、枪身后部托台零件编号均为139。枪机后部有“皇冠下N”（德国无烟火药验证标识）。握把护片上方图案为绍尔＆绍恩苏尔公司徽标（椭圆内“S & S”）。与其他绍尔M1913式手枪不同的特征是套筒上没有任何标志，这支枪可能是早中期产品。

德国绍尔7.65毫米M1913式手枪（中期）

该枪口径7.65毫米，全枪长145毫米，枪管长76毫米，全枪质量0.53千克，弹匣容弹量7发，发射7.65毫米勃朗宁手枪弹。编号“118484”位于左侧枪身后部握把护片上方。套筒上部有站立军人持枪图案，无铭文，零件编号一致。握把护片上方图案为绍尔＆绍恩苏尔公司徽标（椭圆内“S & S”）。枪机后部有“皇冠下N”（德国无烟火药验证标识）。保险两档无簧片。该枪为绍尔7.65毫米M1913式手枪的中期产品。

商标

德国绍尔 7.65 毫米 M1913 式手枪（中后期）

该枪口径 7.65 毫米，全枪长 145 毫米，枪管长 76 毫米，全枪质量 0.53 千克，弹匣容弹量 7 发，发射 7.65 毫米勃朗宁手枪弹。编号“136703”位于左侧枪身后部握把护片上方，零部件统一编码“3029”或“029”。套筒上方铭文：“J.P.SAUER & SOHN SUHL”（J.P. 绍尔＆绍恩苏尔）。套筒后部有站立军人持枪图案。右侧套筒上铭文：“Cal 7.65”（口径 7.65 毫米）。套筒铭文左侧后部铭文：“PATENT.”（专利），零件编号均为 029。枪机后部有“皇冠下 N”（德国无烟火药验证标识）。握把护片上方图案为绍尔＆绍恩苏尔公司徽标（椭圆内“S & S”）。有两档保险。该枪为中后期产品。

J. P. 绍尔＆绍恩苏尔与商标

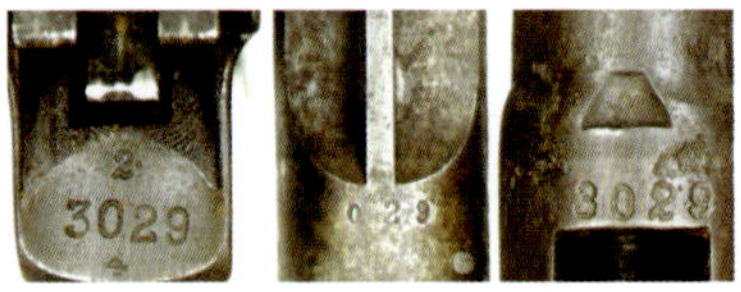

零件编号

口径 7. 65

德国绍尔 7.65 毫米 M1913 式手枪（后期）

该枪口径 7.65 毫米，全枪长 145 毫米，枪管长 76 毫米，全枪质量 0.53 千克，弹匣容弹量 7 发，发射 7.65 毫米勃朗宁手枪弹。编号“155741”位于左侧枪身后部握把护片上方。套筒上方铭文：“J.P.SAUER & SOHN SUHL”（J.P. 绍尔 & 绍恩苏尔）。套筒后部有站立军人持枪图案。右侧套筒上铭文：“Cal.7.65”（口径 7.65 毫米）。枪机后部有“皇冠下 N”（德国无烟火药验证标识），零件编号一致。握把护片上方图案为绍尔＆绍恩苏尔公司徽标（椭圆内“S & S”）。弹匣上有“S & S 7.65”（绍尔＆绍恩苏尔 7.65 毫米）标识。保险有压簧片，8 道防滑纹。扳机护圈内部有感应凸起。该枪为 1922 年后的产品。

保险弹簧压片 编号 徽标

德国贝霍登 7.65 毫米手枪

该枪口径 7.65 毫米，全枪长 145 毫米，枪管长 76 毫米，全枪质量 0.61 千克，编号“220981”位于右侧套筒座尾部。右侧套筒铭文“PATENT”（专利），右侧套筒座护圈左上方有“皇冠下 N”（德国无烟火药验证标识）。套筒左侧铭文：“J.P.SAUER & SOHN SUHL”（J.P. 绍尔＆绍恩苏尔），“CAL.7.65”（口径 7.65 毫米），铭文中部有站立军人持枪图案。枪机尾部有无烟火药验证标识。准星为点状形，套筒座尾部加长，握把护片已更换。

专利 编号

J. P. 绍尔＆绍恩苏尔 商标 口径 7. 65 毫米

1914 年，J.P. 绍尔＆绍恩公司的首席设计师弗里兹•泽恩厄尔主持设计了多个品牌的手枪，从罗斯 – 绍尔到 M1913 式、M1930 式及贝霍登手枪。绍尔公司对绍尔 M1913 式手枪在原有的基础上进行了较大改进，改进后定名为绍尔 M1930 式 7.65 毫米半自动手枪。其后期型号叫贝霍登。对该手枪主要的改进：一是一改绍尔 M1913 式手枪呆板的外形，将手枪握把的后部改为曲线形，改善了人机工程，使握持更加舒适；二是加长了套筒座后沿，以保护射手的手不易受伤；三也是最重要的一点，它大大提高了手枪的安全性，是世界上首次在手枪上设计了扳机保险。这一改进对于击针平移击发手枪来说，完善了手枪的各项功能，使手枪更具有实用性。

瓦尔特兵工厂

瓦尔特徽标

卡尔·瓦尔特，1860 年出生于德国采拉－梅利斯的图林根镇，26 岁那年，他在乌尔姆市建立了一间非常简陋的作坊，开始了枪械制造生涯，瓦尔特的 3 个儿子弗里茨、乔治、埃里希长大后协助父亲工作。1907 年，弗里茨设计了一种 6.35 毫米自由枪机式自动手枪，这是建厂以来制造的第一种手枪，1908 年少量投放市场，称为 M1 式手枪。不到一年，第二种手枪就被研制出来，称为 M2，成为“一战”前非常流行的手枪。1910 年，M4 生产出来，后继型号随即被一个接一个开发出来，直到 1921 年 M9 的出现。第一次世界大战对瓦尔特兵工厂的发展起了巨大的推动作用，当时其雇员已达 500 多人。1915 年卡尔·瓦尔特逝世，他的几个儿子继承了他的事业。

1929 年，瓦尔特兵工厂（Waffenfabrik Walther）推出了一种全新结构的警用手枪，简称 PP（Polizei Pistole）警用手枪。这支外观圆滑的单 / 双动手枪在警用与民用市场上极受欢迎，而这也是自动手枪首次使用双动发射机构，对后来世界自动手枪的发展有着深远影响。1931 年又推出缩小型 PPK（Polizei Pistole Kriminal）刑事警察手枪，这种手枪隐蔽性非常好，极适合便衣警察使用。

1938 年瓦尔特兵工厂推出一款自动手枪，被德军制式采用，其被命名为 P.38 手枪。该枪一经推出就被多个国家作为制式武器采用，是世界上最优秀的军用手枪之一。“二战”中 P.38 手枪的产量超过 100 万支。随着纳粹的倒台，P.38 的时代也宣告结束。

1955 年联邦德国恢复主权，军队选定 P.38 作为军用手枪，于是瓦尔特兵工厂对 P.38 手枪做了部分修改后命名为 P1 手枪。这种手枪在联邦德国和奥地利服役长达数十年，并大量出口到欧美国家，现在瓦尔特兵工厂还在生产商业性的 P1 手枪。1979 年警方要求手枪应具有高度可靠性与安全性，瓦尔特兵工厂开发出了 P5 手枪，1988 年公司又推出了 P88 手枪。

1993 年瓦尔特兵工厂加入全球化集团公司，开始了现代化的经营管理，标志着公司新的历史阶段的开始。1994 年公司开始研制新一代自动手枪，两年后推出了 P99 手枪，以其出色的性能和外观影响着世界手枪市场。为了扩大美国市场，1999 年瓦尔特兵工厂与史密斯&威森公司成立了瓦尔特美国公司，推出了 P99 的美国版 SW99，还推出了非常优秀的运动手枪和自卫武器 P99 的微缩版 P22 手枪。瓦尔特兵工厂在质量与创新并重的基础上，不断地向枪械市场推出更新更好的产品。

德国瓦尔特 7.65 毫米 M4 型手枪

德国制造

采拉 - 梅利斯（图林根镇）
瓦尔特兵工厂 编号

瓦尔特专利 口径 7.65 毫米
无烟火药验证标识

该枪口径 7.65 毫米，全枪长 154 毫米，枪管长 88 毫米，全枪质量 0.54 千克，弹

匣容弹量 8 发，发射 7.65 毫米勃朗宁手枪弹，编号“260583”位于套筒座右侧护圈后部。套筒右侧铭文：“ Waffenfabrik Walther Zella–Mehlis（Thür）”，［采拉 – 梅利斯（图林根镇）瓦尔特兵工厂］。套筒左侧铭文：“Walther’S Patent Cal7.65”（瓦尔特专利口径 7.65 毫米）与瓦尔特徽标。枪管上有无烟火药验证标识，左侧扳机护圈前上端有“MADE IN GERMANY”（德国制造），套筒座尾部保险有左“S”右“F”标识，握把护片上方椭圆形内花体“C W”为（Carl Walther）卡尔•瓦尔特的缩写。

德国卡尔•瓦尔特兵工厂生产的瓦尔特 7.65 毫米 M4 型手枪是瓦尔特兵工厂在 1910 年推出的第四款产品，采用内藏的回转式击锤。在第一次世界大战中，德军订购了 250000 支，用以装备部队，因此，该枪在德军军官中非常流行。

德国瓦尔特 7.65 毫米 PPK 式自动手枪

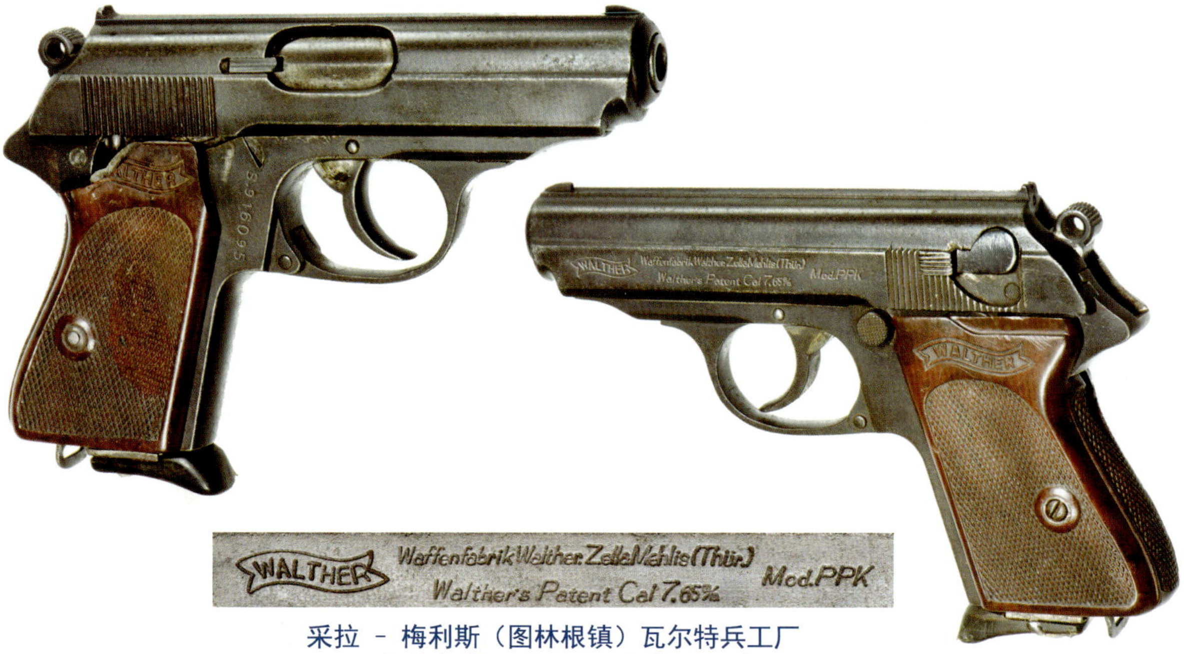

采拉 – 梅利斯（图林根镇）瓦尔特兵工厂
瓦尔特专利 口径 7.65 毫米 PPK 式

该枪口径 7.65 毫米，全枪长 155 毫米，枪管长 84 毫米，全枪质量 0.55 千克，弹匣容弹量 6 发，发射 7.65 毫米勃朗宁手枪弹。编号“S.916095”位于套筒座右侧。套筒左侧前方有 WRLTHER（瓦尔特）徽标与铭文：“Waffentabrik Walther Zella–Mehlis（Thür）”［采拉–梅利斯（图林根镇）瓦尔特兵工厂］，“Walther’S Patent Cal.7.65m/m ”（瓦尔特专利 口径 7.65 毫米），“Mod PPK”（PPK 式），半包围握把护片上有“WRLTHER”（瓦尔特）徽标。

1929 年，德国著名的卡尔•瓦尔特兵工厂推出了一款具有划时代意义的 PP 自动手枪。PP 即 Polizei Pistole 的缩写，意即“警用手枪”。 PP 手枪革命性的创新结构在于设计者成功地把转轮手枪的双动发射机构，与自动手枪有机地结合在一起，在结构上集中了当时世界上一系列最先进的设计特点。它是世界上推广应用时间最长、应用范围最广泛的一项成果。PP 手枪的突出特点是采用自由枪机式自动方式，双动发射机构；膛内有弹指示器；设有手动保险、击针保险、跌落保险、枪机不到位保险等多重保险，外露式击锤和横向按压式弹匣扣可靠。PP 手枪一经推出，在德国很快就被当作军官、政府要员以及警务、特工人员的自卫武器。

1931 年，卡尔•瓦尔特兵工厂为满足高级官员和秘密特工以及刑事侦探人员的需求，又推出了著名的 PPK（Polizei Pistole Kriminal）手枪，即刑警用手枪。与 PP 手枪相比，PPK 手枪尺寸缩小，更加轻便小巧，更方便隐蔽携带，为了安全在握把底面后端增加了挂环。因此，PPK 手枪更为人喜爱。 PP/PPK 手枪的结构极为简单，两枪的零件总数分别是 42 件和 39 件，而其中可以通用的零件为 29 件。作为警察理想的自卫武器，PPK 手枪理所当然地受到了一些国家和政府的重视。时至今日，PP/PPK 手枪仍在欧美乃至世界各地广泛使用。

德国瓦尔特 9 毫米 P.38 式手枪

该枪口径 9 毫米，全枪长 216 毫米，枪管长 125 毫米，全枪质量 0.80 千克，弹匣容弹量 8 发，发射 9 毫米帕拉贝鲁姆子弹。编号“6587a”位于套筒左侧与扳机护圈前上部。套筒左侧有铭文：“P.38”（型号）、“ac”（代表瓦尔特）、“42 ”（生产年份），该枪多处有鹰与“359”组合图案（鹰是纳粹时期标识）。这支 P.38 式手枪为瓦尔特兵工厂 1942 年产品。

瓦尔特 P.38 式是德国瓦尔特兵工厂在 20 世纪 30 年代为德意志国防军研制的一种 9 毫米口径半自动手枪，该枪有一个安全可靠的双动系统，P.38 式的滑架后端有上膛指示器，最初生产的 P.38 式使用木制握把护片，而后来的版本则使用胶木护片。1939 年开始由瓦尔特、毛瑟和斯普利 3 个工厂批量生产，1940 年 2 月开始发到部队。瓦尔特兵工厂生产的 P.38 式手枪不再有瓦尔特旗标，而是用制造商用代码表示。P.38 式手枪还被瑞典军队所采用。另外，法国、东德和苏联在第二次世界大战后也曾采用过 P.38 式手枪。德国卡尔·瓦尔特兵工厂生产的瓦尔特手枪至今已有近 70 年的历史，在第二次世界大战期间，共生产了大约 100 万支 P.38 式手枪。

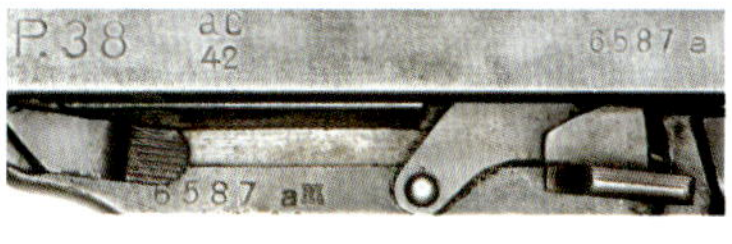

P. 38 型号 瓦尔特代码 生产年份
编号 验证标识

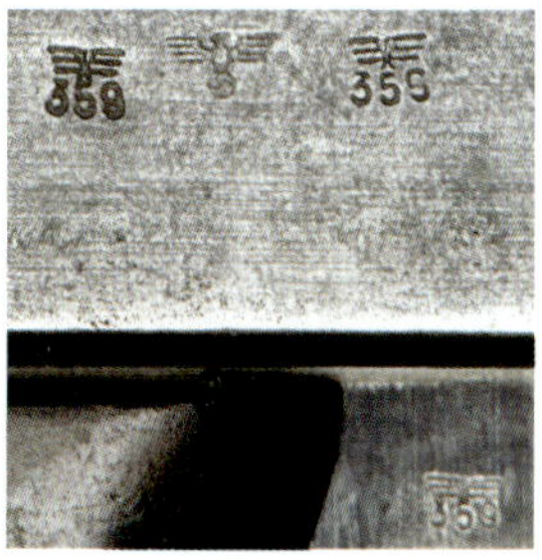
德国纳粹验证标识

俄罗斯手枪

图拉兵工厂

1712 年 2 月彼得大帝下令在图拉建立兵工厂。至 1756 年，图拉兵工厂（Тульский Оружейный завод）生产了 26665 支步枪、8063 件战斗刀具，1812 年开始生产燧发枪，1886 年开始生产霰弹枪，1891 年开始生产莫辛 – 纳甘步枪，1898 年开始生产纳甘转轮手枪，1904 年开始生产马克沁机枪。1930 年托卡列夫在勃朗宁手枪的基础上设计出一款手枪，在图拉兵工厂生产，取设计者和制造厂的名称首位字母命名该枪，定名为 TT–30 手枪。该手枪的改进型 TT–33 于 1936 年开始生产，在俄芬战争中首次使用。在随后的“二战”中它成为苏联红军的主要配备。在苏联卫国战争中，图拉兵工厂生产的枪支占苏联生产枪支的三分之二。卫国战争后，图拉兵工厂继续研发和生产轻武器。20 世纪 60 年代，苏联研制出 SPP–1 水下手枪，并于 1971 年装备苏联海军特种部队。这种手枪在 5 米深水下，有效射程大约是 17 米。之后，图拉兵工厂不断推出 SPP–1 手枪改进版，并于 21 世纪研发出水陆两用突击步枪，其有效射程在水深 30 米处可达 25 米左右。苏联解体后，继续保持原有产品的生产与开发，同时开始民用枪支的研制与开发。图拉兵工厂同伊热夫斯克兵工厂、谢斯特罗列茨克兵工厂一同被称为俄罗斯帝国三大轻武器兵工厂。

莱昂·纳甘

比利时枪械设计师莱昂•纳甘（лоеН.Нагана）与他的兄弟埃米尔•纳甘在俄国比较有名，著名的纳甘 M1895 式转轮手枪就是莱昂•纳甘于 1895 年为俄罗斯帝国研发的发射 7.62mmR×38mmR 弹药的 7 发双动式转轮手枪。纳甘转轮手枪与大部分转轮手枪的运作原理不同，该枪采用了特殊的气体密封式设计，在手枪的击锤被拉低后其弹巢会向前移动，同时亦封闭了弹巢与枪管之间的空隙，增加了子弹的初速，并容许武器被消音（这种功能在一般的转轮手枪并不常见）。当时沙皇尼古拉二世的沙俄军官和骑兵用的就是纳甘转轮手枪，后来纳甘转轮手枪被多国军警采用。

1880 年后期至 1890 年，莫辛和纳甘兄弟在俄国政府委托下，参与俄军的制式莫辛 – 纳甘步枪研制，定名 M1891 式步枪。莫辛 – 纳甘步枪是最早的发射无烟火药军用步枪之一，枪声清脆，有如水珠溅落，因此我们中国人为莫辛 – 纳甘步枪起了一个颇具诗意的绰号“水连珠”。莫辛 – 纳甘步枪的优点是易于生产和使用简单可靠，这对于工业基础低，尤其是恶劣的战争时期，需提高武器产量以满足前线需求且士兵教育程度低的苏 / 俄军队来说是极其重要的。多种型号的莫辛 – 纳甘步枪作为俄国军队和苏联红军的制式武器，服役期长达 60 年，到第二次世界大战结束，莫辛 – 纳甘步枪的生产数量超过 1700 万支。苏联政府曾先后向中国援助过莫辛 – 纳甘步枪。1949 年新中国成立后，朝鲜战争爆发，中国紧急向苏联签订了购买 36 个步兵师轻武器的协定，其中就包括大量的 M1891/30 式步枪。国内兵工厂也开始仿制苏联枪械，此时苏军正撤装莫辛 – 纳甘步枪，于是将莫辛–纳甘 M1944 卡宾枪的生产设备和技术资料转让给中国，在中国定名为 1953 式步骑枪。

俄国图拉兵工厂 7.62 毫米彼得大帝转轮手枪

锤头标识

弹巢底部标识

图拉 彼得大帝 兵工厂 1914 年

该枪口径 7.62 毫米，全枪长 227 毫米，枪管长 115 毫米，全枪质量 0.78 千克，右旋转 7 弹巢，发射 7.62 毫米纳甘转轮手枪子弹。编号“8813”位于扳机护圈左侧上方。枪身左侧有四行铭文：Тульский（图拉）、Импер Петра Велик（彼得大帝）、Оружейный завод（兵工厂）、1914。半月形准星。扳机上方圆圈线框内有锤头图案。枪身右侧后部有图案。该枪为俄罗斯沙皇时期图拉兵工厂 1914 年生产的彼得大帝牌

1895 式纳甘转轮手枪。

纳甘 1895 式转轮手枪是比利时人纳甘于 1894 年设计，1895 年被俄国军方订购列装军队，1898 年前由比利时制造。1899 年后，俄国人引进制造权，于莫斯科附近的图拉兵工厂开始制造。该枪主要特点是采用气封式 7 发转轮，发射时压倒击锤，转轮前进，与枪管后端闭锁，防止火药燃气泄漏。该枪使用的枪弹也非常特殊，纳甘转轮手枪弹在结构上的特点就是圆锥体被甲弹头完全装入弹壳内，弹壳的上部（在弹头顶部）逐渐收成锥口。该设计的目的是最大限度利用发射气体的压力。装填子弹时，通过转轮弹巢后方装填口逐一装填到各个膛室里。退壳时，需要将枪管下方的拉杆拉出，旋转对准弹巢推退壳杆，一发一发地退壳。这种装填方式会显得比较费力和费时。

苏联图拉兵工厂 7.62 毫米 M1895 式纳甘转轮手枪

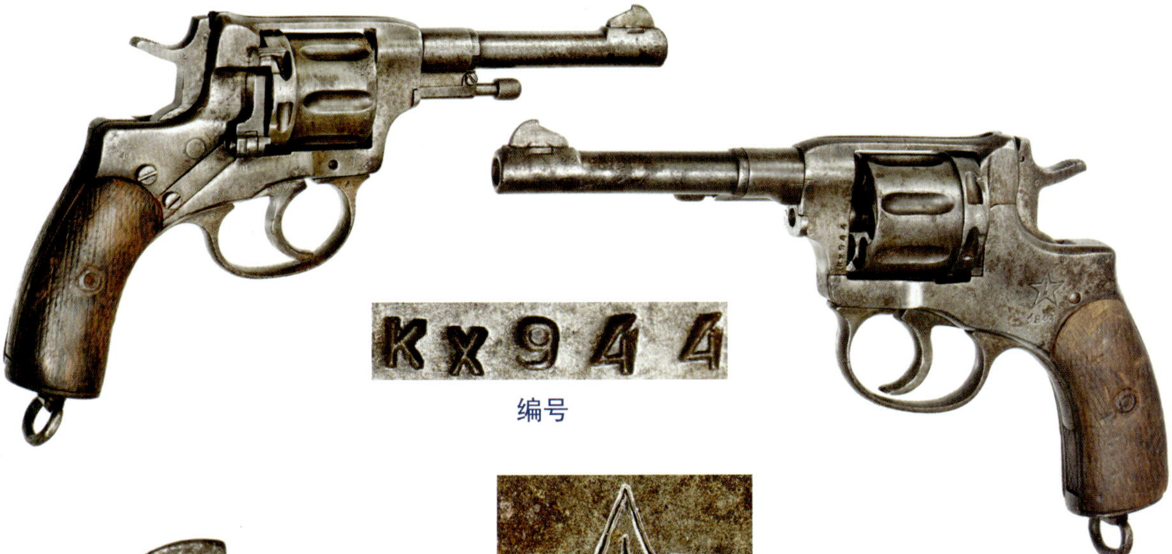

编号

鲨鱼鳍准星

图拉兵工厂厂徽 1943 年

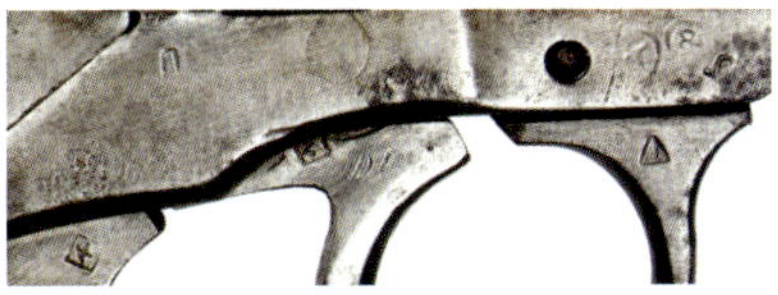

检验标识

该枪口径7.62毫米，全枪长230毫米，枪管长114毫米，全枪质量0.81千克，右旋转轮7弹巢，发射7.62毫米纳甘转轮手枪子弹。编号“KX944”位于枪身左侧整体框架前部。枪身左侧握把上方有图拉厂徽“五角星内羽箭”和生产年份“1943”。转轮及其他部位还有一些不同的图形或符号铭文。准星为鲨鱼鳍形状，与俄国时期生产的彼得大帝牌纳甘转轮手枪的半月形准星不同。纳甘转轮手枪从1895～1945年间共生产约200万支。纳甘转轮手枪在苏联时期非常有名，独特的外形和名字凸显了它在俄罗斯的崇高地位，在20世纪30年代，若被赠予一支刻有红星的纳甘M1895式转轮手枪是作为苏联共产党员的最高荣誉。该枪在我国也被称为“七音子”手枪。

法国手枪

法国里福瑟 11 毫米 M1854 式边针发火转轮手枪

边针发火子弹

验证标识

装弹

分解图

该枪口径 11 毫米，全枪长 267 毫米，枪管长 148 毫米（前圆后六棱型），全枪质量 0.68 千克，右旋转 6 弹巢，弹巢长 34 毫米，发射 11 毫米里福瑟边针发火子弹。该枪转轮弹膛顶端采用开放式设计，后方装弹，在转轮弹膛后方有装填口，装弹时，打开装填挡板，逐发装弹即可。枪管右下设有退壳杆，向后压即可单发退壳。照门由击锤前部的一个缺口充当，当枪处于待击发状态时，通过缺口、准星瞄准目标。转轮前部依稀可见有疑似枪支检验员验证标识“*”与“N”。

1836 年法国人卡西米尔•里福瑟研制出后膛闭气效果很好的双管霰弹枪和边针发火霰弹，这种霰弹的壳体底部是有延展性的金属，中间部分为纸壳，边针发火霰弹标志着后膛枪闭气关键技术问题的解决，边针发火双管霰弹枪是世界上第一支真正成功的后膛装填枪械。里福瑟的这种双管枪的整体结构一直延续到今天，是今天所有双管霰弹枪（双管猎枪）的先祖。边针发火方式，每发枪弹的底部都横插着一个击针，枪上的弹膛尾端正上方开有专门的缺口。装填枪弹入膛时，需要将露出弹体外的击针杆对正弹膛尾端的缺口。发射时，扣动扳机，击锤沿着垂直枪膛轴线的方向从上往下锤击击针，击针尖向下穿刺枪弹内的火帽，火帽发火引燃火药。今天看来，这种发火方式似乎既笨拙又奇特，可是回溯到 160 多年前，却是一项了不起的发明，是枪械发展史上的一个重要转折。因为边针发火的枪弹与枪械是今天中心发火枪弹的前驱，为中心发火金属弹壳的定装弹药奠定了当今枪炮的自动化装填和发射的基础。1854 年，卡西米尔•里福瑟的儿子尤金•里福瑟研制出发射全金属弹壳边针枪弹的转轮手枪，这种手枪先被法国海军列装，1856 年发放部队，获得很好的口碑，1858 年正式列装海军。之后，意大利海军、挪威陆军、西班牙和瑞典等国军队纷纷装备这种转轮手枪。比利时曾经购买过边针发火转轮手枪的生产专利。美国南北战争时期，双方都大量采购使用法国、比利时生产的边针发火转轮手枪，例如，南部军将领托马斯•乔森纳•杰克逊曾携带一支雕刻花纹的比利时造的里福瑟 M1854 式边针发火转轮手枪。不久之后边缘发火与中心发火枪弹兴起，基本上替代了边针发火枪弹，所以边针发火转轮手枪的使用时期较短，现存量极少，国外少见，国内罕见。

法国陆伯 8 毫米 1892 式军用转轮手枪

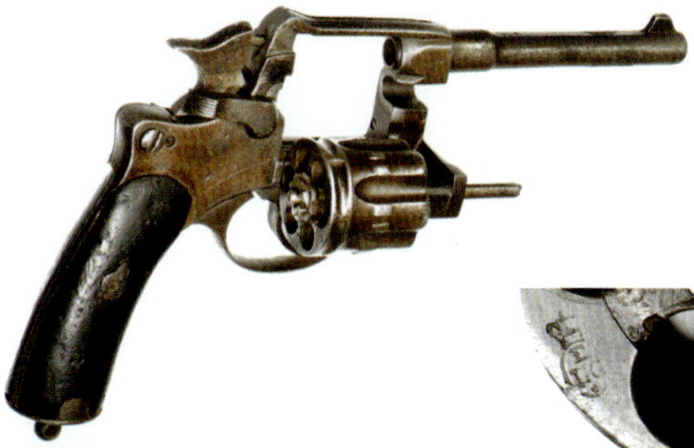

皇冠 R 膛线枪管验证 星 Y 检验员标识

检验员标识 最终验证标识

该枪口径 8 毫米，全枪长 235 毫米，枪管长 118 毫米，全枪质量 0.81 千克，右旋转右摆轮 6 弹巢，发射法国 8 毫米 M1892 式 8 毫米 ×27 毫米中心发火转轮手枪弹。右侧枪管后部有比利时的验证标识：膛线枪管验证、检验员标识，转轮后部有检验员标识、最终验证标识和皇冠 R。枪转轮后部有号码“417”，没有其他铭文。

该枪是法国圣埃蒂恩市建立的圣埃蒂恩武器制造厂（Manufactured' Armes Saint Etienne，简称 MAS 公司）生产。陆伯本人并没有参与陆伯 8 毫米 M1892 式军用转轮手枪的设计工作，因该枪使用的是陆伯 8 毫米手枪弹，所以该枪被军队采用时称为陆伯 M1892 式军用转轮手枪。1892 ～ 1924 年间，该枪被法国陆军、海军、国家宪兵等使用。后来，M1892 手枪逐渐被 M1935 式和 MAC M1950 式半自动手枪代替。但是，M1892 式陆伯转轮手枪一直在警察等机构服役至 20 世纪 60 年代。该枪是欧洲第一种转轮向右摆出式转轮手枪，机械原理类似于柯尔特转轮手枪，但结构简单一些，采用双动击发。其主要特点是转轮向右摆出，而其他转轮手枪的转轮都向左摆出。这种手枪经常被法国军方作为礼品赠送给外国军方人员。

法国李·法兰西 6.35 毫米手枪

圣埃蒂恩法兰西武器和自行车制造公司缩写徽标

该枪口径 6.35 毫米，全枪长 110 毫米，枪管长 60 毫米，全枪质量 0.29 千克，弹匣容弹量 7 发，发射 6.35 毫米勃朗宁手枪弹。该枪铭文不清，经比对有关资料和考证，套筒座右侧铭文应为“MANUFACTURE FRANCAISE D’ARMES ET CYCLES DE SAJNT ETIENNE”（法兰西武器和自行车制造公司）。套筒座左侧铭文应为“LE FRANCAIS CAL 6.35”（李·法兰西，口径 6.35 毫米）和“MF”的组合图案。握把上方有徽标为“M”和“F”的组合图案。该枪为法国圣埃蒂恩法兰西武器和自行车制造公司生产的李·法兰西 6.35 毫米手枪。该枪扳机缺失。

1885 年 11 月 10 日，皮尔·布拉雄和艾蒂恩·米马特购买了泰尔法兰西武器制造公司（Manufacture Franqaise d’ Armes et de Tir），并且更名为圣埃蒂恩法兰西武器公司（ManufactureFran aise d’ Armes de Saint–Etienne）。1892 年，当公司自行车的生产已经成为主要产品时，公司更名为圣埃蒂恩法兰西武器和自行车制造公司（Manufacture FranSaise d’ Armes et de Cycles de Saint–Etienne），通常被称为“Manufrance”，徽标是“M”和“F”的组合图案。该枪自 1914 年开始生产，是法兰西武器和自行车制造公司生产的第一种李•法兰西手枪，大约生产到 1938 年。该枪的最大特点是不设拉壳钩，枪管尾部通过右侧扳把的控制，可以向上抬起，当弹匣取出时，枪管尾部自动抬起，如果不装上弹匣，枪管尾部不能复位。因此，该枪的抛壳完全是通过后坐的力量实现，上膛的子弹需通过枪管尾部抬起取出。

法国 MAB 6.35 毫米自动手枪

6. 35 毫米自动手枪 巴约纳武器制造公司专利

该枪口径 6.35 毫米，全枪长 116 毫米，枪管长 52 毫米， 全枪质量 0.35 千克，弹匣容弹量 5 发，发射勃朗宁 6.35 毫米手枪弹。该枪左侧铭文：“PISTOLET AUTOMATIQUE 6.35 ‘MAB’ BREVETE”（6.35 毫米自动手枪，巴约纳武器制造公司专利）。

法国巴约纳武器制造公司（Manufacture d' Arms de Bayonne，简称 MAB）1920 年由莱昂•巴特创建，从 1921 年开始生产自动手枪，MAB 自动手枪共有 A、B、C、D、E、F、R 等 7 种型号，这些手枪大部分是基于勃朗宁手枪设计，主要面向法国军队和警察部门，二战期间也向德军提供。MAB 系列手枪中 B 型是其中尺寸最小的一款，设有握把保险，1932 年开始生产，1940 年停产，主要装备特工人员用于执行秘密任务。

比利牛斯武器制造公司

1923 年西班牙人何塞•乌里亚在法国昂达伊成立了比利牛斯武器制造公司（Manufacture d' Armes de Pyrenees），简称为 MAP 公司。由于何塞•乌里亚来自于“一战”时大量生产“鲁比”手枪的西班牙地区，公司在法国成立后相继生产了不少仿制 FN 勃朗宁的手枪。同时，该公司也生产了许多各式各样的武器，最著名的是尤尼克（Unique）系列。公司生产的品牌多而且比较杂乱，常见的名称有“Superior”“Capitan”“Cesar”“Chanteeler”“Chimere Remoir”“Demon”“Selecta”“Furor”等。1939 年后公司对产品进行整合，实行品牌统一化，在握把处简单地打印上尤尼克（Unique）的品牌商标。1940 年德军占领法国后，该公司在德国监管下为德军生产手枪。

法国斯莱克塔 7.65 毫米手枪

该枪口径 7.65 毫米，全枪长 128 毫米，枪管长 64 毫米，全枪质量 0.47 千克，发射比利时 6.35 毫米勃朗宁手枪弹，自由枪机式自动方式。该枪无铭文与验证标识，套筒后部有弧形防滑纹，上部有两道长凹槽，符合法国（Selecta）斯莱克塔手枪独有的特征。该枪为法国比利牛斯武器制造公司 1923 ～ 1939 年间仿制勃朗宁 M1906 式手枪的产品。

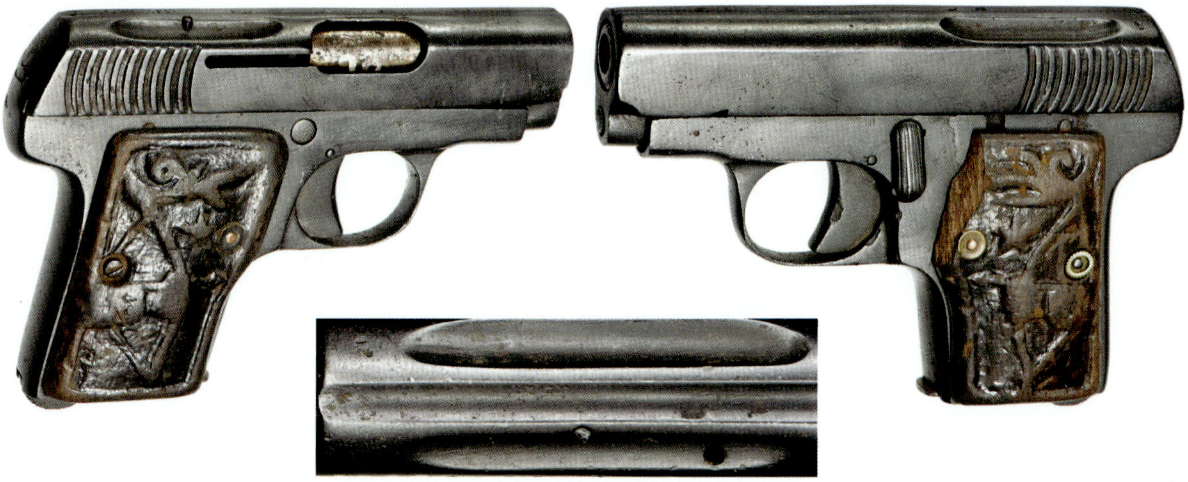

套筒上独特的凹槽

法国埃拉斯蒂 6.35 毫米自动手枪

6. 35 毫米型 埃拉斯蒂自动手枪

该枪口径 6.35 毫米，全枪长 109 毫米，枪管长 53 毫米，全枪质量 0.52 千克。套筒左侧铭文“–6.35 MODEL AUTOMATIC PISTOL ERRASTI–”（6.35 毫米型埃拉斯蒂自动手枪），全枪未见验证标识。套筒有弧形防滑纹，握把护片上方有“A.

ERRASTI”字样，护片中间皇冠下方圆圈内有花体“AE”字符。卸掉左侧握把护片可见有“68”数字。法国比利牛斯武器制造公司在20世纪30年代有不少仿制勃朗宁M1906式的手枪，品牌比较杂乱，大多没有验证标识。综合比对分析，我们倾向于该枪是法国比利牛斯武器制造公司仿造勃朗宁M1906式手枪的一款产品。

法国迪蒙7.65毫米自动手枪

该枪口径7.65毫米，全枪长152毫米，枪管长80毫米，全枪质量0.78千克，弹匣容弹量8发，发射7.65毫米勃朗宁手枪弹。握把护片上方有“DEMON”（迪蒙）标识。该枪是勃朗宁M1903式手枪仿制品，是法国比利牛斯武器制造公司（简称MAP公司）生产的众多品牌手枪中的一种，生产年份为1923～1939年间。

迪蒙标识

法国联盟 7.65 毫米自动手枪

联盟 口径 7.65mm

印第安人头像商标

法国“联盟”自动手枪 圣埃蒂安制造 口径 7.65 毫米

该枪口径 7.65 毫米，全枪长 150 毫米，全枪质量 0.65 千克，弹匣容弹量 8 发，套筒左侧铭文：“PISTOLET AUTOMATIQUE FRANCAIS ‘UNION’ FABRIQUE A ST ETIENNE –CAL 7.65”（法国“联盟”自动手枪 圣埃蒂安制造 口径 7.65 毫米）。该枪采用自由枪机自动方式，握把护片上方有“UNION”（联盟）和中间圆圈内印第安人头像圆形商标，圆形图案周围有“TRADE MARK”字样，即“商标”的意思。弹匣铭文“UNION Cal. 7.65”（联盟 口径 7.65 毫米）。

法国武器联盟公司旧译为“友宁”，由来自西班牙的枪械设计师马塞尔 • 塞特雷斯在法国圣埃蒂安创建。联盟（Union）手枪由马塞尔 • 塞特雷斯设计，品质优良。第一款联盟手枪大约出现于1925年，“二战”开始前停止生产。联盟手枪有多种口径，使用多种样式的弹匣。该联盟7.65毫米自动手枪由法国圣埃蒂安M.塞特雷斯工厂生产，曾经装备法国地方警察部门，公司还生产6.35毫米口径这种品牌的手枪，也曾出口中国。

捷克手枪

CZ 兵工厂

兵工厂商标

1922 年，CZ 兵工厂（Ceska Zbrojoyka）成立，通常称为斯特拉科尼斯 CZ 兵工厂（Ceska Zbrojoyka in Strakonce），陶米斯卡为公司主要领导人之一及产品设计师。“Ceska”意思为“捷克”，“Zbrojoyka”意思为“兵工厂”。该工厂生产的最著名的作品是 ZB–26 轻机枪。1924 年，捷克斯洛伐克 CZ 兵工厂产品其中之一是毛瑟 98 系统的各种单发装填步枪。该厂生产的 600 型（标准型）、601 型（短管型）和 602 型（马格努姆结构）以及采用改进的毛瑟 98 系统的 550 型系列 CZ 猎枪，就是该厂在这方面最成功的杰作。这些猎枪的销售量不下 50 万支。 CZ700 狙击步枪系列是该厂在继承 550 和 600 型猎枪系列设计的基础上，推出的一种精确射击步枪，因此型号顺延为 CZ700。

“二战”时，捷克斯洛伐克被纳粹德国占领，公司为德军生产武器，因此积累了生产德式武器的经验。“二战”后，捷克斯洛伐克加入社会主义阵营，成为苏联的卫星国。

武器也采用了苏联体系，这时推出的 CZ52 手枪、SA58 突击步枪、VZ61 冲锋枪也仅仅装备国内和军援友好国家。1975 年，公司推出了 CZ75 手枪，该枪在西方大受好评，仿制品层出不穷。1993 年，捷克成为独立国家后，CZ 公司继续为其生产武器。此时，公司加强了同西方的合作，特别是在美国设立了 CZ 子公司，继续 CZ 枪械的生产。

捷克斯洛伐克 0.25 英寸 VZ45 袖珍手枪

验证标识

捷克斯洛伐克制造
无烟火药强制验证标识和 47 年

斯特拉科尼斯 CZ 兵工厂 0.25 英寸

该枪口径 0.25 英寸，全枪长 127 毫米，枪管长 65 毫米，全枪质量 0.40 千克，发射 6.35 毫米勃朗宁手枪弹。编号“52461”位于枪身右侧套筒坐中部。套筒左侧前部有 CZ 兵工厂商标与“ CESKA ZBROJOVKA–NARODNI PODNIK STRAKONICE（斯特拉科尼斯 CZ 兵工厂）”，尾部圆圈内有“.25”字样（0.25 英寸）。套筒座左侧前方铭文：“MADE IN CZECHOSLOVAKIA”（捷克斯洛伐克制造）。枪管处有验证标识，左侧护圈有无烟火药强制验证标识（字母 N 和狮子图案）与数字“47”。握把护片上方有 CZ 兵工厂商标。

VZ45 手枪是在 VZ38 手枪基础上研制出来的，简化了 VZ38 手枪扳机机械系统，采用双动击发，1947 年由斯特拉科尼斯 CZ 兵工厂生产。该枪主要是为警察设计，但军官、情报人员等也大量使用。

加拿大手枪

英格利斯公司

女工正在组装大威力手枪

女工试用枪托的大威力手枪

1859 年 7 月 27 日，约翰·英格利斯（John Inglis）在加拿大安大略省建立了一个机器工厂，生产磨面粉和谷物的机器。1937 年，公司被多伦多的英国加拿大工程有限公司收购，但仍然保持约翰·英格利斯有限公司的名称。1938 年 8 月，工程有限公司接到了为英国生产 5000 支布伦轻机枪和为加拿大生产 7000 支布伦轻机枪的合同，约翰·英格利斯有限公司开始生产布伦轻机枪。

抗日战争爆发前，国民政府曾经向比利时国营赫斯塔尔公司订购过 M1935 勃朗宁大威力手枪和配套的木制枪套。“二战”爆发后，德国军队用闪电战迅速占领了比利时，吞并了 FN 公司，勃朗宁大威力手枪供货渠道被切断，国民政府转向其他国家寻求武器供应。1941 年下半年，国民政府派员访问位于加拿大多伦多市的约翰·英格利斯公司，商洽购买军火事宜，其间中方人员咨询该公司能否生产 M1935 勃朗宁大威力手枪，因英格利斯公司没有获得过生产 M1935 勃朗宁大威力手枪的授权，没有办法取得相关的生产图纸，生产更是无从谈起。1943 年，FN 公司与加拿大就生产大威力手枪涉及的版税等问题达成协议，国民政府驻加拿大办事处提供了 6 支比利时 FN 公司原厂生产的M1935 勃朗宁大威力手枪作为样品，英格利斯公司于1943年12月生产出试验手枪，1944 年 1 月试验枪通过测试。手枪命名为 MK.I ＊型手枪。在英格利斯公司具备生产能力之后，国民政府与该公司签订了购买其生产大威力手枪的合同，当时计划采购约 18 万支加造大威力手枪，但是由于“二战”战事紧张，从加拿大到中国的海空运输线又受到日军的封锁，到 1945 年抗战胜利时总计只有约 4 万只加造大威力手枪运到中国。国民政府定制的加造大威力手枪，早期生产交付给中国的套筒左侧刻有“中华民国国有”的汉字标识。在枪身右侧刻印的生产编号中有中国的英文单词开头两个字母“CH”，用以表示专门为中国制造。后来国民政府取消了剩余订单，已经生产出来的刻有“CH”编号的成品都转销给了英国、加拿大、澳大利亚等其他盟国军队。

为中国生产的大威力手枪序列号“CH”开头，从 1CH 开始，保留字母 4 位数，超过 4 位数时，最前面的数字移至“CH”前。1945 年 6 月生产序列号范围为 1CH6589–1CH7588，1945 年 7 月生产序列号范围为 1CH7589–2CH3588，1945 年 8 月～ 10 月生产序列号范围为 2CH3589–5CH9928。

加拿大英格利斯 9 毫米 No.1 MK.I ＊式大威力镀镍手枪

该枪口径 9 毫米，全枪长 200 毫米，枪管长 118 毫米，弹匣容弹量 13 发，发射 9 毫米帕拉贝鲁姆手枪弹。编号“2CH8007”位于枪身右侧枪管、套筒和套筒座上。套筒左侧铭文：“BROWNING FN 9MM HP INGLIS CANADA”（加拿大英格利斯工厂生产的 9 毫米 FN 勃朗宁大威力手枪）。该枪套筒左侧铭文“ MK.I ＊”与击锤上铭文“Ⅱ”表示为改进型手枪，改进型大威力手枪在空仓挂机解脱杆、抽壳钩与早期产品有所不同。

枪管上简略验证标识：一对交叉的旗帜和编号。右侧套筒座与套筒的“交叉旗帜与皇冠图案、DCP”为加拿大自治领验证标识和编号。标尺为 50 ～ 500 英尺。

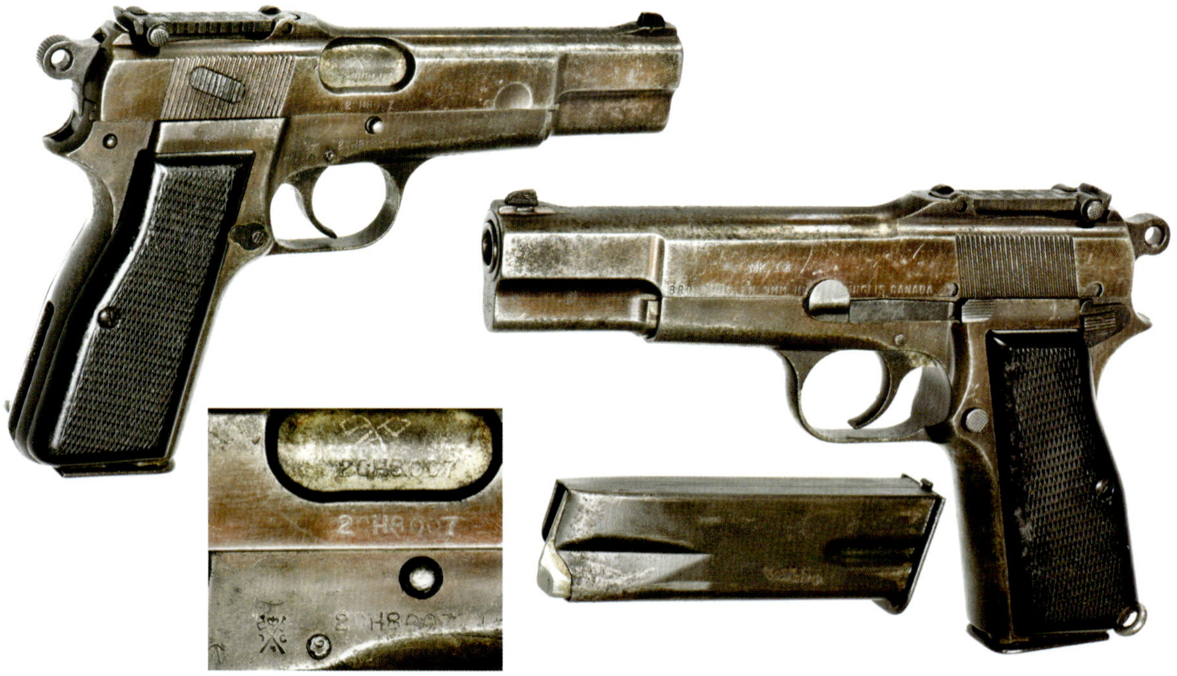

枪管与套筒座自治领验证与编号

标尺

勃朗宁 FN9 毫米大威力 加拿大英格利斯

该枪可接盒式枪匣进行抵肩射击，套筒左侧下角有系枪绳的铁环。编号中带有“CH”字母代表专门为中国制造。我们馆藏的几支手枪的枪号是在 1CH7589–5CH9928 范围内。应该是加拿大 1945 年 7 ～ 10 月为中国生产的。该枪在中国也被称作“加拿大撸子”

朱德、陈毅元帅在革命战争时期曾作为随身武器佩用过加拿大 9 毫米 No.1 MK.I ＊式大威力手枪。

加拿大英格利斯 9 毫米 No.1 MK.I ＊式大威力手枪

该枪口径 9 毫米，全枪长 200 毫米，枪管长 118 毫米，弹匣容弹量 13 发，全枪质量 0.944 千克，发射 9 毫米帕拉贝鲁姆手枪弹。编号“4CH7344”位于枪身右侧枪管、套筒和套筒座上。套筒左侧铭文：“BROWNING FN 9MM HP INGLIS CANADA”（加拿大英格利斯工厂生产的 9 毫米 FN 勃朗宁大威力手枪）。该枪套筒左侧铭文“MK. I ＊”与击锤上铭文“Ⅱ”表示为改进型手枪，改进型大威力手枪在空仓挂机解脱杆、抽壳钩与早期产品有所不同。枪管上只看到编号。右侧套筒座与套筒的“交叉旗帜与皇冠图案、D C P”为加拿大自治领验证标识和编号。标尺为 50 ～ 500 英尺。

自治领验证与编号

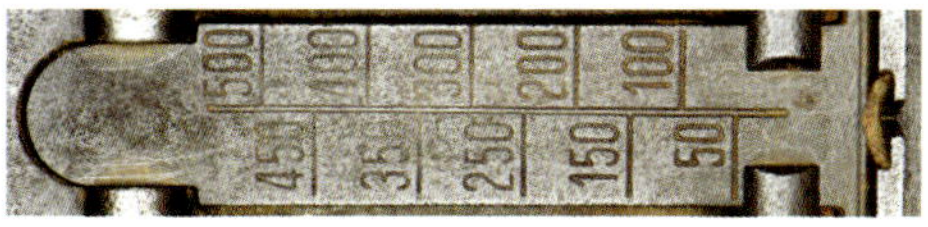

标尺

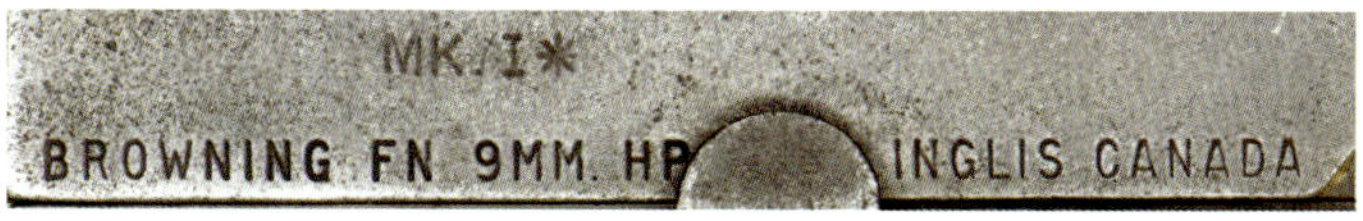

勃朗宁 FN9 毫米大威力 加拿大英格利斯

美国手枪

美国爱佛·约翰逊 0.32 英寸无击锤转轮手枪

该枪口径 0.32 英寸，全枪长 165 毫米，枪管长 76 毫米，全枪质量 0.35 千克，右旋转 5 弹巢。编号“310124”位于握把底部。为顶断式安全击锤转轮手枪，握把护片上方有爱佛·约翰逊武器＆自行车工厂的猫头鹰徽标。

徽标

1871 年爱佛·约翰逊同马丁·拜在美国马萨诸塞州建立约翰逊＆拜公司，制造一些价廉的转轮手枪。1883 年马丁·拜卖出了他的股份，1891 年公司的名字更换为爱佛·约翰逊武器＆自行车工厂。爱佛·约翰逊 1895 年去世后，他的工厂由他的两个儿子经营。该公司在火器上的重大贡献是，最先采用了安德鲁·费尔伯格 1896 年的安全击锤专利。

美国霍普金斯＆艾伦 0.32 英寸镀镍转轮手枪

该枪口径 0.32 英寸，全枪长 155 毫米，枪管长 68 毫米，全枪质量 0.30 千克，右旋转 5 弹巢。枪管八边形，枪管上方铭文：“HOPKINS & ALLEN ARMS CO.”（霍普金斯＆艾伦武器公司），“PAT.JAN. 586”（专利 1886 年 1 月 5 日）。

该枪整体为框架式。转轮通过向前抽出转轮中轴杆而取出，转轮、扳机和击锤配合方式为双动方式。取弹壳需在转轮取下后，使用转轮中轴杆逐发退出。清空弹壳后需将子弹重新装填，再将转轮和转轮中轴杆安装到手枪上。转轮中无子弹时也可从枪的右侧将子弹逐发送入弹巢。

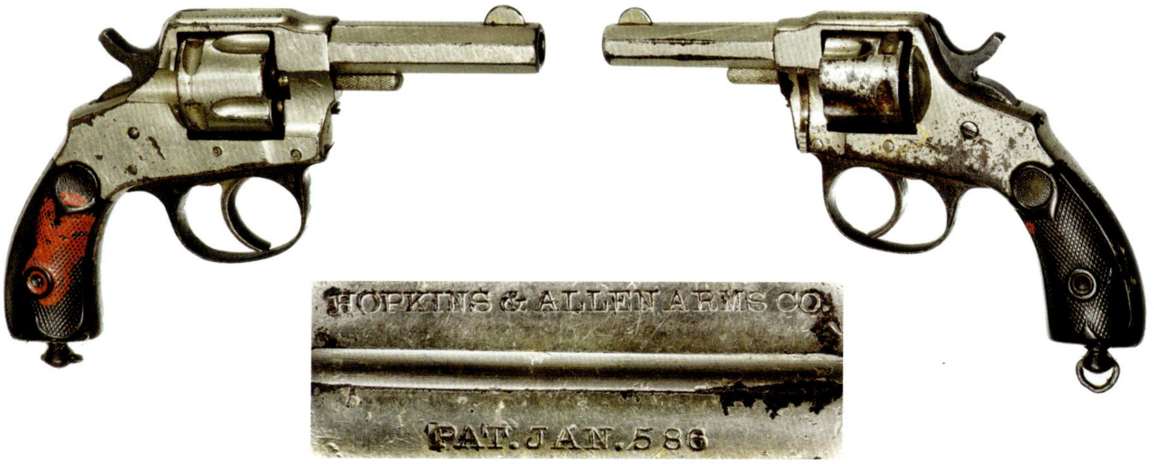

霍普金斯＆艾伦武器公司
专利 1886 年 1 月 5 日

1868 年，S.S. 霍普金斯、C.W. 霍普金斯和 C.H. 艾伦创建了霍普金斯公司，生产转轮手枪。1898 年，由于经济原因，公司重组为霍普金斯＆艾伦武器公司。1901 年同 F & W 公司合并，以霍普金斯＆艾伦公司名义生产武器。霍普金斯＆艾伦武器公司以生产转轮手枪著名，同时还生产过一些步枪，1917 年被马林&罗克韦尔收购。

美国 U.S.0.38 英寸镀镍转轮手枪

该枪口径 0.38 英寸，全枪长 185 毫米，枪管长 82 毫米，全枪质量 0.487 千克，右旋转 5 弹巢，编号“157231”。枪管铭文：“U.S.REVOLVER CO.”（美国左轮手枪公司）。

该枪为顶断式转轮手枪，使用自动退壳器，转轮框撅开的同时，转轴凸轮自动顶起星形退壳器，退壳器带动 5 发弹壳一起自动抽出，而后退壳器回位。同爱佛•约翰逊公司一样，采用了安德鲁•费尔伯格 1896 年的安全击锤专利，击针不再与击锤成整体，而是安在转轮后方的转轮框上。不扣动扳机，意外撞击击锤不会引起击发。该枪为美国左轮手枪公司生产。

美国左轮手枪公司

哈林顿 & 理查德森枪械制造公司

1871 年，吉尔伯特 • 哈林顿和威廉 • 理查德森在马萨诸塞州伍斯特创立了哈林顿 & 理查德森军火公司（Harrington & Richardson Arms Co. 以下简称 H & R 公司）。它是一家老牌轻武器制造商，其运营时间超过了一个世纪， H & R 公司的产品在 1876 年就受到广泛认可，其早期生产的枪械具有极高的收藏价值，在费城举办的美国建国百年展上，共展出了 H & R 公司生产的 24 种手枪。1880 年，H & R 公司取得英国 Anson & Deely 公司双管无击锤霰弹枪在美国的生产许可。1884 年研发生产了第一种双动式转轮手枪，该枪发射黑火药枪弹，口径有 0.32 英寸（6 发转轮弹膛）、0.38 英寸（5 发转轮弹膛）和 0.44 英寸（5 发转轮弹膛）3 种，从 1884 年到 1904 年，总共生产了近 20 万支。1905 年以后，改为发射无烟火药枪弹，这些转轮手枪生产到 1940 年，共生产了 65 万支。1900 年，推出自行研发设计的霰弹枪。“一战”期间公司生产的信号枪被美国军队采用，从此成为美国政府的重要供货商。

“一战”后，公司重新调整手枪产品线，推出了 U.S.R.A. 打靶手枪，获得美国军方首肯，成为美军制式手枪，并于 1932 年作为新的美国手枪标准。“二战”前，H & R 公司生产的 0.38 英寸口径转轮手枪除了在美国枪械市场销售外，还被英国警察采用。1941 年美国加入“二战”后，H & R 公司采用尤金 • 雷兴（Eugene ReiSing）发明专利生产的雷兴 0.45 英寸口径冲锋枪被美国海军采用，到 1943 年共为美国海军提供 10 万支雷兴冲锋枪，还有一部分雷兴冲锋枪销售给了苏联。

美国 H&R 美洲人牌 0.32 英寸袖珍安全击锤转轮手枪

该枪口径 0.32 英寸，全枪长 167 毫米，枪管长 62 毫米，全枪质量 0.38 千克，右旋转 6 弹巢。编号“1798”位于握把下方左侧护片内。该枪管为八边形，枪管上方铭文：

“THE AMERIOAN OUBLE ACTION”（美洲人双动）。击锤已缺失。该枪为 H & R 武器公司生产。

美洲人 双动

美国 H&R0.32 英寸安全击锤转轮镀镍袖珍手枪

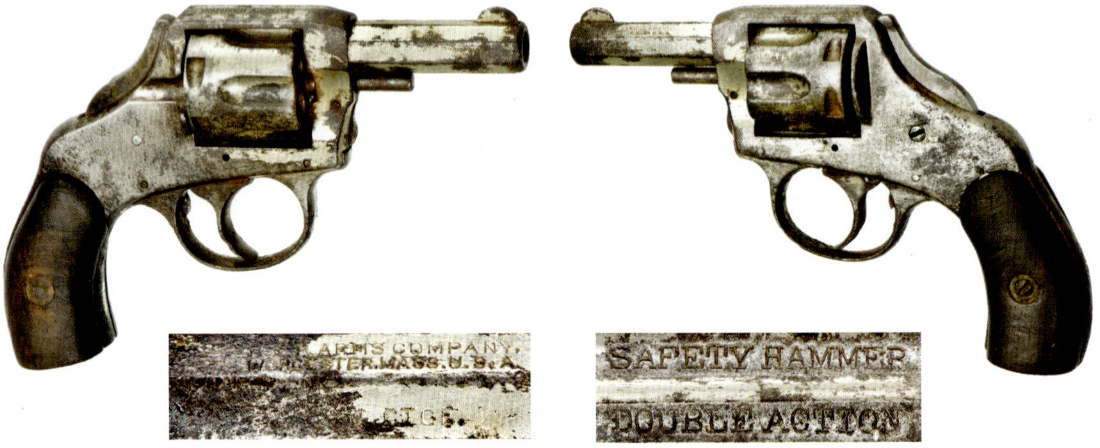

美国马萨诸塞州伍斯特 H & R 公司
使用史密斯 & 威森弹药

安全锤 双重作用

该枪口径 0.32 英寸，全枪长 165 毫米，枪管长 60 毫米，全枪质量 0.44 千克，右旋转 6 弹巢，编号“19686”位于握把底部。该枪为六边形枪管，枪管左侧铭文：“H & R.ARMS COMPANY”（H & R 公司）、“WORCESTER.MASS.U.S.A.”（美国马萨诸塞州伍斯特），枪管左侧下方铭文：“S & W CTGE”（使用史密斯&威森弹药），整体固定框架上部铭文：SAFETY HAMMFR（安全锤）、DOUBLE ACTION（双重作用），握把护片已更换。

1887 年，H & R 公司开始生产双动、整体框架的转轮手枪。该枪击锤上没有马刺形扳手，既能防止意外挂碰走火，又可在衣服衣袋内进行射击。转轮通过向前拉出转轮中轴杆而取出。弹壳需在转轮取下后，使用转轮中轴杆逐发退出。清空弹壳后需将子弹重新装填，再将转轮和转轮中轴杆安装到手枪上。转轮中无子弹时也可从枪的右侧将子弹逐发送入弹巢。该款转轮手枪有早期和晚期两种样式，早期样式枪管长，晚期样式枪管短。

美国哈林顿&理查德森 0.32 英寸 M1905 式转轮手枪

徽标

该枪口径 0.32 英寸，全枪长 160 毫米，枪管长 62 毫米，全枪质量 0.3 千克，右旋转 5 弹巢。编号“40160”位于握把底部左侧护片内。枪管八棱形。握把护片上徽标为五发子弹在靶上弹着点图案。

该枪为整体框架结构，双动击发，弹壳需在转轮取下后，使用转轮中轴杆逐发退出。

子弹重新装填后，再将转轮和转轮中轴杆安装。转轮中无子弹时也可从枪的右侧将子弹逐发送入弹巢。握把护片五发子弹在靶子上的弹着点散布图案是哈林顿＆理查德森公司早期转轮手枪的一种主要徽标。

美国哈林顿 & 理查德森 0.32 英寸镀镍转轮手枪

该枪口径 0.32 英寸，全枪长 180 毫米，枪管长 80 毫米，全枪质量 0.49 千克，右旋转 5 弹巢。枪管上部铭文：“HARRINGTON & RICHARDSON ARMS CO. WORCESTER.MASS.U.S.A.”（美国马萨诸塞州伍斯特哈林顿 & 理查德森军火公司），“PATENTED AUGUST 6.1889 OCTOBER 8.1895”（专利 1889 年 8 月 6 日，1895 年 10 月 8 日）。枪管左侧铭文：“32 S. & W.CTGE”（使用史密斯＆威森 0.32 枪弹）。该枪为顶断式结构，自动退壳。

使用史密斯＆威森 0. 32 枪弹

美国马萨诸塞州伍斯特哈林顿＆理查德森军火公司
专利 1889 年 8 月 6 日 1895 年 10 月 8 日

美国哈林顿＆理查德森 0.32 英寸无击锤转轮手枪

该枪口径 0.32 英寸，全枪长 170 毫米，枪管长 75 毫米，全枪质量 0.41 千克，右旋转 5 弹巢，编号“269561”位于握把底部。枪管上部铭文：“HARRINGTON ＆ RICHARDSON ARMS CO.”（哈林顿＆理查德森军火公司），“WORCESTER. MASSACHUSETTS U.S.A.”（美国马萨诸塞州伍斯特）。枪管左侧铭文：“32S. ＆ W.CTGE”（使用史密斯＆威森 0.32 枪弹）。握把护片上徽标为环靶上五个弹着点。五发子弹在靶子上弹着点散布图案是哈林顿＆理查德森公司早期转轮手枪的一种主要徽标。该枪无击锤、顶断式、自动退壳，为哈林顿＆理查德森军火公司 1897 年后的产品。

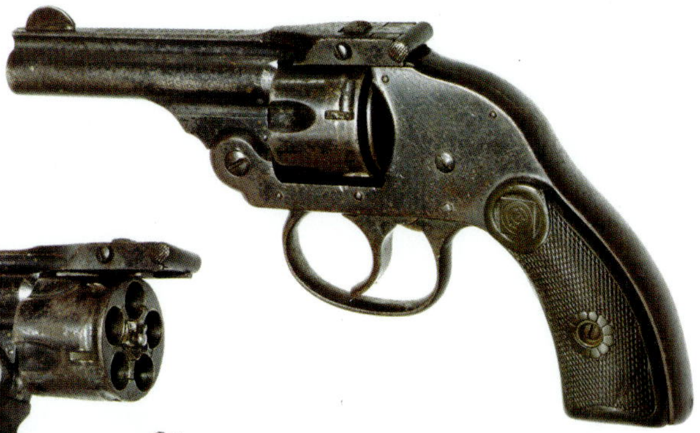

使用史密斯＆威森 0. 32 枪弹

哈林顿＆理查德森军火公司
美国马萨诸塞州伍斯特

徽标

美国哈林顿＆理查德森 0.32 英寸 M1907 式衣袋装手枪

该枪口径 0.32 英寸，全枪长 164 毫米，枪管长 89 毫米，全枪质量 0.59 千克，弹匣容弹量 8 发，发射柯尔特 0.32 英寸手枪弹或勃朗宁 0.32 英寸手枪弹。编号“8427”位于套筒左侧后部。左侧套筒铭文：“H & R SELF LOADING”（哈林顿＆理查德森自装式）， CALIBER32（口径 0.32 英寸）。右侧套筒铭文：“HARRINGTON & RICHARDSON ARMS CO.）（ 哈林顿＆理查德森武器军火公司），“ WORCESTER. MASSACHUSETTS U.S.A.”（美国马萨诸塞州伍斯特），“PAT AUG 20.1907 APR.13. NOV 9.1909”（专利 1907 年 8 月 20 日，1909 年 11 月 9 日）。该枪设有握把保险。握把徽标内有：“H & R ARMS CO.”（哈林顿＆理查德森武器军火公司）。

哈林顿＆理查德森自装式 口径 0. 32 英寸

美国马萨诸塞州伍斯特
专利 1907 年 8 月 20 日 1909 年 11 月 9 日

该枪为自由枪机式自动方式，正上方抛弹壳。在中国名为美国 0.32 英寸哈林顿＆理查德森衣袋式半自动手枪。哈林顿＆理查德森武器公司主要生产转轮手枪，在 1910 ～ 1914 年特许生产过基于威伯勒 – 斯科特型 0.25 英寸和 0.32 英寸口径的自动装填手枪。

萨维奇武器公司

早期萨维奇商标

晚期萨维奇商标

美国萨维奇武器公司（Savage Arms Co.）创建于 1894 年，其创始人阿瑟•威廉•萨维奇于 1857 年出生在牙买加康斯顿的一个富裕家庭。萨维奇的一生充满传奇色彩，早年被送往英国学习艺术，学业结束后远渡重洋，只身来到澳大利亚，开始了搜寻澳洲黑色欧泊（产于澳洲的一种名贵宝石）的寻宝冒险。不幸的是，萨维奇在深入澳洲内陆时被澳洲土著人俘获，直至一年后才得以逃脱。回到文明社会后，萨维奇定居澳大利亚，娶妻生子，经营牧场。34 岁时，他举家重返牙买加，并经营一家咖啡种植园。在此期间，他还任职于铁路公司，从事技术工作。后来，萨维奇开始涉足军火业，或许是因为在澳大利亚蛮荒之地的冒险旅程使他对枪械产生了兴趣。

1894 年，萨维奇前往美国，在纽约的尤蒂卡市（Utica）创建了萨维奇武器公司。公司以家族之姓萨维奇命名，商标是一个头戴羽毛冠的印第安人头像。萨维奇在英语里是“野蛮人”的意思。公司创建后不久，开始生产杠杆式枪机步枪，其中最著名的是 M99 式无击锤杠杆枪机步枪。1915 年，曾被德瑞格 – 西伯瑞军械公司收购，“一战”中生产刘易斯机枪。1919 年，萨维奇武器公司重新组建。在“一战”中萨维奇武器公司为前线生产了 7 万多支 M1911 式手枪。“二战”初期，制造了 125 万支汤姆逊冲锋枪，战争中生产了许多挺 7.62 毫米和 12.7 毫米勃朗宁机枪，还为英国生产了李 – 恩菲尔德步枪 100 多万支。20 世纪初，美国陆军决定寻找一种半自动手枪取代原有的转轮手枪作为制式武器。为了获得陆军订单，萨维奇购买了枪械设计师厄伯特•西尔勒的专利，开始生产 0.45 英寸口径的政府型半自动手枪。1912 年，萨维奇武器公司迁往加利福尼亚的圣地亚哥。20 世纪 60 年代至 80 年代，由于掌门人更迭频繁，1988 年，公司宣布破产保护。1995 年，萨维奇武器公司的本部设于美国马萨诸塞州的韦斯特菲尔德市，在罗纳德•寇博的领导下，公司开始走出困境。2007 年萨维奇 93R17 BTVS 步枪被有关专业团体评为最好的新枪，罗纳德•寇博也被射击相关杂志评为年终人物。

美国萨维奇 0.32 英寸 M1907 式手枪（野人牌撸子）

商标

萨维奇武器公司制造 口径 0. 32 英寸
美国纽约尤蒂卡 专利 1905 年 11 月 21 日

该枪口径 0.32 英寸，全枪长 165 毫米，枪管长 100 毫米，全枪质量 0.54 千克，弹匣容弹量 10 发，发射 0.32 英寸柯尔特手枪弹或 0.32 英寸勃朗宁手枪弹。编号“23252”位于套筒座前端正面。枪管上部铭文：“MANUFACTURED BY SAVAGE ARMS CO. CAL.32”（萨维奇武器公司制造口径 0.32 英寸），“UTIGA–N.Y. U.S.A. PAT–NOV.21.

1905”（美国纽约尤蒂卡 专利 1905 年 11 月 21 日）。握把护片圆形内有印第安人头像并标有“SAVGE QUALITY”（萨维奇质量）。锯齿状形击锤，九道粗防滑纹。手动保险位于套筒座后部左侧，向上为保险。

萨维奇 0.45 英寸 M1907 式自动手枪参加了美军 1907 年 1 ～ 3 月的 0.45 英寸转轮手枪和自动手枪对比选型试验，获得了第二名的好成绩。与此同时，萨维奇武器公司推出了 0.32 民用 M1907 式萨维奇自动手枪，发射 0.32ACP 手枪弹，1907 ～ 1920 年间生产，采用枪管旋转延迟枪机后坐的自动方式。M1907 式虽然尺寸较小，但是容弹量很大，受到大众的喜欢。“一战”中法国采购了 2 万支，葡萄牙也购买了一部分。萨维奇手枪握把商标是头带羽毛冠的印第安人头像，在我国俗称“野人牌撸子”或“野人牌手枪”。

美国萨维奇 0.32 英寸 M1917 式手枪

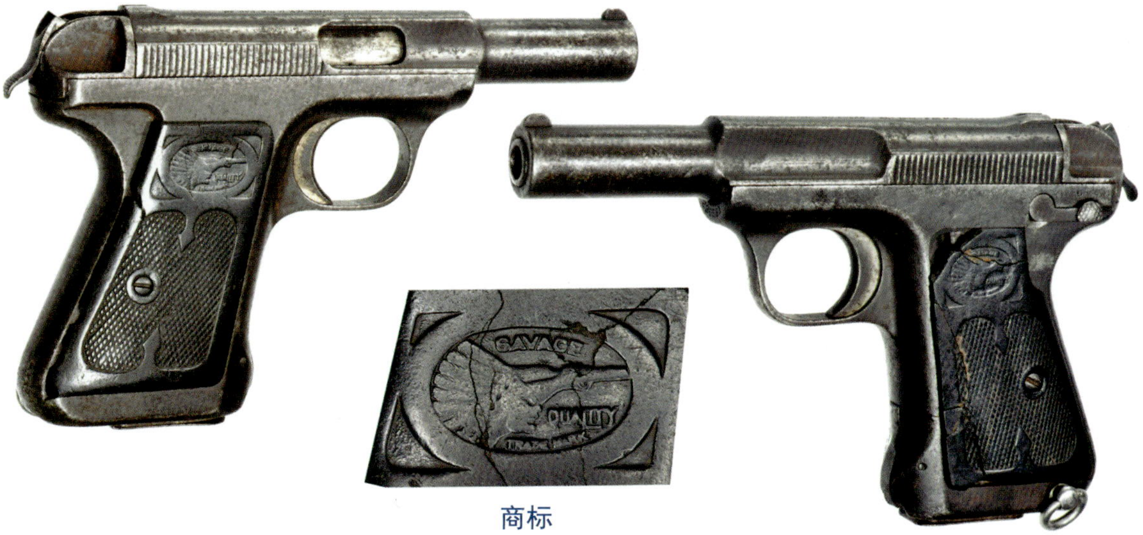

商标

美国纽约尤蒂卡萨维奇武器公司 口径 0.32 英寸
专利 1905 年 11 月 21 日 - 7.65 毫米

该枪口径0.32英寸，全枪长170毫米，枪管长95毫米，全枪质量0.59千克，弹匣容弹量10发，发射0.32英寸柯尔特手枪弹或0.32英寸勃朗宁手枪弹。编号“236581”位于套筒座前端正面。枪管上方铭文：“SAVAGE ARMS CORP. UTICA. N.Y. U.S.A. CAL.32”（美国纽约尤蒂卡萨维奇武器公司口径0.32英寸），“PATENTED NOVEMBER 21.1905.–7.65. M–M.”（专利1905年11月21日–7.65毫米）。保险上方“SAFE”，握把护片上徽标由印第安人头像与步枪和铭文“SAVAGE QUALITY TRADE MARK”（萨维奇优质商标）组成。

萨维奇0.32M1917式手枪是由美国萨维奇武器公司开发与生产的枪机后坐式半自动手枪。萨维奇开发公司新枪于1905年开始研制，1907年样枪制成后，1908年开始生产。1917年萨维奇对1907手枪进行改动，一是加大握把下缘，提高了握持舒适性，二是将原来的钝圆状击锤改成了更易操作的马齿状击锤，套筒防滑纹由9道粗条纹改成28道细条纹，商标也有了改变。1917手枪的生产持续至1928年。

柯尔特专利火器制造公司

Samuel Colt 1814－1862年

柯尔特徽标

柯尔特制造公司的创始人塞缪尔·柯尔特被公认为现代转轮手枪的创始人。塞缪尔·柯尔特1814年6月9日出生于美国康涅狄格州的一个普通家庭。他从小就对火药有着浓厚的兴趣。12 岁那年，他偶然发现一张制造火药的配方。作为一个胆大的、爱冒险的孩子，柯尔特决定制造火药并试用于手枪中。16 岁那年，柯尔特当上了一名水手，其间，他一直试图发明一种能连射的枪。他通过观察轮船的舵轮把柄，想到了如何把枪弹推送到位出击的方法。一次航行到印度，他得到一个叫柯利尔的人制造的能从圆筒里发射子弹的枪，这给了他很大的启发。他在父亲的资助下雇用了工人，根据他的设计制成了一把实验用的“转轮手枪”。

1835 年，年仅 21 岁的柯尔特发明了一支性能非常好的转轮手枪，先后在英国和美国获得专利（专利号 6909），被称为“转轮手枪之父”。

柯尔特制造公司始创建于 1847 年，1855 年后名称为柯尔特专利火器制造公司，后改称柯尔特制造公司，从 19 世纪下半叶至 21 世纪一直以设计和生产轻武器闻名于世。1860 年，美国内战爆发，柯尔特制造公司生产的 M1860 式前装火帽转轮手枪迅速装备到部队，成为美国内战时期使用最广的一种手枪。1862 年 1 月 10 日，年仅 47 岁的塞缪尔 • 柯尔特去世，公司由塞缪尔 • 柯尔特遗孀和家人接管。这一期间柯尔特制造公司主要是改装了单动前装火帽军用武器的击发机构，使之能发射中心发火枪弹，这种单动军用武器销售非常成功，后来柯尔特夫人决定重建柯尔特制造公司。1867 年，柯尔特制造公司开始生产加特林机枪。

1869 年，罗林 • 怀特的专利保护过期后，柯尔特制造公司开始研制自己的发射金属定装弹的转轮手枪。发射中心发火金属定装弹的 M1873 式单动军用转轮手枪的诞生是柯尔特制造公司标志性的产品，这是柯尔特制造公司最著名的转轮手枪，是使用最广的转轮手枪之一，是唯一一种一直持续生产的转轮手枪，也是柯尔特制造公司 0.45 英寸口径手枪中最著名的枪种之一。1877 年柯尔特制造公司首次推出柯尔特双动转轮手枪，1889 年推出了自己的第一款左摆出式转轮手枪 –M1889 海军型转轮手枪，该枪拥有众多改进型，如 M1892 转轮手枪、M1894 转轮手枪、M1896 转轮手枪、M1901 转轮手枪、M1903 转轮手枪。

20 世纪之初，柯尔特制造公司进入半自动手枪的生产时期，其中比较著名的有

M1903式、M1908式、M1911式等。0.45英寸M1911式手枪及后继型号M1911A1至1985年为美军的标准佩枪，并被世界上许多国家装备使用。1921年，柯尔特制造公司为自动军火公司生产M1921式汤姆森冲锋枪，1921年3月至1922年4月，共生产了15000支。“二战”中，为供应军方武器，柯尔特制造公司开足马力进行生产，公司进入繁荣时期，至1942年，柯尔特制造公司的雇员已达到15000人之多。1955年，公司业绩下滑，账面出现亏损，每月的订单逐渐下降，原有的一些订单也在取消，面对这种情况，柯尔特制造公司管理层决定寻找合作者。同年9月，利奥波德·D·修波斯泰公司提出与柯尔特制造公司合作，该公司隶属佩–德克萨斯集团公司，合作后的柯尔特制造公司成为该集团独立控股的附属公司。20世纪60年代，随着“越战”的扩大，柯尔特制造公司取得了M16步枪的生产权，开始为美军生产M16步枪，这一时期是柯尔特制造公司的又一生产高峰期。柯尔特制造公司相继开发了AR–15枪族和柯尔特XM148榴弹发射器等。1992年，柯尔特制造公司开始生产柯尔特全美2000手枪，柯尔特全美2000手枪是聚合物框架结构，可容纳15发9毫米帕拉贝鲁姆手枪弹。柯尔特制造公司认为这款产品正是民用市场所需求的手枪。但是，早期产品的精准度和可靠性都不高，柯尔特全美2000手枪销量不佳并在1994年停产。1994年，柯尔特制造公司获得了为美国军方和联合特种部队生产将近19000支M4卡宾枪的合同，为此公司在原厂房的西部建设了新厂房，同时关闭了原来哈特福德的厂房。1995年，柯尔特制造公司推出了一款名为“最后的枪（The Last Gun）”的单动军用枪，这是一款精心镌刻并以金饰镶嵌代表柯尔特武器家族声望的传统武器。这一年，公司还生产了多种新产品，可谓生产颇丰。21世纪初公司成为美军M4系列突击步枪供应商。

美国柯尔特0.32英寸M1903式手枪

该枪口径0.32英寸，全枪长170毫米，枪管长95毫米，全枪质量0.67千克，弹匣容弹量 8 发，发射 0.32 ACP 手枪弹。编号“457318”位于套筒座左侧。套筒右侧铭文：“COLT AUTOMATIC CALIBER.32 RIMLESS SMOKELESS”（柯尔特自动口径 0.32 英寸无框无烟），套筒左侧铭文：“COLT’ S PT. F.A. MFG. CO. HARTFORD. CT. U.S.A.”（美国康涅狄格州哈特福德柯尔特专利火器制造公司），“PATENTED APR 20.1897. DEC 22.1903”（专利 1897 年 4 月 20 日，1903 年 12 月 22 日）。握把护片上方有“COLT”标识，下方有小马徽标。

柯尔特徽标

美国康涅狄格州哈特福德柯尔特专利火器制造公司 专利 1897 年 4 月 20 日 1903 年 12 月 22 日

柯尔特 M1903 手枪是柯尔特制造公司非常成功的一种手枪，由枪械设计大师约翰•摩西•勃朗宁设计。柯尔特 M1903 式手枪是勃朗宁在总结了他以前的几款手枪经验中加以改进提高而设计的。当时，美国柯尔特制造公司也正在寻求一款用于商业销售的自动手枪，勃朗宁以 FN M1903 为蓝本，专门设计一款 0.32 英寸口径的小型手枪，并在美国申请专利。勃朗宁与柯尔特制造公司达成协议并约定，勃朗宁为柯尔特设计的自动手枪，生产期间每天产量不少于 100 支，以能够与美国转轮手枪竞争的价格销售，每生产一支手枪给予勃朗宁40美分版税。协议签订后，勃朗宁将以前的设计进行改进并在美国申请专利（1903年12月22日获得批准，专利号747585）。该枪被称为“柯尔特无击锤小型自动手枪”或柯尔特M1903式0.32英寸手枪。柯尔特M1903手枪主要针对民用市场，该枪比FN公司生产的M1903手枪短32毫米，使用7.65毫米×17毫米柯尔特自动手枪弹（0.32英寸ACP）。此枪是当时最安全的手枪，在世界手枪史上创造性设计了三重保险方式：手动保险、弹匣不到位保险与握把保险。这款手枪在美国枪械市场的商业销售相当成功，直到1945年停止生产，已生产的零部件则一直组装，到1953年该枪共生产了57万余支。在中国因握把护片上有跃起的小马也被称作“马牌手枪”或“马牌撸子”。

美国柯尔特0.32英寸M1903式手枪（1924年后）

该枪口径0.32英寸，全枪长170毫米，枪管长95毫米，全枪质量0.67千克，弹匣容弹量8发，发射0.32 ACP手枪弹。编号“536532”位于套筒座左侧。套筒左侧铭文：“COLT' S PT.F.A.MFG.CO. HARTFORD. CT.U.S.A.”（美国康涅狄格州哈特福德柯尔特专利火器制造公司），“PATENTED APR 20.1897. DEC 22.1903”（专利1897年4月20日，1903年12月22日），套筒左侧尾部有柯尔特小马标识，套筒右侧铭文：“COLT AUTOMATIC CALIBRE.32 RIMLESS SMOKELESS”（柯尔特自动口径0.32英寸无框无烟），弹匣底部铭文：“COLT CAL 32”（柯尔特口径0.32英寸），握把护片上方圆铜牌内COLT小马徽标。

美国的柯尔特制造公司在1924年后，对M1903手枪握把徽标进行改进，握把护片换为胡桃木，铜牌圆形徽标镶入护片中，该枪属于1924年以后产品。

徽标

柯尔特自动 口径 0.32 英寸 无框无烟

美国康涅狄格州哈特福德柯尔特专利
火器制造公司 专利 1897 年 4 月 20 日
1903 年 12 月 22 日

美国柯尔特 0.25 英寸 M1908 式袖珍手枪（第一版）

该枪口径 0.25 英寸，全枪长 114 毫米，枪管长 54 毫米，全枪质量 0.36 千克，弹匣容弹量 5 发，发射 0.25 英寸柯尔特手枪弹或 6.35 毫米勃朗宁手枪弹。设有握把保险。编号“19205”位于套筒座左侧。该枪经二次烤蓝套筒铭文不清，握把护片上部有“COLT”标识，下部有“C ”与小马的组合图案。弹匣底部有“CAL .25 COLT”（口径 0.25 英寸柯尔特）。

柯尔特 M1908 式手枪是 M1903 式手枪缩小版 。美国柯尔特 0.25 英寸 M1908 式袖珍手枪有三种版本，第一种版本枪身上标注使用最晚专利为 1903 年专利，握把护片上的图案为“C”和小马的组合图案，握把护片上边缘为圆弧形；第二种版本为1910年后生产，枪身上标注使用最晚专利为1910年专利；第三种版本为1917年后生产，标注使用最晚专利为1917年。第二种与第三种版本握把护片上的图案去掉了“C”，只留了立马的图案，握把护片上边缘为方形。该枪从枪支编号、护片形状与护片上的图案来看，符合第一版本特征，为柯尔特M1908式手枪第一版本。

第一版徽标

美国柯尔特0.25英寸M1908式袖珍手枪（第三版）

该枪口径0.25英寸，全枪长114毫米，枪管长54毫米，全枪质量0.36千克，弹匣容弹量5发，发射0.25英寸柯尔特手枪弹或6.35毫米勃朗宁手枪弹。设有握把保险。编号“396255”位于套筒座左侧。左侧套筒铭文：“COLT' S PT.F.A.MFG. CO.HARTFORD. CT.U.S.A.”（柯尔特专利火器制造公司美国康涅狄格州哈特福德），“PAT' D AUG.25.1896. APR.20.1897. DEC.22.1903. JAN.25.1910. JULY.31.1917”（专利日期1896年8月25日，1897年4月20日，1903年12月22日，1910年1月25日，1917年7

月 31 日），右侧套筒铭文：“COLT AUTOMATIC ”（柯尔特自动），“CALIBRE25”（口径 0.25 英寸），弹匣底部有铭文：“COLT CAL25”（柯尔特口径 0.25 英寸）握把护片上部有“COLT”字样，下部有“立马”图案。

该枪从枪支编号、护片形状与护片上的图案来看，属柯尔特 M1908 式手枪第三个版本。

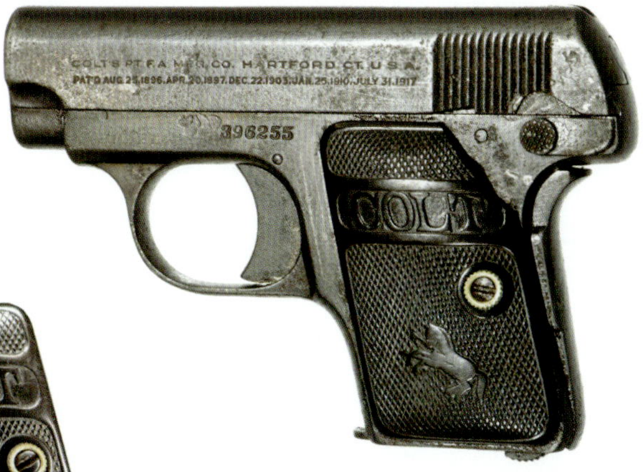

柯尔特自动 口径 0. 25 英寸

第三版徽标

美国康涅狄格州哈特福德柯尔特专利火器制造公司
专利日期 1896 年 8 月 25 日
1897 年 4 月 20 日 1903 年 12 月 22 日
1910 年 1 月 25 日 1917 年 7 月 31 日 编号

美国柯尔特 0.38 英寸 M1908 式自动手枪

该枪口径 0.38 英寸，枪长 167 毫米，枪管长 94 毫米，全枪质量 0.65 千克，弹匣容弹量 7 发，发射 0.38ACP 手枪弹。编号“120927”位于套筒座左侧。套筒左侧有铭文：“COLT’ S PT.F.A.MFG. CO. HARTFORD. CT.U.S.A.”（美国康涅狄格州哈特福德柯尔特专利火器制造公司），“PATENTED APR 20.1897. DEC.22.1903.”（专利 1897 年 4 月 20 日，1903 年 12 月 22 日）。套筒右侧铭文：“COLT AUTOMATIC”（柯尔特自动），

CALIBRE.380 HAMMCRLESS（口径 0.38 英寸无击锤）套筒座右侧铭文“B.M.C.P.173”，握把护片上有“COLT”徽标。该枪右侧套筒座铭文“B.M.C.P.173”据考证，可能是民国时期上海公共租界警察使用者缩写。173 号是个人专用枪支编号。

1908 年，柯尔特制造公司在 M1903 式的基础上推出了 M1908 式 0.38 英寸口径半自动手枪，两枪外形相同，M1908 式只需更换枪管等少数几个部件，就可转换成 M1903 式，反之亦然。从 20 世纪 40 年代到 70 年代，柯尔特衣袋装无击锤手枪一直作为美军将官配用枪支，这些将官包括艾森豪威尔、布拉德利、马歇尔和巴顿。巴顿将军的 M1908 式柯尔特衣袋式无击锤手枪在握把护片上装饰有三颗将星（后来是四颗），代表他的级别。这些枪通常刻有使用者的名字，并配有皮套等齐全的附件。柯尔特 M1903 和 M1908 式手枪都于 1945 年停产。M1908 式手枪生产了 13.8 万支。

美国康涅狄格州哈特福德柯尔特专利火器制造公司
专利 1897 年 4 月 20 日 1903 年 12 月 22 日

柯尔特自动 口径 0.38 英寸 无击锤
上海公共租界警察使用者缩写

美国柯尔特 0.455 英寸 M1905 式新军用转轮手枪

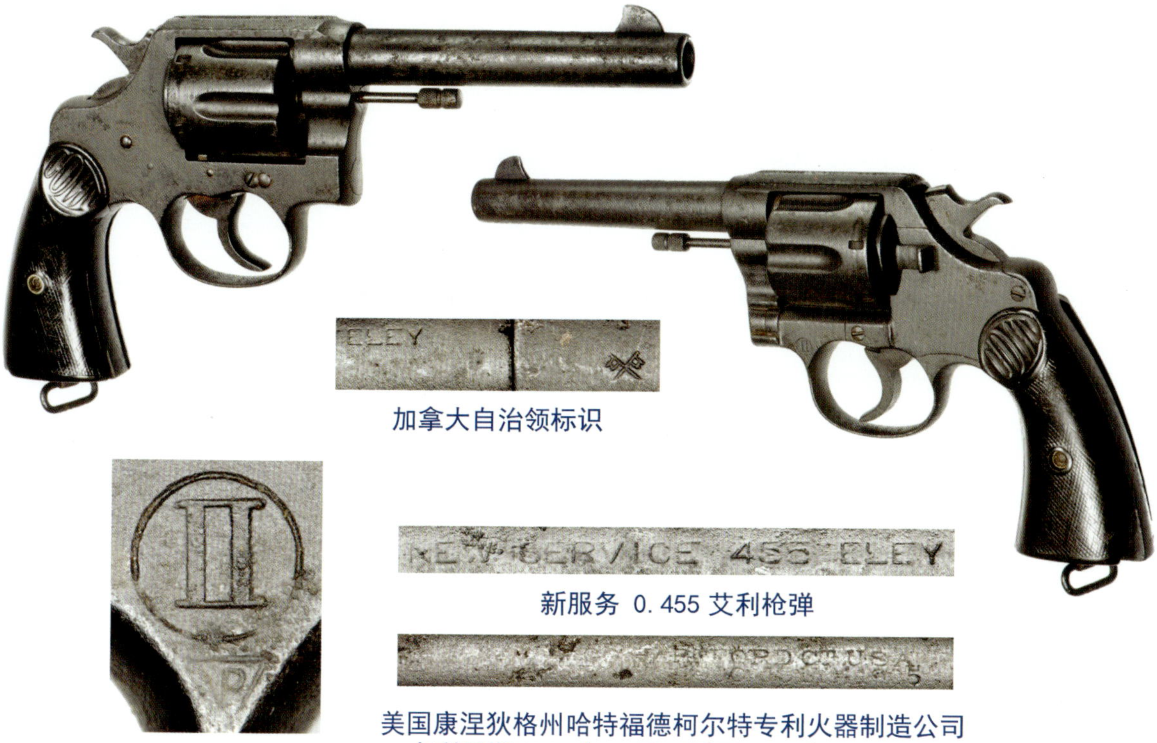

加拿大自治领标识

二型

新服务 0.455 艾利枪弹

美国康涅狄格州哈特福德柯尔特专利火器制造公司
专利日期 1884 年 8 月 5 日至 1905 年 7 月 4 日

该枪口径 0.455 英寸，全长 265 毫米，枪管长 133 毫米，全枪质量 1.06 千克，右旋转 6 弹巢，发射 0.455 英寸艾利手枪弹。编号“139238”位于转轮转柄处。枪管左侧铭文“NEW SERVICE .455 ELEY”（新服务 0.455 艾利枪弹）。左侧扳机上方有“II”与“三角内 D”标识，固定框架枪管尾部和转轮有“交叉旗帜”。固定框架扳机前有“皇冠图案、A1 E V E”字母上下排列。枪管上方铭文：“COLT’ S PT.F.A. MFG. CO.HARTFORD. CT.U.S.A.”（美国康涅狄格州哈特福德柯尔特专利火器制造公司）“PAT’ D AUG.5，1884–1900 年（月日不清）JULY.4.1905.”（专利日期 1884 年 8 月 5 日至 1905 年 7 月 4 日）。握把护片上方有“COLT”徽标，该枪枪管尾部和转轮上“交叉旗帜”是英属加拿大自治领验证标识，分析该枪应该是在加拿大生产的改进型转轮手枪。

柯尔特 M1905 式新军用转轮手枪采用了确定锁定（POSITIVE LOCK）击锤保险

的专利技术，在不扣动扳机的情况下，能有效避免因撞击等原因导致的意外发火现象。该枪退弹时，后推位于枪身左侧，转轮后方的转轮闩，向左旋出转轮，按压退壳杆打开转轮底板并退出弹壳，退弹后需将转轮复位，并确保转轮闩锁定。柯尔特新军用转轮手枪是柯尔特转轮手枪一种框架最大、最厚重的双动、左侧摆出式转轮手枪，开始生产的目的主要用于军用。1898 ～ 1944 年，为满足军用和民用需求，柯尔特专利武器制造公司一直持续生产新军用转轮手枪。新军用转轮手枪的品种繁多，生产数量巨大。第一次世界大战期间及大战结束以后相当长的一段时间内，这款枪是美、英等国的制式装备。英军“一战”中使用美国造 0.455 英寸新军用转轮手枪，使用 0.455 英寸威伯勒手枪弹，英国 0.455 英寸“ELEY”艾利枪弹。成立于 1828 年的英国军工企业 ELEY（艾利）公司，由威廉•艾利和查尔斯•艾利在伦敦创办，随后又将公司迁往伯明翰，成为英国皇家金属工业集团的子公司。ELEY 公司是一家长期致力于弹药制造事业的世界顶级优质弹药供应商。

美国柯尔特 0.32 英寸警用确定式转轮手枪

该枪口径 0.32 英寸，全枪长 214 毫米，枪管长 102 毫米，全枪质量 0.66 千克，右旋转 6 弹巢，发射 0.32 英寸柯尔特警用手枪弹。编号“315073”。该枪管左侧铭文：“POLICE POSITIVE–.32 POLICE CTG ”（警用确定式 0.32 英寸警用弹）。枪管上部铭文：“COLT’ S PT.F.A.MFG.CO.HARTFORD.CT.U.S.A.”（美国康涅狄格州哈特福德柯尔特专利火器制造公司），“PAT’ D AUG.5.1884. JULY.4.1905. OCT.5.1926”（专利日期 1884 年 8 月 5 日，1905 年 7 月 4 日，1926 年 10 月 5 日）。枪身后部有小马标识，握把护片上方圆铜牌内 COLT 徽标。

该枪有别于其他柯尔特转轮手枪的特征，该枪有英国皇家兵工厂枪支验证标识：枪管与固定框架连接处枪管下方有“皇冠圆圈内花体 CP”和“皇冠圆圈内 V”；转轮沟槽内交叉出现“皇冠圆圈内 V”与“皇冠圆圈内花体 CP”。另外，枪身右侧护圈上方两条曲线中间刻有“NOT ENGLISH MAN”（直译为：不是英国人）；该枪管和转轮加套后变成口径 5.6 毫米转轮手枪。

弹巢内套管

枪管内套管

不是英国人

警用确定式 0.32 英寸警用弹与验证标识

美国康涅狄格州哈特福德柯尔特专利火器制造公司
专利日期 1884 年 8 月 5 日 1905 年 7 月 4 日 1926 年 10 月 5 日

美国柯尔特 0.32 英寸警用确定式镀镍转轮手枪

该枪口径 0.32 英寸，全枪长 265 毫米，枪管长 152 毫米，全枪质量 0.66 千克，右旋转 6 弹巢，发射 0.32 英寸柯尔特警用转轮手枪弹。编号“323830”位于转轮转柄。枪管上部铭文：“COLT' S PT.F.A.MFG.CO.HARTFORD.CT.U.S.A.”（美国康涅狄格州哈特福德柯尔特专利火器制造公司），“PAT' D AUG.5.1884. JULY.4.1905. OCT.5.1926”（专利日期 1884 年 8 月 5 日，1905 年 7 月 4 日，1926 年 10 月 5 日）。

该枪管左侧铭文：“ POLICE POSITIVE–32 POLICE CTG.”（警用确定式 0.32 英寸警用弹），左侧枪身有小马标识，握把护片上方圆铜牌内 COLT 徽标。

柯尔特制造公司于 1905 年面向政府警务人员推出了一款 0.32 英寸口径警用型转轮手枪，全称为“COLT Police Positive ”, 简称 PP0.32 英寸转轮手枪。柯尔特制造公司给这支枪新的保险装置命名为“确定锁（Positive Lock）”（1905 年申请了美国专利），“Positive”这个专业术语最后也被加在新转轮的名称中，转轮手枪的英文名称为“Colt Police Positive”，中文翻译为“柯尔特警用确定式”。该枪设计非常成功，深受警务人员喜爱。馆中的这支 0.32 英寸警用确定式转轮手枪由碳钢制成，枪身经镀镍处理，有效提高了防腐蚀性，同时枪身颜色也呈浅黄色，胡桃木握把顶端有一个柯尔特制造公司的小马商标，转轮座侧面也有一小马商标。该枪使用 1905 年和 1926 年专利，属于 1926 年之后的产品，枪口前方顶部设有半圆形刀刃准星，转轮座上部制有一条 V 型凹槽，作为 V 型缺口照门。扳机有防滑纹，击锤有防滑纹。

革命战争时期，朱德与贺龙元帅曾经佩带过该型号的柯尔特 0.32 英寸警用确定式镀镍转轮手枪。

美国康涅狄格州哈特福德柯尔特专利火器制造公司
专利日期 1884 年 8 月 5 日 1905 年 7 月 4 日 1926 年 10 月 5 日

警用确定式 0.32 英寸警用弹

美国柯尔特 0.38 英寸警用确定式转轮手枪

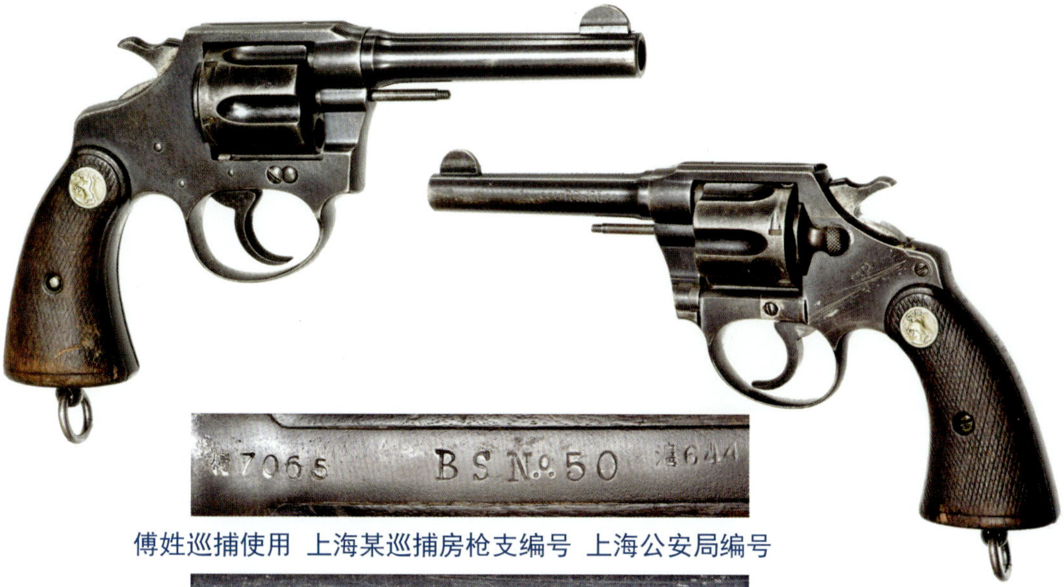

傅姓巡捕使用 上海某巡捕房枪支编号 上海公安局编号

柯尔特警用确定式 口径 0. 38 英寸

美国康涅狄格州哈特福德柯尔特专利火器制造公司
专利日期 1884 年 8 月 5 日 1905 年 7 月 4 日 1926 年 10 月 5 日

该枪口径 0.38 英寸，全枪长 206 毫米，枪管长 96 毫米，全枪质量 0.59 千克，右旋转 6 弹巢，发射 0.38 英寸柯尔特转轮手枪弹。编号“375557”位于转轮转柄。该枪管左侧铭文：“COLT POLICE POSITIVE.38 ”（柯尔特警用确定式口径 0.38 英寸）， 枪管上部铭文：“COLT’ S PT.F.A. MFG.CO. HARTFORD.CT. U.S.A.”（美国康涅狄格州哈特福德柯尔特专利火器制造公司），“PAT’ D AUG.5.1884. JULY.4.1905. OCT.5.1926”（专利日期 1884 年 8 月 5 日，1905 年 7 月 4 日，1926 年 10 月 5 日）。握把护片上铜牌 COLT 徽标。左侧枪身后部有小马图案。握把后部刻有“傅 7065 B S No 50 滬 644”字样 , 应该是旧上海某巡捕房编号 7065 傅姓巡捕使用的枪支。其他字符难以断定。

柯尔特 0.38 英寸警用确定式转轮手枪，也叫柯尔特 0.38 英寸 PP 型转轮手枪。在

1905 ～ 1947 年间，柯尔特 0.38 英寸警用确定式转轮手枪大约生产了 20 万支。

美国柯尔特 0.38 英寸供职警用转轮手枪

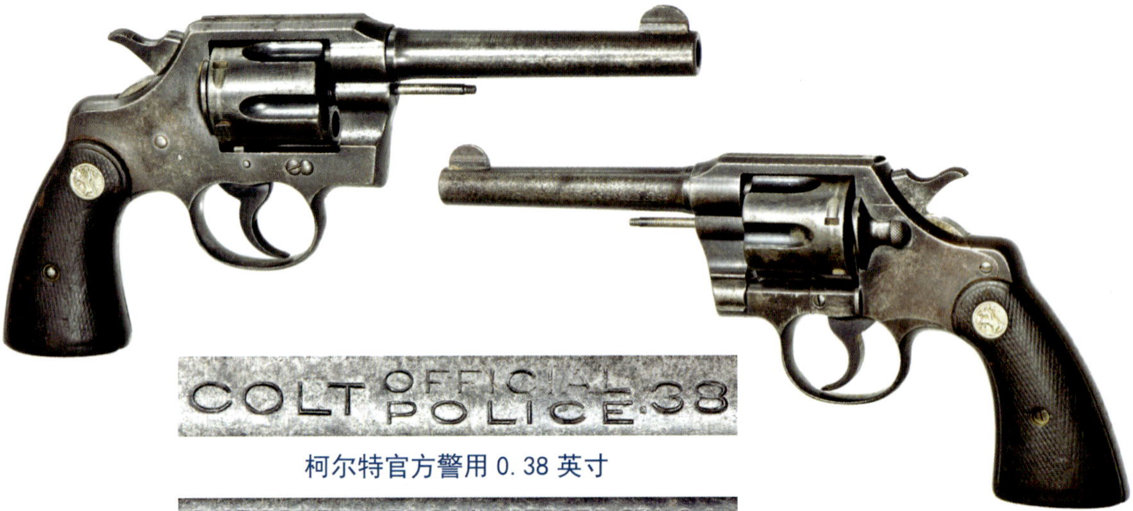

柯尔特官方警用 0. 38 英寸

美国康涅狄格州哈特福德柯尔特专利火器制造公司
专利日期 1884 年 8 月 5 日 1905 年 7 月 4 日 1926 年 10 月 5 日

该枪口径 0 .38 英寸，全枪长 230 毫米，枪管长 102 毫米，全枪质量 0.95 千克，右旋转 6 弹巢，发射 0.38 S ＆ W 特长转轮手枪弹。编号“629000”位于转轮转柄处。枪管左侧铭文：“COLT OFFICIAL POLICE .38”（柯尔特官方警用手枪 0.38 英寸），枪管上部铭文：“ COLT’ S PT.F.A. MFG. CO. HARTFORD. CT. U.S.A.”（美国康涅狄格州哈特福德柯尔特专利火器制造公司），“PAT’ D. AUG.5.1884. JULY.4.1905. OCT.5.1926”（专利日期 1884 年 8 月 5 日，1905 年 7 月 4 日，1926 年 10 月 5 日），转轮转柄处“629000”，扳机有防滑纹，击锤有防滑纹，握把护片上有铜牌 COLT 徽标，枪身左侧后部有小马图案。

柯尔特 0.38 英寸供职警用转轮手枪，于 1927 ～ 1969 年间投放市场。发射 0.38 英寸 S ＆ W 特长转轮手枪弹，扳机、击锤上有防滑纹，转轮框上有防反光的锯齿状细纹。

该枪使用了 1926 年专利，属于 1926 年之后的产品，采用新军用转轮手枪技术。由于良好的性能，它也成为当时销售最好的警用武器，渐渐成为治安警用武器的典型代表。供职警用转轮手枪在美国其他领域也广泛使用，其中包括军事警察部门、财政部门、海岸警卫队等，南美一些国家也将其装备军队和警察。“二战”时期盟军也曾装备柯尔特 0.38 英寸供职警用转轮手枪。

美国柯尔特 0.45 英寸 M1911 式自动手枪

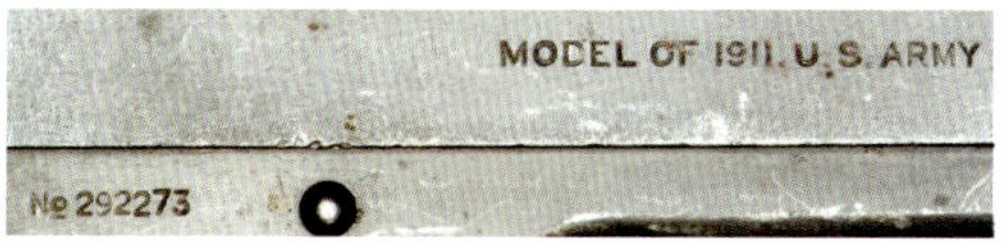

1911 型 美国陆军与编号

美国财产 验证官姓名缩写

专利 1897 年 4 月 20 日 1902 年 9 月 9 日 1905 年 12 月 9 日 1911 年 2 月 14 日 1913 年 8 月 19 日 美国康涅狄格州哈特福德柯尔特专利火器制造公司

该枪口径 0.45 英寸，全枪长 217 毫米，枪管长 126 毫米，全枪质量 1.074 千克，弹匣容弹量 7 发，发射 0.45 英寸柯尔特 ACP 手枪弹。编号“292273”位于右侧套筒座握把护片上方。套筒右侧铭文：“MODEL OF 1911. U. S. ARMY”（1911 型美国陆军）。枪身左侧铭文：“PATENTED APR.20.1897. SEPT.9.1902. DEC.19.1905. FEB.14.1911. AUG.19.1913”（专利 1897 年 4 月 20 日，1902 年 9 月 9 日，1905 年 12 月 9 日，1911 年 2 月 14 日，1913 年 8 月 19 日），“COLT’ S PT.F.A. MFG. CO. HARTFORD.CT. U.S.A.”（美国康涅狄格州哈特福德柯尔特专利火器制造公司），套筒左侧尾部小马标识，左侧套筒座铭文：“UNITED STATES PROPERTY”（美国财产），连接轴下方有花体美国验证官姓名缩写：“GJM”。

柯尔特 M19110.45 英寸自动手枪。1911 年 3 月 29 日，由勃朗宁设计、柯尔特专利火器制造公司生产的 0.45 英寸自动手枪被选为美军制式武器，并正式命名为柯尔特 M19110.45 英寸自动手枪，并于 1912 年 4 月开始装备部队，成为美军装备的第一支半自动手枪。该枪扳机上无防滑纹，缺口为 U 字形，击锤圆形，握把保险短而无防滑纹。柯尔特 M1911 式手枪的自动方式为枪管短后坐式，闭锁方式为枪管偏移式，也称为枪管摆动式或枪管起落式。M1911 式手枪设有两种自动保险。一种是自动压杆榫，该装置确保在枪管和套筒不闭锁的情况下，击锤无法解脱。另一种是自动握把保险，只有握紧握把，扳机才能扣动。手动保险位于枪的左侧拇指持握上方。握把后侧没有防滑纹，木质握把护片上下两端是菱形。握把护片有小菱形防滑纹。柯尔特 M1911 式手枪因其口径 0.45 英寸，在当时手枪中口径最大，从而得名“牛（大）眼撸子”。

美国柯尔特 0.45 英寸政府型自动手枪
（上海公共租界巡捕房订制）

该枪口径 0.45 英寸，全枪长 217 毫米，枪管长 126 毫米，全枪质量 1.07 千克，弹匣容弹量 7 发，发射 0.45 英寸柯尔特 ACP 手枪弹。编号“C 160638”位于右侧套筒座握把护片上方。套筒右侧铭文：“COLT AUTOMATIC CALIBRE .45”（柯尔特自动手枪 口径 0.45 英寸），右侧套筒座铭文：“GOVERNMENT MODEL”（政府型），套筒座右侧前部铭文：“SHANGHAI MUNICIPAL POLICE № 898”（上海公共租界巡捕房 编号 898）。套筒左侧铭文：“COLT’ S. PT. F.A. MFG. CO. HARTFORD.CT. U.S.A.”（美国康涅狄格州哈特福德柯尔特专利火器制造公司），“PAT’ D APR.20.1897. SEPT.9.1902. DEC.19.1905. FEB.14.1911. AUG.19.1913（专利日期 1897 年 4 月 20 日，1902 年 9 月 9 日，1905 年 12 月 9 日，1911 年 2 月 14 日，1913 年 8 月 19 日）。枪管、套筒、套筒座均有编号“898”。该枪的“U”字形缺口、准星较薄与柯尔特 M1911 式相符，但扳机缩进扳机框较多且有圆点防滑纹，靠近扳机的机框上有适于持握的斜槽、握把后下方有点状防滑纹、握把保险比 M1911 式长等特征又与柯尔特 M1911A1 式一致。因为该枪是出口型，也就没有美国验证官名字。

政府型与编号

柯尔特自动手枪 口径 0.45 英寸
上海公共租界巡捕房 编号 898

美国康涅狄格州哈特福德柯尔特专利火器制造公司 专利日期 1897 年 4 月 20 日
1902 年 9 月 9 日 1905 年 12 月 9 日 1911 年 2 月 14 日 1913 年 8 月 19 日

20 世纪 30 年代初，上海公共租界巡捕房（Shanghai Municipal Police，缩写 SMP），又称上海市工部局警察局，向美国柯尔特火器制造公司定制了商用型 0.38 英寸和 0.45 英寸柯尔特手枪，用作上海市工部局警察局巡捕警察专用枪支。为便于内部管理，在这批手枪的生产过程中，专门刻上了“Shanghai Municipal Police，№ 898”字样及巡捕房单独编号。

美国柯尔特 0.45 英寸政府型自动手枪

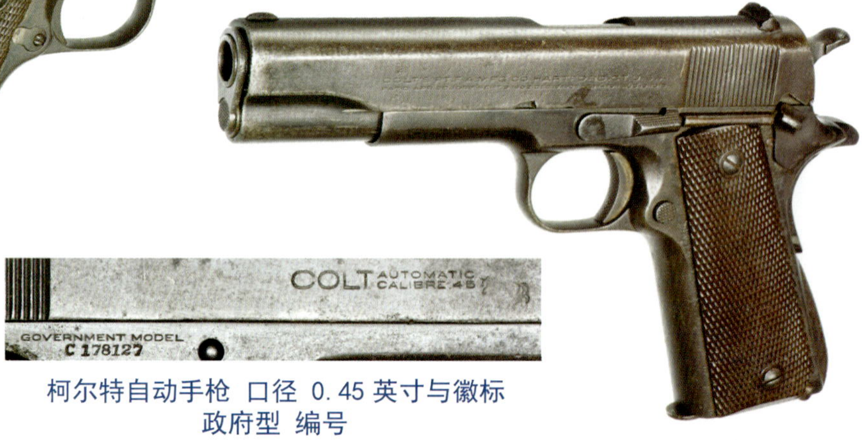

柯尔特自动手枪 口径 0.45 英寸与徽标
政府型 编号

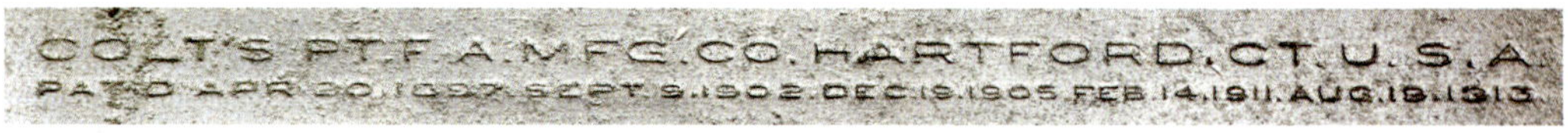

美国康涅狄格州哈特福德柯尔特专利火器制造公司 专利日期 1897 年 4 月 20 日
1902 年 9 月 9 日 1905 年 12 月 9 日 1911 年 2 月 14 日 1913 年 8 月 19 日

该枪口径 0.45 英寸，全枪长 217 毫米，枪管长 126 毫米，全枪质量 1.07 千克，弹匣容弹量 7 发，发射 0.45 英寸柯尔特 ACP 手枪弹。编号“C 178127” 位于右侧套筒座握把护片上方。该枪套筒右侧铭文：“COLT AUTOMATIC CALIBRE .45”（柯尔特自动手枪口径 0.45 英寸），右侧套筒座铭文：GOVERNMENT MODEL（政府型）。套筒左侧铭文：“COLT'S. PT.F.A. MFG. CO. HARTFORD. CT. U.S.A.”（美国康涅狄格州哈特福德柯尔特专利火器制造公司），“PAT’D APR.20.1897. SEPT.9.1902. DEC.19.1905. FEB.14.1911. AUG.19.1913”（专利日期1897年4月20日，1902年9月9日，1905年12月9日，1911年2月14日，1913年8月19日）。

柯尔特M19110.45英寸自动手枪由勃朗宁设计，1911年3月29日被选为美军制式武器，并正式命名为“柯尔特M19110.45英寸自动手枪”，于1912年4月开始装备部队，成为美军装备的第一支自动手枪。柯尔特专利火器制造公司除了为军队生产该手枪外，也生产商用M19110.45英寸自动手枪。商用的枪上没有标明“UNITED STATES PROPERTY”（美国财产），铭文为：“GOVERNMENT MODEL”（政府型）。该枪的“U”字形缺口、准星较薄与柯尔特M1911式相符，但扳机缩进扳机框较多且有圆点防滑纹，靠近扳机的机框上有适于持握的斜槽、握把后下方有点状防滑纹、握把保险比M1911式长等特征又与柯尔特M1911A1式一致。枪支编号不是“№”开始，而是“C”开头，该枪为商用型，没有军队验证标识。

美国柯尔特0.45英寸M1911A1式自动手枪（早期产品）

该枪口径0.45英寸，全枪长217毫米，枪管长126毫米，全枪质量1.11千克，弹匣容弹量7发，发射0.45英寸柯尔特ACP手枪弹。编号“№ 801742”位于右侧套筒座握把护片上方。右侧套筒座铭文：“M1911A1 U.S.ARMY”（M1911A1美国陆军）。左侧套筒铭文：“PATENTED APR.20.1897. SEPT.9.1902. DEC.19.1905. FEB.14.1911. AUG.19.1913”（专利1897年4月20日，1902年9月9日，1905年12月19日，1911年2月14日，1913年8月19日），“COLT’S PT.F.A. MFG. CO. HARTF OR D.CT.U.S.A.”（美国康涅狄格州哈特福德柯尔特专利火器制造公司）。枪管、套筒、套筒座上有“1091”编号，握把前部铭文“4955 S M P 1091”，握把后下部有点状防滑纹，连接轴下方有“WB”

监察官验收标志。

该枪套筒座右侧没有“UNITEUSTATES PROPERTY”（美国财产）或“GOVERNMENT MODEL”（政府型）铭文，只有“M1911A1 U.S. ARMY”（M1911A1 美国陆军）铭文。右侧套筒座尾部没有美国军械局检验标识。该枪握把前部有“S M P”（SHANGHAI MUNICIPAL POLICE）标识，枪管、套筒、套筒座上的“1091”编号应是上海公共租界巡捕房枪支的编号，“4955”应是使用者的编号。

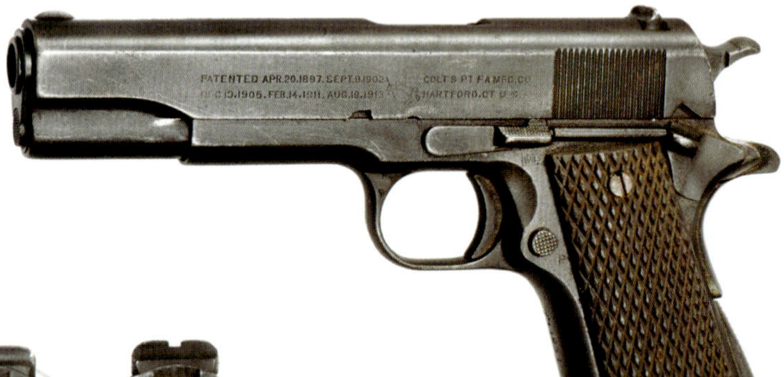

从右到左 M1911 型 政府型 M1911A1 型

从左到右 M1911 型 M1911A1 型

从左到右 M1911 型 M1911A1 型

专利 1897 年 4 月 20 日 1902 年 9 月 9 日
1905 年 12 月 19 日 1911 年 2 月 14 日
1913 年 8 月 19 日 美国康涅狄格州哈特福德
柯尔特专利火器制造公司
验证官缩写

上海公共租界巡捕房枪支编号
使用者编号

M1911A1 美国陆军与编号

从左到右 M1911 型 M1911A1 型

M1911A1 式对 M1911 式的主要改进在扳机、握把保险、击锤、击锤簧座套、准星等部分，主要区别：（1）缺口改为方形，加宽准星，便于瞄准；（2）加长击锤，使之更容易被拇指扳动；（3）缩短扣机距离，增加防滑纹；（4）握把背部设计弓形拱起，表面增加防滑纹，使射手握持更牢固，枪身编号六位数以前为网状形防滑纹，到七位数后为条状形防滑纹；（5）改变握把护板的网格防滑纹，使握持更舒适；（6）扳机后方增加拇指槽，使扣扳机的动作更轻松；（7）加长握把保险。尽管在整体结构上 M19ll 式和 M1911A1 式没有太大改变，但内部零件却不能互换使用。

美国柯尔特 0.45 英寸 M1911A1 式自动手枪

该枪口径 0.45 英寸，全枪长 217 毫米，枪管长 126 毫米，全枪质量 1.11 千克，弹匣容弹量 7 发，发射 0.45 英寸柯尔特 ACP 手枪弹。编号“№ 2261628”位于右侧套筒座握把护片上方。右侧套筒座铭文：“UNITEU STATES PROPERTY M19l1A1 U.S.ARMY”(美国资产 M1911A1 美国陆军)，套筒座右侧尾部有美国军械局检验标识。左侧套筒铭文：“PATENTED APR.20.1897. SEPT.9.1902. DEC.19.1905. FEB.14.1911. AUG.19.1913”（专利 l897 年 4 月 20 日，1902 年 9 月 9 日，1905 年 12 月 9 日，1911 年 2 月 14 日，1913 年 8 月 19 日），“COLT’ S PT.F.A. MFG. CO. HARTFORD. CT. U.S.A.”（美国哈特福德康涅狄格州柯尔特专利火器制造公司），与柯尔特 M1911 不同的是该枪套筒左侧尾部的小马标识位置换在了铭文中间。枪身左侧连接轴下方“GHD”是监察官验收标志，（GHD 是美国军械局监察官盖伊 H. 德鲁里准将名字缩写）。扳机有点状防滑纹，长形击锤点状防滑纹，方形照门，握把后下方有条形防滑纹，扳机护圈三角内“VP”连体字母。

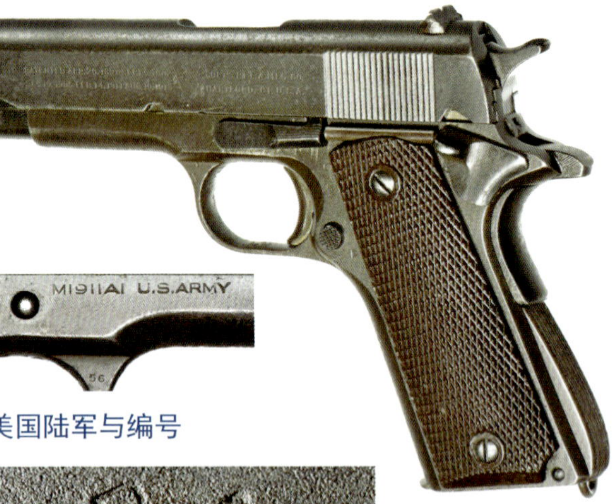

美国资产 M1911A1 美国陆军与编号

监察官盖伊 H. 德鲁里准将名字缩写

美国军械局验证标识

专利 1897 年 4 月 20 日 1902 年 9 月 9 日 1905 年 12 月 9 日 1911 年 2 月 14 日 1913 年 8 月 19 日 美国康涅狄格州哈特福德柯尔特专利火器制造公司

美国柯尔特 M1911A1 式手枪是一种 0.45 英寸 ACP 口径军用手枪，该型手枪的原设计者是约翰·摩西·勃朗宁，初期的产品 M1911 式为美军军官的制式手枪。1922 ～ 1923 年间进行了部分改进后，该枪定型为 M1911A1 式手枪；1926 年 5 月 17 日，军械委员会决定，按照改进后新标准生产的这种手枪以及经过改造的 M1911 式手枪都称为 0.45 英寸 M1911AI 式自动手枪。之后，接受订单的厂家均按 M1911A1 式的样式标准执行。“二战”爆发后，该枪需求量巨大。1941 ～ 1945 年间，订单数量激增到 250 万支，到“二战”结束时，美国陆军中装备 M1911A1 式手枪共计 270 万支。由于需求量巨大又由多家公司生产，为保证手枪的质量，美国军械局向各生产厂商派驻监察官对枪支生产全过程进行监察，最终交付军队使用的枪支，枪身上不仅有军械局的验证标记，还有监察官的代码标记。军械局接收验证标记打在枪身右侧，监察官代码标记打在枪身左侧。

美国柯尔特 0.32 英寸 M1911A1 式自动手枪

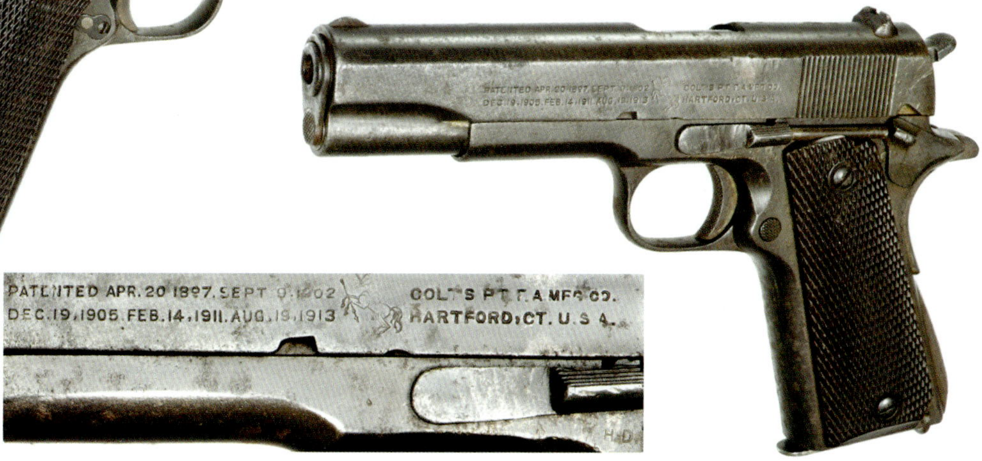

专利 1887 年 4 月 20 日 1902 年 9 月 9 日 1905 年 12 月 9 日 1911 年 2 月 14 日 1913 年 8 月 19 日 美国康涅狄格州哈特福德柯尔特专利火器制造公司 军械局监察官姓名缩写

美国财产 M1911A1 美国陆军与编号

该枪口径 0.32 英寸，全枪长 217 毫米，枪管长 126 毫米，全枪质量 1.11 千克，编号“№ 929167”位于套筒座右侧握把护片上方。套筒座右侧铭文：“UNITED STATES PROPERTY M1911A1 U.S.ARMY”（美国财产 M1911A1 美国陆军）。枪身右侧后部有美国军械局接收验证标记。套筒左侧铭文：“PATENTED APR.20.1887. SEPT.9.1902. DEC.19.1905. FEB.14.1911. AUG.19.1913”（专利 1887 年 4 月 20 日，1902 年 9 月 9 日，1905 年 12 月 9 日，1911 年 2 月 14 日，1913 年 8 月 19 日），“COLT’S PT.F.A. MFG. CO. HARTFOR D.CT. U.S.A.”（美国康涅狄格州哈特福德柯尔特专利火器制造公司）。套筒铭文中间有柯尔特小马标识，套筒座左侧连接轴下方有美国军械局监察官姓名缩写代码“HD”。

美国伊萨卡 0.45 英寸 M1911A1 式自动手枪

伊萨卡枪械公司 纽约伊萨卡

军械局监察官验收标志

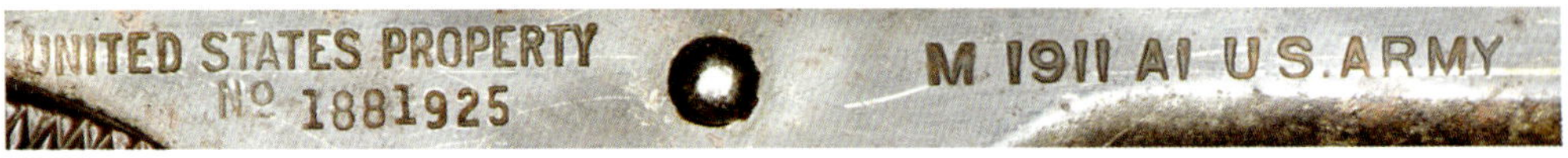

美国财产 M1911A1 美国陆军与编号

该枪口径 0.45 英寸，全枪长 217 毫米，枪管长 126 毫米，全枪质量 1.1 千克，弹匣容弹量 7 发，发射 0.45 英寸柯尔特 ACP 手枪弹。编号“№ 1881925”位于套筒座右侧握把护片上方。枪身右侧铭文：“UNITED STATES PROPERTY M19l1A1 U.S.ARMY”（美国资产 M1911A1 美国陆军）。右侧套筒座后部有美国军械局验证标识。左侧套筒铭文：“ITHACA GUN CO.INC，ITHACA，N.Y.”（纽约伊萨卡枪械公司）。连接轴下方“FJA”是监察官验收标志，“FJA”是弗兰克 J. 阿特伍德（Frank J.Atwood）上校名字的缩写。握把后下方有条形防滑纹，扳机有防滑纹，长形击锤上有条形防滑纹。该枪是美国伊萨卡枪械制造公司产品。

雷明顿·兰德公司

艾利费雷特·雷明顿 1793－1861 年
（Eliphalet Remington）

雷明顿武器公司始建于 1816 年，是一家历史悠久的美国枪械厂，该公司的创建者艾利费雷特·雷明顿从小就显示出在机械方面的非凡才能。他在务农种地之余开了一家锻造维修工厂，传说雷明顿参加了一次射击比赛，得了第二名，他认为他使用的国产（美国）步枪在设计上还是不够合理，所以萌生了自己设计步枪的想法。后来他设计的步枪受到市场的一致好评。1845 年如雪花般的大批政府订单极大地推动了雷明顿公司的发展。“一战”期间，雷明顿武器公司为法国生产 M1907–15 式博瑟尔步枪，为英国生产 1914 年专利的恩菲尔德步枪，为俄国生产 M1891 式莫辛·纳甘步枪。美国参战后，为美国大量生产武器，著名的就是为美国改进英国恩菲尔德步枪生产了 M1917 式恩菲尔德步枪。“一战”爆发后，由于战争对武器的巨大需求，雷明顿公司接到了来自各国的大批订单。雷明顿武器公司的枪械在科技飞速进步的时代得到快速发展，该厂设计生产了诸多新型轻武器。“一战”接近尾声时，俄国十月革命将沙俄政府推翻，雷明顿武器公司为沙俄生产了数额巨大的武器，而大多数订单沙俄没有付款，因此，雷明顿武器公司在财政方面遭到了重创，由于美国政府的干预使公司免于破产。之后，雷明顿武器公司采取谨慎稳健的经营战略，重点推进和发展它们的运动产品，从而保持了公司相对稳定的发展。

1927 年，雷明顿武器公司与兰德公司合并，合并后的公司名为雷明顿·兰德公司（Remington Rand Inc）。1940 年，美国陆军邀请雷明顿武器公司共同完成国有武器工厂的扩大计划。在杜邦公司的帮助下，雷明顿武器公司建起了湖城兵工厂、戴沃军械弹药厂和其他三个兵工厂，这些兵工厂隶属美国政府，由政府派雷明顿武器公司监管生产。1942 ～ 1945 年，雷明顿·兰德公司也是 M1911A1 手枪的制造商之一，此款手枪供美国陆军于第二次世界大战期间使用，雷明顿·兰德公司在战争期间是生产 M1911A1 手枪的业者中产量最高的一家。“二战”期间，雷明顿武器公司生产的大量武器中，最著名的是 M1903A3 式斯普林菲尔德步枪和 M1911Al 式手枪。1962 年，雷明顿武器公司推出了 M700 式栓式狙击步枪，该枪被称为“全美猎枪的 No.1”。这种步枪成为雷明顿武器公司最成功的武器之一，后继型号被广泛应用于警察、执法部门及美军。从 20 世纪 50 年代初至今，雷明顿 M870 式霰弹枪一直是美国军、警界的专用装备，美国边防警卫队尤其钟爱此枪。雷明顿武器公司是美国最大的霰弹枪和步枪的生产商。20 世纪 90 年代定型的警用型号（97 式 18.4 毫米防爆枪系列）已经成为中国各级公安机关的标准霰弹枪，就是 M870 式霰弹枪仿制品。200 多年来，雷明顿武器公司生产的大量武器，先后参加了美国南北战争、“一战”、“二战”以及现代战争。

美国雷明顿·兰德 0.45 英寸 M1911A1 式自动手枪

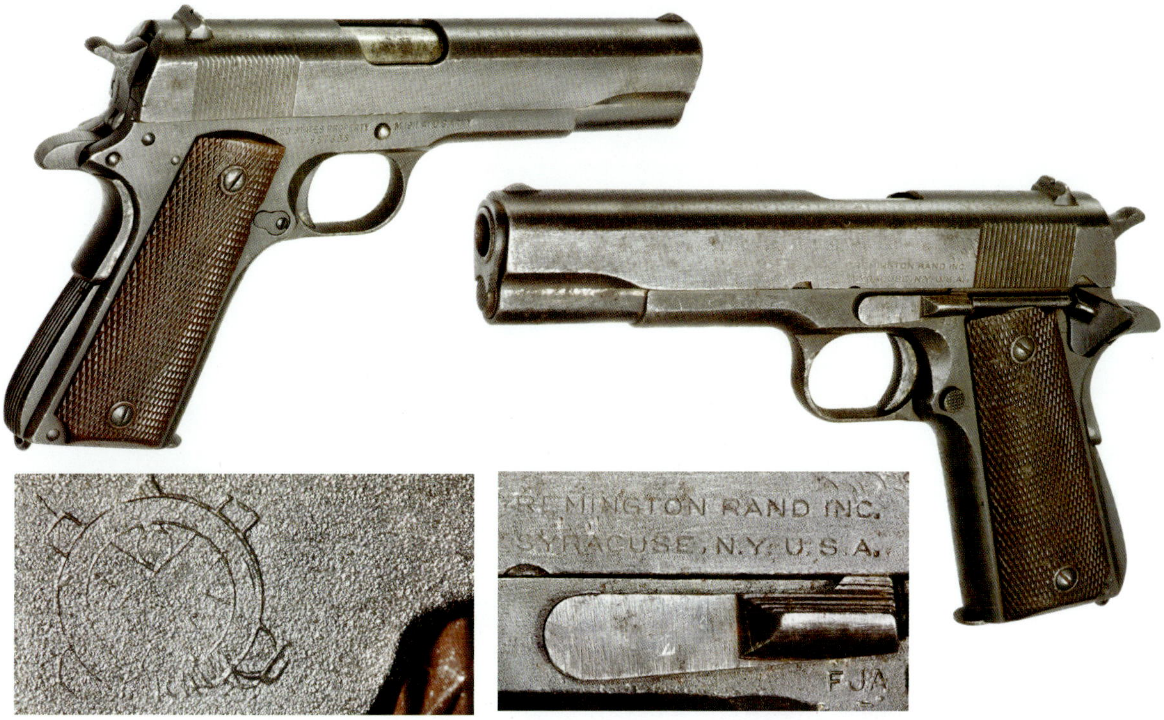

美国军械局验证标识

美国纽约锡拉丘兹 雷明顿·兰德
有限公司与军械局监察官验收标志

美国财产 M1911A1 美国陆军与编号

该枪口径 0.45 英寸，全枪长 217 毫米，枪管长 126 毫米，全枪质量 1.11 千克，弹匣容弹量 7 发，发射 0.45 英寸柯尔特 ACP 手枪弹。编号 “№ 957305” 位于套筒座右侧握把护片上方。套筒座右侧铭文：“UNITEU STATES PROPERTY M19l1A1 U.S. ARMY”（美国资产 M1911A1 美国陆军）。套筒座右侧尾部有美国军械局检验标识。套筒左侧铭文：“REMINGTON RAND INC. SYRACUSE. N.Y.U.S.A.”（美国纽约锡拉丘兹雷明顿·兰德有限公司）。连接轴下方有监察官验收标志“FJA”，是美国军械局监察官弗兰克 J. 阿特伍德上校名字缩写。该枪长形击锤有点状防滑纹，方形照门，扳机有网状防滑纹，握把后部下方有条形防滑纹。该枪是雷明顿·兰德有限公司产品。

美国雷明顿·兰德 0.32 英寸 M1911A1 式自动手枪

美国纽约锡拉丘兹 雷明顿·兰德有限公司 军械局监察官验收标志

美国资产 M1911A1 美国陆军与编号

该枪口径 0.32 英寸，全枪长 217 毫米，枪管长 130 毫米，全枪质量 1.11 千克，弹匣容弹量 7 发，编号“№ 933121” 位于套筒座右侧握把护片上方。套筒座右侧铭文：“UNITED STATES PROPERTY M19l1A1 U.S.ARMY”（美国资产 M1911A1 美国军队）。套筒左侧铭文：“REMINGTON RAND INC. SYRACUSE．N.Y.U.S.A.”（美国纽约锡拉丘兹雷明顿·兰德有限公司）。连接轴下方有美国军械局监察官弗兰克 J. 阿特伍德上校名字缩写 “FJA” 的验收标志。该枪握把后下方有点状防滑纹，方形照门，长形击锤点状防滑纹，扳机有防滑纹。

史密斯 & 威森公司

丹尼尔·威森（Daniel B.Wesson）

史密斯&威森徽标

史密斯&威森公司（Smith & Wesson Co）是美国最大的手枪军械制造商，由美国人贺拉斯·史密斯（Horace Smith）与丹尼尔·威森（Daniel B. Wesson）于1852年建立。总部位于美国麻省的斯普林菲尔德。史密斯&威森公司从1852年创建至今一直是手枪界领先的公司，以制造转轮手枪闻名于世。1854年美国人丹尼尔·威森（Daniel Baird Wesson）在福罗拜枪弹的基础上，延长弹壳，加装发射药，制成了全金属弹壳的0.22英寸边缘发火转轮手枪枪弹，并研制了发射这种弹药的史密斯&威森转轮手枪。1854年，柯尔特制造公司前雇员罗林·怀特（Rollin White）申请了一种"贯通式转轮"的技术，史密斯&威森获得专用权，1857年推出了使用贯通式转轮的史密斯&威森No.1转轮手枪，是史密斯&威森公司推出的第一个成功的商业型号，发射0.22英寸边缘发火短弹"第一号枪弹"。目前金属弹壳的0.22英寸边缘发火枪弹仍在沿用。使用贯通弹巢、金属定装枪弹的史密斯&威森No.1转轮手枪成为现代转轮手枪鼻祖。1867年，史密斯&威森公司开始了全球性的销售，将公司的转轮手枪及弹药推广至新的市场，1871年，史密斯&威森公司根据俄国军械部门的要求专门研制了俄国型转轮手枪，1878年，俄国订购了大约7万支史密斯&威森No.3式第三种俄国型转轮手枪。近150年来该公司以制造转轮手枪闻名于世，仅在"二战"中就生产了110万支手枪装备盟军。

1894年，史密斯&威森公司采用柯尔特制造公司甩出式转轮弹膛和整体式框架结构，研制出第一种史密斯&威森甩出式转轮弹膛式转轮手枪（1896年推出），1899年参加了美国军械部举行的手枪试验，被军方选中，定型为0.38英寸M1899式军用转轮手枪。它与柯尔特转轮手枪有很大不同，经考证与柯尔特制造公司转轮手枪的主要区别为：柯尔特转轮手枪的转轮甩出操作柄向后拉，转轮才能向左摆出；转轮旋转方向是向右旋转。史密斯＆威森公司最初推出的贯通弹巢、金属定装枪弹的史密斯＆威森No.1转轮手枪的转轮也是向右旋转的，在1894年采用整体式框架结构以后，转轮旋转方向由向右旋转改变为向左旋转；转轮甩出操作柄向前推，转轮才能向左摆出；枪管下方增加了手动退壳杆保护凸起，从而形成了史密斯＆威森转轮手枪的特色。

史密斯＆威森公司（S ＆ W）生产的著名大口径M629左轮手枪。这种口径0.44英寸的左轮手枪具有弹膛大的特点，弹膛内可装6发枪弹，采用哈夫拉格设计的枪管（史密斯＆威森公司的典型设计），枪管显得很厚，枪口部加工很精致。它的准星呈斜面形，而且带有红色插片。照门固定板在同类手枪中较短，只延伸至转轮的前端。转轮弹簧设计有改进，更便于使用。史密斯＆威森PC44马格努姆左轮运动手枪是为德国特制的运动枪，发射0.44英寸（11.17毫米）马格努姆左轮手枪弹。所以简称“PC 44”。该枪用在狩猎和射击比赛，具有威力大、射击精度好、容易操作、美观大方等特点。M500史密斯＆威森0.50英寸口径转轮手枪，发射0.50英寸马格努姆大威力手枪弹，由于子弹太大，一般的转轮手枪弹膛能装6发弹，而史密斯＆威森只能装下5发，因此叫史密斯＆威森“手炮”一点也不过分。1955年，更为小巧的改型枪——“保镖”转轮手枪也出现了，其枪身侧面非常平滑，同样采用隐藏式击锤，方便随时抽枪。1965年，史密斯＆威森公司的第一支不锈钢型特种要员转轮手枪诞生，被命名为“M60”。在今天看来，不锈钢是很平常的材料，但在当年，它的出现令人耳目一新。直到现在，M60仍然是一支非常优秀的转轮手枪。在“越战”期间，参战的美国军人尤其珍爱M60，因为它有非常好的抗锈蚀能力。1987～2001年，史密斯＆威森公司隶属于英国汤姆金斯工程集团公司。

美国史密斯＆威森 0.32 英寸 1 型无击锤转轮手枪

徽标

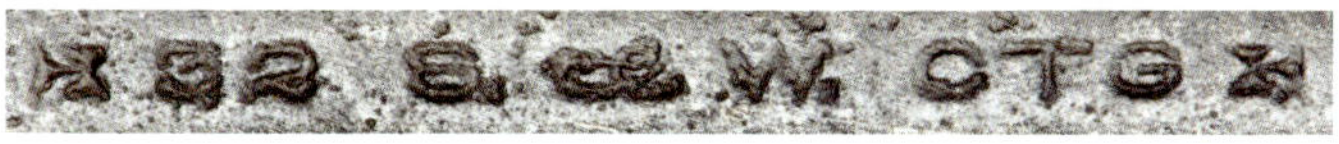

使用 0.32 英寸史密斯＆威森枪弹

美国马萨诸塞斯普林菲尔德史密斯＆威森

该枪口径 0.32 英寸，全枪长 180 毫米，枪管长 87 毫米，全枪质量 0.42 千克，右旋转 5 弹巢，发射 0.32 S ＆ W 转轮手枪弹。编号“200562”位于握把底部和转轮后部。枪管上部 铭文：“SMITH ＆ WESSON SPRINGFIELD MASS.U.S.A.”（美国马萨诸塞州斯普林菲尔德史密斯＆威森）。枪管左侧铭文：“.32 S. ＆ W. CTG ”（0.32 英寸史密斯＆威森枪弹）。枪身右侧有史密斯＆威森徽标。该枪是 1887 年 1 型转轮手枪，采用顶断式无击锤结构。内置击锤，握把保险，有自动退壳装置，需要装弹时，按压连接卡销，枪管向下撅开从后方装入子弹。退壳时枪管向下撅开自动退壳。

1887 年，史密斯＆威森公司推出了第一款保险无击锤转轮手枪，这是一种易于隐蔽的衣袋装转轮手枪，内置击锤，采用顶断式结构，撅开的同时，推弹杆将弹壳排出，击锤为内置，设有握把保险，双动击发，转轮的转动和击锤的摆动通过扳机的扣动实现。0.32 英寸史密斯＆威森保险无击锤1型转轮手枪从 1888 年到 1902 年，生产了近 10 万支，管长有 2 英寸、3 英寸、3.5 英寸和 6 英寸。

美国史密斯＆威森 0.38 英寸 M1905 军警式第四次改变转轮手枪

徽标

美国马萨诸塞斯普林菲尔德史密斯＆威森 专利 1901 年 10 月 8 日
1901 年 12 月 17 日 1906 年 2 月 6 日 1909 年 9 月 14 日 1914 年 12 月 29 日

使用 0. 38 英寸史密斯＆威森特长手枪弹

该枪口径 0.38 英寸，全枪长 275 毫米，枪管长 150 毫米，全枪质量 0.88 千克，左旋转 6 弹巢，发射 0.38 英寸史密斯＆威森特长手枪弹。编号“472929”位于转轮和握把底部。枪管上部铭文：“SMITH & WESSON SPRINGFIELD MASS．U.S.A. PATENTED ”（美国马萨诸塞州斯普林菲尔德史密斯＆威森），“PATENTED OCT. 8.01. DEC.17. 01. FEB.6.06. SEPT.14.09. DEC.29.14”（专利 1901 年 10 月 8 日，1901 年 12

月 17 日，1906 年 2 月 6 日，1909 年 9 月 14 日，1914 年 12 月 29 日）。枪管左侧铭文："SMITH & WESSON "（史密斯&威森）， 枪管右侧铭文：".38 S. & W. SPECIAL CTG "（0.38 英寸史密斯&威森特长手枪弹），整体框架右侧扳机上方铭文："MADE IN U.S.A."（美国制造）。该枪设有击锤防撞击意外发火保险，击锤带防滑纹。

1894 年，史密斯&威森公司采用柯尔特制造公司甩出式转轮弹膛和整体式框架结构，研制出第一种史密斯&威森甩出式转轮弹膛式转轮手枪（1896 年推出），1899 年该枪参加了美国军械部举行的手枪试验，被军方选中，定型为 0.38 英寸 M1899 式军用转轮手枪。海军和陆军于 1900 年和 1901 年对该枪均有采购试用。之后该枪又进行了 4 次改变。于是 0.38 英寸的 M1905 式转轮手枪也就有了 5 个品种。该枪使用最晚专利为 1914 年专利，是史密斯&威森 0.38 口径 M1905 军警式第四次改变转轮手枪。

美国史密斯&威森 0.38 英寸执法警用长弹巢转轮手枪

该枪口径 0.38 英寸，全枪长 212 毫米，枪管长 95 毫米，全枪质量 0.52 千克，左旋转 5 弹巢，弹巢长 35 毫米，发射 0.38 英寸 S & W 转轮手枪弹。编号"28353"位于枪管尾部下方退壳上方。枪管右侧铭文："REGULATION POLICE .38 S. & W.CTG."（执法警用 0.38 英寸 S & W 转轮手枪弹），右侧枪身前部转轮下铭文："MADE IN U.S.A."（美国制造）。右侧枪身有 S & W 徽标与"REG.U.S.PAT.OFF."（美国专利注册）。左侧枪管铭文："SMITH & WESSON"（史密斯&威森）枪管上方铭文："SMITH & WESSON SPRINGFIELD MASS.U.S.A."（美国马萨诸塞州斯普林菲尔德史密斯&威森），"PATENTED FEB.6.06. SEPT.14.09. DEC.29.14"（专利 1906 年 2 月 6 日，1909 年 9 月 14 日，1914 年 12 月 29 日）。

该枪与其他史密斯&威森 0.38 英寸执法警用转轮手枪不同的地方，是史密斯&威森徽标在枪身右侧，徽标下方有 "REG.U.S.PAT.OFF."（美国专利局注册）。该枪属美国 0.38 英寸史密斯＆威森执法警用转轮手枪中早期产品。该枪设有击锤防撞击意外发火保险，保险是位于右侧边盖上的簧杆，通过转轮拨杆上下移动而脱离或挤压簧杆，实现解除保险和实现保险。

徽标与美国专利局注册

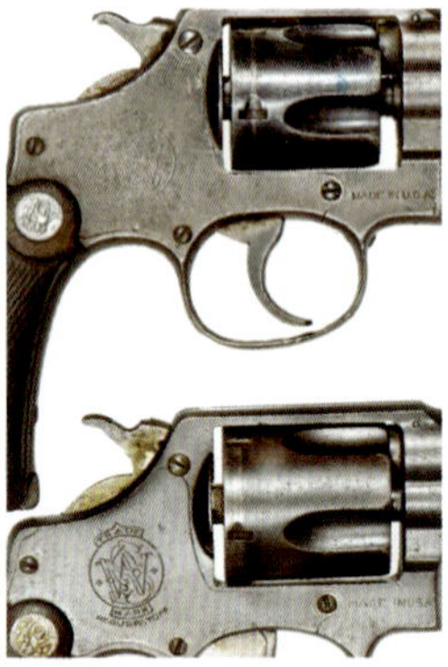

与 49297 短弹巢比较

执法警用 0.38 英寸 S&W 转轮手枪弹

美国马萨诸塞斯普林菲尔德史密斯＆威森
专利 1906 年 2 月 6 日 1909 年 9 月 14 日 1914 年 12 月 29 日

美国史密斯＆威森 0.38 英寸执法警用短弹巢转轮手枪

该枪口径 0.38 英寸，全枪长 212 毫米，枪管长 98 毫米，全枪质量 0.52 千克，左旋转 5 弹巢，弹巢长 32 毫米发射 0.38 英寸 S ＆ W 转轮手枪弹。编号“49297”位于枪管尾部下方退壳上方。枪管右侧铭文：“REGULATION POLICE .38 S. & W.CTG.”（执法警用 0.38 英寸 S ＆ W 转轮手枪弹），右侧枪身前部转轮下铭文：“MADE IN

U.S.A.”美国制造）。右侧枪身有 S & W 徽标与“REG.U.S.PAT.OFF.”（美国专利注册）。左侧枪管铭文：SMITH & WESSON（史密斯&威森）枪管上方铭文：“SMITH & WESSON SPRINGFIELD MASS. U.S.A.”（美国马萨诸塞州斯普林菲尔德史密斯&威森），“PATENTED FEB.6.06. SEPT.14.09. DEC.29.14”（专利 1906 年 2 月 6 日，1909 年 9 月 14 日，1914 年 12 月 29 日）。

徽标与美国专利局注册

执法警用 0.38 英寸 S&W 转轮手枪弹

美国马萨诸塞斯普林菲尔德史密斯&威森
专利 1906 年 2 月 6 日 1909 年 9 月 14 日 1914 年 12 月 29 日

美国史密斯&威森 0.38 英寸执法警用转轮手枪

该枪口径 0.38 英寸，全枪长 212 毫米，枪管长 98 毫米，全枪质量 0.52 千克，左旋转 5 弹巢，弹巢长 32 毫米，发射 0.38 英寸 S & W 转轮手枪弹。编号“39702”位于握把前部。右侧枪管铭文：“REGULATION POLICE .38 S. & W.CTG.”（执法警用 0.38 英寸 S & W 转轮手枪弹），右侧枪身前部转轮下铭文：“MADE IN U.S.A.”

（美国制造）。左侧枪身有 S & W 徽标，左侧枪管铭文：“SMITH & WESSON”（史密斯&威森）枪管上方铭文：“SMITH & WESSON SPRINGFIELD MASS.U.S.A”（美国马萨诸塞州斯普林菲尔德史密斯&威森），“PATENTED FEB.6.06. SEPT.14.09. DEC.29.14”（专利 1906 年 2 月 6 日，1909 年 9 月 14 日，1914 年 12 月 29 日）。击锤拱背处有“REG.U.S. PAT. OFF.”（美国专利注册）。

徽标

执法警用 0. 38 英寸 S & W 转轮手枪弹

美国专利

美国马萨诸塞斯普林菲尔德史密斯&威森
专利 1906 年 2 月 6 日 1909 年 9 月 14 日 1914 年 12 月 29 日

该枪属史密斯&威森 0.38 英寸执法警用转轮手枪中早期产品，设有双动击发机构、有击锤防撞击意外发火保险，保险是位于右侧边盖上的簧杆，通过转轮拨杆上下移动脱离或挤压簧杆，实现解除保险和实现保险。S & W 小徽标是在枪身左侧。使用最晚专利为 1914 年专利，生产时间从 1917 ～ 1940 年。这种手枪在中国战争年代比较流行，陈毅在革命战争年代使用的 0.38 英寸史密斯 & 威森执法警用转轮手枪就是该型号。

美国史密斯&威森 0.38 英寸胜利型转轮手枪

胜利型 编号

使用 0. 38 英寸 S & W 特长转轮手枪弹

美国财产 军方验证官缩写

美国马萨诸塞斯普林菲尔德史密斯&威森
专利 1906 年 2 月 6 日 1909 年 9 月 14 日 1914 年 12 月 29 日

该枪口径 0.38 英寸，全枪长 230 毫米，枪管长 100 毫米，全枪质量 0.85 千克，左旋转 6 弹巢，发射 0.38 英寸 S & W 特长转轮手枪弹。编号“v339230”位于握把底部、枪管后部下方和转轮后部。左侧枪管铭文：“SMITH & WESSON”（史密斯&威森），右侧枪管铭文：“.38 S. & W. SPECIAL CTG”（0.38 英寸 S & W 特长转轮手枪弹），右侧固定框架下方有“MADE IN U.S.A”（美国制造），右侧枪身有史密斯&威森徽标与“REG. U.S. PAT. OFF.”（美国专利注册）。固定框架上部铭文：“U.S. PROPERTY”（美国财产）“G.H.D.”（美国军方验证官缩写）。枪管上方铭文：“SMITH & WESSON SPRINGFIELD MASS. U.S.A”（美国马萨诸塞州斯普林菲尔德史密斯&

威森），“PATENTED FEB.6.06. SEPT.14.09. DEC.29.14”（专利1906年2月6日，1909年9月14日，1914年12月29日）。握把护片上取消了徽标，握把底部编号前的“V”是英文单词“Victory”首字母，预示着战争胜利。该枪为1944年9月前的产品。

“二战”初期，美国并未准备好参战，当时其官方使用的手枪为0.45英寸口径的柯尔特M1911A1式手枪及其变型枪，该枪虽然拥有较高的停止作用，但由于其比史密斯＆威森M & P军警转轮手枪结构复杂，生产难度大，因此美国加入“二战”后要求史密斯＆威森公司对其M & P军警转轮手枪进行了小幅改进后大量生产。小改进包括：握把变得更加圆润，握把底部增设了一个枪纲挂环，枪管长度也不同，使用的弹头改为镀铜被甲弹头。由于其枪支编号前带有英文“Victory”的首字母“V”，因此该枪也被称为胜利型转轮手枪。

美国史密斯＆威森0.38英寸保险胜利型转轮手枪

该枪口径0.38英寸，全枪长230毫米，枪管长100毫米，全枪质量0.85千克，左旋转6弹巢，发射0.38英寸S & W特长转轮手枪弹。编号“SV788513p”位于握把底部、枪管后部下方和转轮后部。枪管左侧铭文：“SMITH & WESSON”（史密斯＆威森），枪管右侧铭文：“.38 S. & W. SPECIAL CTG”（0.38英寸S & W特长转轮手枪弹），右侧整体框架下方有“MADE IN U.S.A”（美国制造），右侧枪身有史密斯＆威森徽标与“REG.U.S.PAT.OFF.”（美国专利注册）。整体框架上部铭文：“U.S. PROPERTY”（美国财产），“G.H.D.”（美国军方验证官缩写）。枪管上方铭文：“SMITH & WESSON SPRINGFIELD MASS．U.S.A”（美国马萨诸塞州斯普林菲尔德史密斯＆威森），“PATENTED FEB.6.06. SEPT.14.09. DEC.29.14”（专利1906年2月6日，1909年9月14日，1914年12月29日）。该枪握把护片上取消了徽标，握把底部刻编号前有“SV”标识，“S”代表其采用了改进的击锤保险，“V”是英文单词“Victory”

首字母，预示着战争胜利。左侧枪身尾部与转轮后部的“P”表示该枪为美国陆军、海军定制。该枪为1944年9月以后的产品。

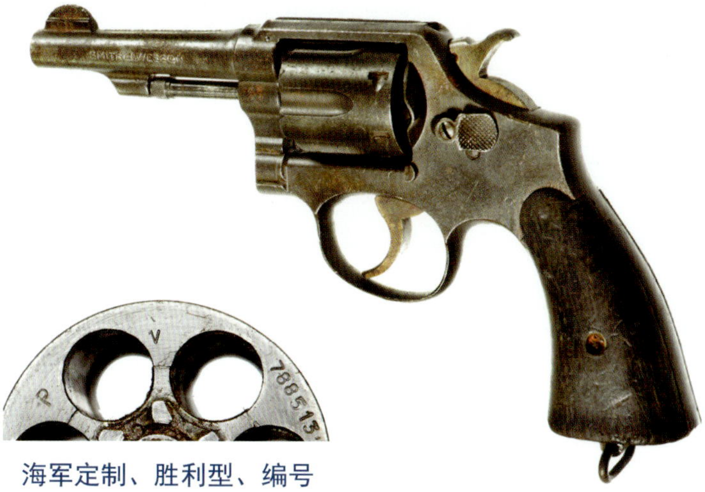

保险胜利型与编号

海军定制、胜利型、编号

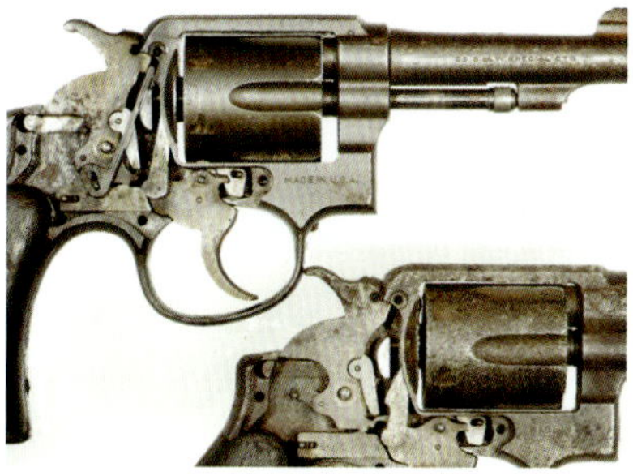

两款胜利型保险比较

防跌落装置

防跌落保险“S”、徽标与美国专利注册，美国制造

美国马萨诸塞斯普林菲尔德史密斯＆威森
专利1906年2月6日 1909年9月14日 1914年12月29日

胜利型转轮手枪编号有两种类型，初期生产的以“V”开头，后期生产的以“SV”开头。由“V”到“SV”是因为一起意外事故，美国海军一名水兵不慎将手枪跌落在甲板上，结果枪支走火造成士兵意外死亡。事故发生后，该枪的安全性受到质疑，美国海军对这起事故进行调查。他们将走火的枪支送到斯普林菲尔德兵工厂检验，得出的结论是手枪的击锤保险设计存在缺陷。该厂的技术人员提出了具体的修改方案，对击锤保险

进行改进。随后，美国军方责令史密斯＆威森公司改装新的保险装置。1944 年 9 月以后经过改装和重新生产的手枪，序列号在“V”字前面增加了大写字母“S”。“SV”编号从 SV769001 开始，到 1945 年“二战”结束时，保险胜利式转轮手枪总共生产了 242291 支。

刘少奇在革命战争年代使用的 0.38 英寸史密斯＆威森转轮手枪，握把底部刻有“SV”的铭文，“S”表示“保险”，“V”表示“胜利”。1980 年 3 月 28 日，中央警卫局将该枪交军事博物馆收藏。

美国史密斯＆威森 0.32 英寸手动退壳 3 型转轮手枪

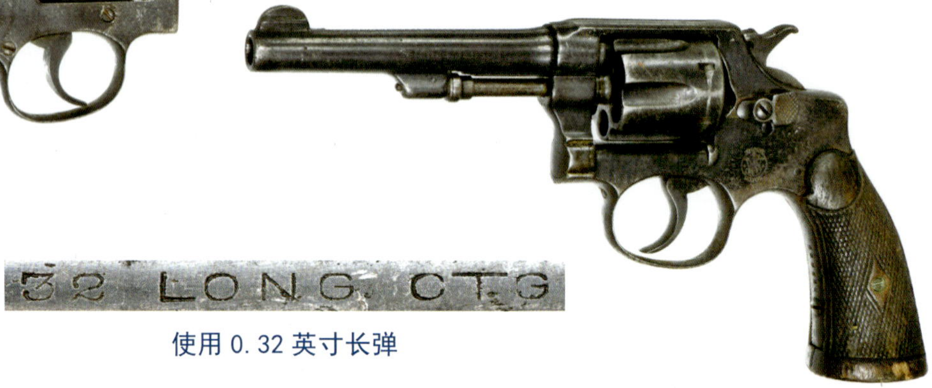

使用 0. 32 英寸长弹

美国马萨诸塞斯普林菲尔德史密斯＆威森
专利 1906 年 2 月 6 日 1909 年 9 月 14 日 1914 年 12 月 29 日

该枪口径 0.32 英寸，全枪长 220 毫米，枪管长 106 毫米，全枪质量 0.49 千克，左旋转 6 弹巢，发射 0.32 英寸史密斯＆威森长转轮手枪弹。编号“353699”位于握把前部和转轮后部。枪管上部铭文：“SMITH & WESSON SPRINGFIELD MASS. U.S.A”

（美国马萨诸塞州斯普林菲尔德史密斯＆威森），“PATENTED FEB.6.06. SEPT.14.09. DEC.29.14”（专利 1906 年 2 月 6 日，1909 年 9 月 14 日，1914 年 12 月 29 日）。枪管右侧铭文：“.32 LONG CTG”（0.32 英寸长枪弹），枪管左侧铭文：“SMITH & WESSON”（史密斯＆威森）。枪身左侧有史密斯＆威森徽标，击锤带防滑纹，握把底部铭文：“PAT JUNE 5. 1917 ”（1917 年 6 月 5 日专利），握把护片木质。

该枪设有击锤防撞击意外发火保险，保险是位于右侧边盖上的簧杆，通过转轮拨杆上下移动而脱离或挤压簧杆，实现解除保险和实现保险。使用专利为 1917 年专利，这种型号的手枪在 1917 ～ 1942 年生产了约 27 万支，我国革命战争时期广泛使用该型号手枪。

美国 OSS 高标 0.22 英寸无声手枪

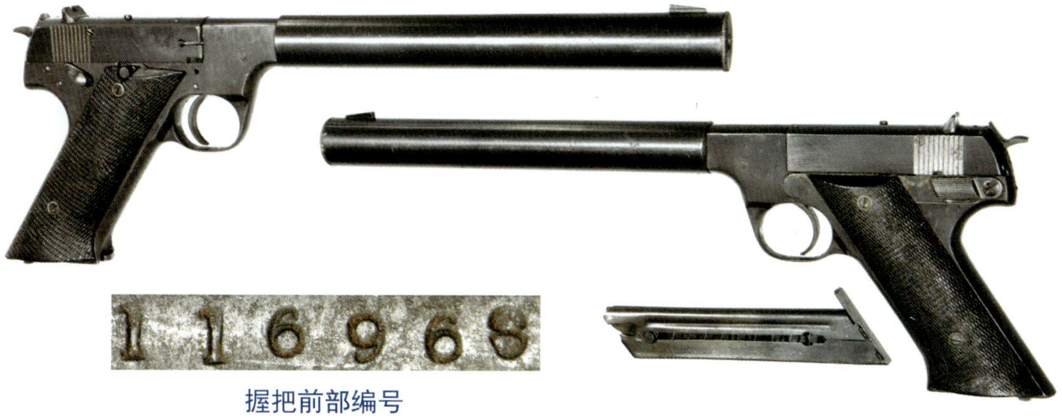

握把前部编号

美国军械局验证标识

分解图

消音装置

该枪口径0.22英寸，全枪长350毫米，枪管长234毫米，全枪质量1.26千克，弹匣容弹量10发，发射0.22英寸长枪弹。编号“116968”位于握把内侧。该枪右侧护圈前上方有美国军械局接收检验标记。

OSS（Office of Strategic Services，美国战略情报局）是美国在“二战”期间成立的一个情报组织，由西奥多•富兰克林•罗斯福总统下令成立，正式存在时间为1942年6月13日至1945年9月28日，局长一直为威廉•约瑟夫•多诺万。“二战”结束后杜鲁门总统将其解散。1947年杜鲁门总统将战略情报局改为中央情报局。“二战”期间，OSS主持研制和使用了一些特殊的武器，其中最有名的手枪有两种，一种是FP–45“解放者”手枪，而另一种就是OSS高标无声手枪。

OSS无声手枪基本上就是在高标HDM型手枪的基础上安装消声器组合而成，这是一种自由后坐式自动原理手枪。该枪的主要组成部分是：①包括握把和枪管固定座在内的套筒座，套筒导轨加工在枪管固定座后面；②枪管用销子固定在套筒座上；③套筒在枪管后面，内含击针、拉壳钩和复进簧组件；④击发机构包括扳机、扳机连杆、扳机簧、外露击锤、击锤簧和压簧杆等；⑤双重保险，一是套筒保险，二是扳机保险。该枪配用10发单排可卸弹匣，可与柯尔特“森林人”手枪互换。弹匣解脱钮位于握把侧面，在扳机护圈根部。手动保险位于握把左侧，可通过拇指操纵。OSS高标无声手枪的准星安装在消声器上。套筒后上方有缺口式照门，可调节风偏。

消声器为管状。全长：7.75英寸（约197毫米），直径1英寸（25.4毫米）。枪管泄气孔数量：4排泄气孔，每排11个，泄气孔直径0.125英寸（3.175毫米）。消声器内有多个由铜丝网卷成的圆圈，通过吸热原理使火药燃气冷却，降低气体压力。这种消声器使膛口噪声降低超过20dB，在那个时代来说，这个效果已经是相当出色了。吸热式消声器的缺点是吸热材料容易积聚火药残渣，需要经常清洗，但OSS无声手枪的消声器是被设计成一次性用品，本身不能分解维护。该消声器的使用寿命估计为200发左右，不过以这种特工武器的使用特点，这样的寿命足够给一个特工平时练习和实际使用了。消声器本身可以从枪管上拧下来，这是为了便于维护手枪，也方便更换新的消声器。

今天，真正的原装OSS无声手枪已经很少见了。有一家轻武器技术有限公司（Arms Tech Ltd.）仿制出了和当年几乎完全相同的OSS高标无声手枪，供轻武器收藏家或军事历史爱好者购买。甚至连当年的套筒左侧的铭文“HISTANDARD MODEL H–D MILITARY”（高标H–D型军用）都仿造得一模一样，不过现代技术下生产的这种山寨OSS无声手枪比当年的真品要轻一些。

匈牙利手枪

匈牙利人民共和国 48M7.62 毫米手枪

匈牙利人民共和国国徽

编号 CK5841 1953 年 2 月

该枪口径 7.62 毫米，全枪长 195 毫米，枪管长 116 毫米，全枪质量 0.85 千克，弹匣容弹量 8 发，发射 7.62 毫米手枪子弹。左侧套筒座后部与套筒上方后部铭文：“CK 5841 02 53”（编号 CK5841 1953 年 2 月）。握把护片上方圆圈内有匈牙利人民共和国国徽。匈牙利 48M7.62 毫米手枪“Pisztoly 48 Minta”（48 型手枪）是由匈牙利布达佩斯的武器与机械厂（FEG）仿照苏联 TT–33 手枪的产品，该枪在 1947 ～ 1958 年间生产约 10 万支。

日本手枪

东京炮兵工厂

东京炮兵工厂商标

步枪车间

东京炮兵工厂（Tokyo artillery factory）前身是幕府于 1861 年 2 月兴建的关口制作所，它是日本一家近代兵工厂，1863 年 5 月投产，主要制造火炮。1868 年 4 月，该所被明治新政权接管，专门生产步枪等武器。1870 年起称为东京炮兵工厂，因位于小石川，又称小石川炮兵工厂。

1875 年村田到欧洲考察，回国后经过 5 年研制，于 1880 年（明治十三年）成功研制了 11 毫米单发步枪，命名为“大日本帝国村田枪”（简称村田枪或十三年式步枪），并定为日军制式步枪。

该厂于明治三十八年（1905 年）定型生产的“三八”式步枪是侵华日军使用最多的枪支，因为该枪在枪机上方设有一个防尘盖，在开栓抛壳和推弹关栓时，能随枪机一起后退或前进，起到防尘作用，因此被中国称为“三八大盖”步枪。

1923年起东京炮兵工厂改称东京陆军兵工厂。1925年该厂生产的8毫米南部十四年式手枪被列为日本陆军制式武器，“二战”期间装备给将校级军官，中国俗称“王八盒子”。1934年（日本神武纪元2594年），南部麒次郎设计的手枪定型为南部九四式手枪，也是该厂生产。

1935年，该厂迁至小仓并改称为小仓兵工厂。

1939年，该厂定型投产九九式步枪，因该枪于日本神武纪元2599年（即1939年）服役，所以命名为九九式步枪。该枪的实战射击精度与三八式标准步枪相近。

从建厂到“二战”结束，日本陆军的绝大多数武器都是由东京炮兵工厂及后来的小仓兵工厂供应的，其中也包括刺刀。从东京炮兵工厂到小仓兵工厂，商标始终都是一个圆圈外围绕三个半圆，表示从上方俯视时的四枚叠放在一起的球形炮弹。该商标从1893年一直沿用到1945年。

南部麒次郎

日本南部麒次郎（Kijiro Nambu，1869～1949年），1869年4月出生在日本佐贺县锅岛藩的武士家族，是当时知名炮术家南部春雍的次子，10岁丧母，因家境困难被

迫在商店做童工，历经苦难后考入日本士官学校 2 期炮兵科，20 岁那年进入日本军队服役，23 岁晋升为炮兵中尉。1897 年（明治三十年），28 岁的南部麒次郎被调往东京小石川炮兵厂，后来迅速成长为小仓兵工厂的高级枪械设计师，在所长有坂成章的带领下对三十年式步兵铳进行改造。他在那里晋升为少佐并奉命为日本军队开发一种半自动手枪，以替代性能不佳的二十六年式军用转轮手枪，1902 年，南部麒次郎完成了手枪的设计工作。1914 年，因为设计成功三年式重机枪，荣获工学博士及勋二等瑞宝章。1922 年，南部麒次郎晋升为中将，成为东京炮兵厂的主管。1923 年，成为东京炮兵厂的厂长。1924 年，他退出现役后，设立“南部制造所”，后来与“昭和制作所”、大成工业、大仓财阀合并成立中央工业社，从事枪械研制。南部麒次郎是一个多产的枪械设计师，“二战”期间，日本士兵使用的步兵武器，大部分都由他设计或参与设计。1925 年，南部麒次郎对南部陆式 8 毫米半自动手枪进一步改进，于当年（日本大正天皇十四年）命名为南部十四式手枪，发射 8 毫米 ×22 毫米南部手枪弹。除了以他名字命名的南部十四式手枪外，还有三年式重机枪、九二式重机枪和十一式轻机枪，此外还有九六式、九九式轻机枪。1934 年由南部麒次郎设计并在南部制造所开始生产手枪，于当年（日本神武纪年的 2594 年）命名为九四式手枪。1935 年，他开始设计一生中的最后一个作品，南部百式冲锋枪，并于 1940 年投产，是日军在“二战”中唯一量产的冲锋枪。

1945 年 8 月 15 日，日本战败投降后，他被勒令终身不得再参与和研制一切枪械设计。1949 年 5 月 1 日，80 岁的南部麒次郎在家乡逝世，日本人称其为“日本的勃朗宁”。

日本二十六年式 9 毫米转轮手枪

该枪口径 9 毫米，全枪长 230 毫米，枪管长 120 毫米，全枪质量 0.86 千克，右旋转 6 弹巢，发射 9 毫米日本转轮手枪弹。枪身右侧上方有东京炮兵工厂商标、“二十六年式”与编号“41677”。

该型转轮手枪是1893年（明治二十六年）由东京炮兵工厂研制定型，故称为日本明治二十六年式9毫米转轮手枪。二十六年式采用顶断式结构，是日本陆军使用的第一支本国产手枪，设计上只能双动击发，不能单动击发，击发时由于扣动扳机所需的力量相当大，其发射速率相当低，精度不高。1893～1924年，该型手枪总共生产了59200支，主要装备日本的宪兵和骑兵。后来，逐渐被十四年式手枪替代。“二战”末期，由于日军的战争资源几近枯竭，老式的二十六年式9毫米转轮手枪被大量的配备到后续部队中，在太平洋战场上，也装备了特攻艇成员。二十六年式9毫米转轮手枪经历了日俄战争、第一次世界大战、雾社事件，直到“二战”结束时方停止使用。

东京炮兵工厂商标
二十六年式 编号

日本二十六年式 6.35 毫米袖珍镀镍转轮手枪

该枪口径 6.35 毫米，全枪长 165 毫米，枪管长 65 毫米，全枪质量 0.60 千克，右旋转 6 弹巢，发射 6.35 毫米手枪弹。枪身右侧刻有：东京炮兵厂商标、“二十六年式”铭文和编号“36097”。该枪为顶断式转轮手枪，与日本二十六年式 9 毫米转轮手枪结构一样，只是枪管较二十六年式 9 毫米转轮手枪枪管短，弹巢与枪管内镶嵌有圆套管，使该枪发射枪弹规格改变。该枪击锤、左侧盖和握把为后来更换。

东京炮兵厂商标 二十六年式
编号

弹巢套管

日本南部十四年式 8 毫米手枪（王八盒子）

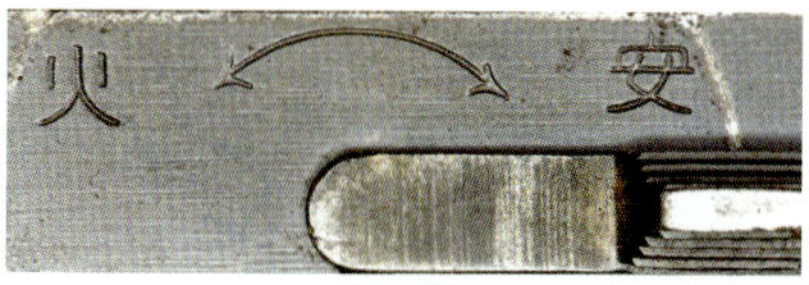

保险

十四年式

编号 年份

该枪口径 8 毫米，全枪长 225 毫米，枪管长 115 毫米，全枪质量 0.92 千克。长握把、弹匣容弹量 10 发，发射 8 毫米南部手枪弹。套筒座右侧后部有东京炮兵厂商标、编号“19638”和“昭 6.3”字。左侧枪身后部有“十四年式”标识。枪身左侧保险标识左“火”右“安”，铝合金弹匣，扳机小护圈，枪机防滑拉手三层滚花两道凹槽。该枪为日本东京炮兵工厂昭和六年三月生产。

1923 年东京大地震破坏了原有南部手枪的生产设备，政府决定重新设计一种手枪满足部队需要。一个专门委员会在东京小仓兵工厂成立，南部麒次郎作为南部手枪的研制者参加了这个委员会，开始了手枪的研制。1925 年（大正天皇十四年）手枪研制成功，定名为十四年式手枪。十四年式对早期的南部手枪做了简化改进，外形的主要变化体现在复进簧同枪机一体，套筒左侧不再有突出的复进簧位置，套筒左侧前端加上一个保险，前部和后部瞄准也发生了变化，握把保险取消，握把后部没有结合木质枪托的沟槽。第二年，名古屋兵工厂开始批量生产十四年式手枪。1927 年，日本军队正式列装。早期生产该枪的有东京陆军兵工厂和名古屋兵工厂。十四年式手枪经历了第二次世界大战，在侵华战争中大量使用。1926 年末到 1945 年，日本总共生产了 28 万支十四年式手枪。

日本南部式 7 毫米袖珍手枪

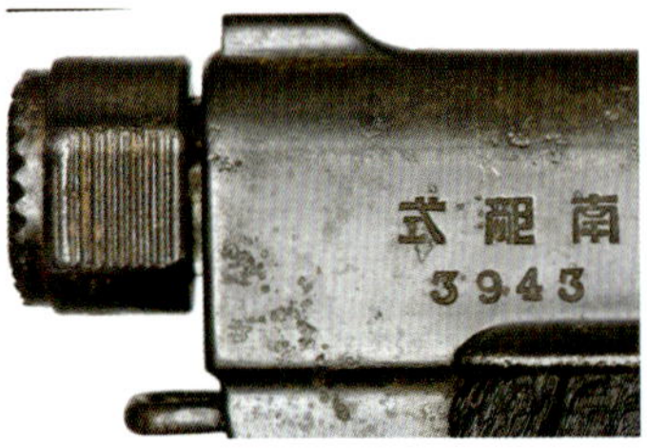

南部式 编号

东京炮兵厂商标

该枪口径 7 毫米，全枪长 172 毫米，枪管长 83 毫米，全枪质量 0.59 千克。弹匣容弹量 7 发，发射 7 毫米南部手枪弹。右侧枪身有篆体铭文“南部式”。枪身上部前方有东京炮兵厂商标。编号“3943”位于右侧枪身与枪机下部。枪机有竖道防滑纹，小护圈，握把前方有握把保险。

南部式7毫米袖珍手枪系由南部麒次郎在1910年设计的一种小型手枪，1927年以前由日本东京小石川兵工厂制造，后由日本东京电气公司制造，日本在第一次世界大战中列装过，发射杀伤力较低的7毫米南部手枪弹。该枪尺寸小，便于隐蔽携带，发射时噪音低，无烟，无枪口焰，精度与子弹穿透力比战斗手枪略差。该型手枪主要用于装备日军便衣侦查、特高科人员与高级军官。

名古屋兵工厂

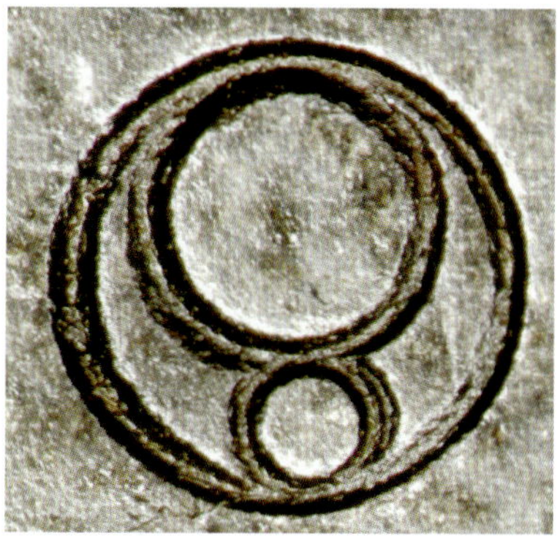

名古屋兵工厂商标

步枪检验车间

1923年名古屋兵工厂（Nagoya Arsenal）设立，是规模仅次于小仓兵工厂的日本第二大陆军兵器制造厂。其商标为大圆中包含上大下小的两个外切圆。名古屋兵工厂除自身参与生产武器外，还负责监管若干下属企业。名古屋兵工厂生产的“三八”式步枪，是“二战”中日本法西斯陆军、海军最主要、最基本的武器，一直使用到“二战”结束（日本战败）。1925年（大正天皇十四年）名古屋兵工厂生产制造出了南部十四年式手枪改进型。名古屋兵工厂还生产九九式步枪，与小仓厂生产的九九式步枪的不同点是名古屋的商标打在生产厂家的右侧。三十年式刺刀并不全都是在名古屋生产的，同样使用该商标的还有位于爱知县春日井市的分厂，即 1939 年 7 月设立的鸟居松（Toriimatsu）制作所。“二战”期间，名古屋兵工厂主要生产日本陆军和空军武器，1945 年日本投降后该厂被撤销。

日本南部十四年式 8 毫米手枪

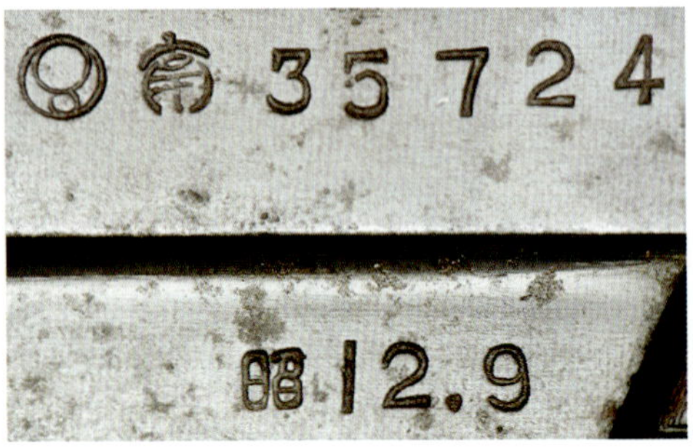

编号 年份

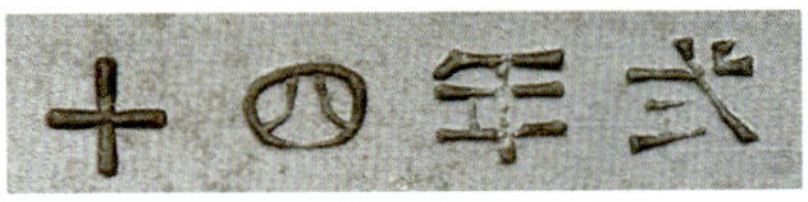

十四年式

该枪口径 8 毫米，全枪长 225 毫米，枪管长 115 毫米，全枪质量 0.85 千克。短握把、弹匣容弹量 8 发，发射 8 毫米南部手枪弹。套筒座右侧后部有名古屋兵工厂商标、“南”、编号“35724”和“昭 12.9”字样。左侧枪身后部有“十四年式”标识。枪身左侧保险标识左“火 ”右“ 安”。铝合金弹匣。扳机小护圈，枪机防滑拉手三层滚花两道凹槽。该枪为日本名古屋兵工厂昭和十二年 9 月生产。

日本十四年式 8 毫米北满型手枪（昭和 18 年）

十四年式

古屋兵工厂商标 编号
昭和 18 年 11 月

该枪口径 8 毫米，全枪长 232 毫米，枪管长 115 毫米，全枪质量 0.87 千克。长握把，弹匣容弹量 10 发，发射 8 毫米南部手枪弹。套筒座右侧后部有名古屋兵工厂商标、前缀“⊡”、编号“58”、“昭 18.11”与“名”字。左侧枪身后部有“十四年式”标识。枪身左侧保险标识左“火 ”右“ 安”。铝合金弹匣长 140 毫米。扳机大护圈，枪机防滑拉手三层滚花两道凹槽。握把护片缺失。该枪为日本名古屋兵工厂昭和十八年 11 月生产。

日本关东军使用的早期的南部十四式手枪问题很多，其中最突出的问题是击针的设计存在重大缺陷，在使用中经常发生击发无力和击针折断等，特别是在中国东北的高寒气候中，由于击针上涂抹的润滑油黏稠度增加，问题更为严重。那时，每支手枪都随枪多配一根击针，放在枪套下面的备份弹盒中，以备更换。直到昭和七年（1932 年），南部武器公司重新改进设计的击针取代了早期的击针。关东军在高寒地区，人员常常是戴着大而厚的防寒手套来使用武器的。早期的除了采用便于戴防寒手套操纵的手动保险机之外，还采用了三层滚花两道凹槽的圆形枪机尾部，使射手在戴防寒手套拉枪机时不至于打滑。但常规的扳机护圈的孔径却没有考虑戴防寒手套的食指强行伸进扳机护圈，难免会触动扳机而“走火”。昭和十四年（1939 年），南部十四式手枪改进时特别加大了扳机护圈，这样一来，射手即使戴了大而厚的防寒手套，其食指也能伸进扳机护圈而不至于因误动而“走火”，昭和十六年（1941 年），在握把前侧下方增设了防弹匣脱落簧保险。

从昭和十七年（1942 年）开始，在该型手枪编号数字接近 10 万时，枪支右侧铭文中“南”改换成前缀字母，编号也进行了重新编排，前缀“㋑”加编号“1–99999”数字。从昭和十八年 11 月开始，前缀“㋺”加编号“1–99999”数字。这种改进型的十四年式手枪，是日本名古屋兵工厂专为入侵我国东北的关东军而设计。 因此，也叫北满型手枪。

日本十四年式 8 毫米北满型手枪（昭和 19 年）

该枪口径 8 毫米，全枪长 232 毫米，枪管长 105 毫米，全枪质量 0.91 千克。长握把，弹匣容弹量 10 发，发射 8 毫米南部手枪弹。套筒座右侧后部隐约可见名古屋兵工厂商标、编号“18703”和“昭 19.2”字。左侧枪身后部有“十四年式”标识。枪身左侧保险标识左“火 ”右“ 安”。扳机大护圈，昭和 19 年 1 月 枪机防滑拉手改为滚花圆柱形。该枪为日本名古屋兵工厂昭和十九年 2 月生产。

编号 昭 19.2

日本南部 8 毫米九四式手枪

该枪口径 8 毫米，全枪长 183 毫米，枪管长 96 毫米，全枪质量 0.77 千克，弹匣容弹量 6 发，发射 8 毫米南部手枪弹。套筒座右侧后部有“昭 17・10 ”字样与名古屋兵工厂商标与“南”字。中部编号“30309”，左侧后部保险标识上“安 ”下“火”。套筒座左侧扳机上方有“九四式”标识。该枪为日本名古屋兵工厂昭和十七年 6 月生产。

1934 年，应军方要求新枪的制造成本必须低廉，容易制造，能发射标准 8 毫米口径手枪弹。于是，南部麒次郎开始设计一种更小巧的 8 毫米口径手枪，这种手枪主要用于装备日军飞行员和坦克兵。该枪于 1934 年（神武纪元 2594 年）设计完成，因此被命名为九四式手枪。资料显示日本九四式手枪总共生产了超过 72000 支。

昭17年10月
名古屋兵工厂商标与“南”

保险

九四式

日本设在中国的北支兵工厂

1939年9月，日本人在北平（今北京）雍和宫大街强购民房建立长城公司，有工人30名，以修理汽车和磨制面粉为业，供日军使用。工厂有简单的刨、铣床7台。1940年被改组为杉浦铁工厂，由日本人冈元义平野主持，有工人约100名，开始生产手枪，年产达2400支。根据资料与实物考证杉浦式手枪总产量不超过4300支。1941年，杉浦铁工厂改名为北支兵工厂，生产樱牌马枪，机器设备增至80台，工人500名，并在安定门外新建厂房，扩大生产规模，全厂员工2000多人，专为侵华日军修配军械。1944年（昭和十九年）制造北支十九年式手枪及北支十九年式步枪，仍然经营马枪、马克沁重机枪。

1945年侵华日军投降后，国民党联勤总部兵工署平津地区兵工厂接收处接管北支兵工厂，1946 年 1 月恢复生产，除修理机械外还制造手榴弹，日产量达 1000 枚。1947 年，北支兵工厂更名为联勤总部兵工署七十兵工厂（以下简称七十兵工厂），生产手榴弹、枪榴弹药和冲锋枪（年产冲锋枪 500 支）。

北平和平解放后，人民政府军管会接管该厂，厂名仍为七十兵工厂，生产六零迫击炮、引信、发射筒、火箭筒等。1950 年七十兵工厂划属华北兵工局，同年 9 月易名五四六厂。1956 年 3 月又改称五四七厂，划归中央五机部，产品不仅限于军工武器；五六式 75 毫米无后坐力炮是当年增加的新产品，年产量达 2250 门。1980 年 9 月改称燕北机械厂，不仅仍从事军工生产，且积极开发民用产品。2003 年完成了公司改制，2011 年整体并入兵器北方凌云工业集团。

日本杉浦式 7.65 毫米手枪

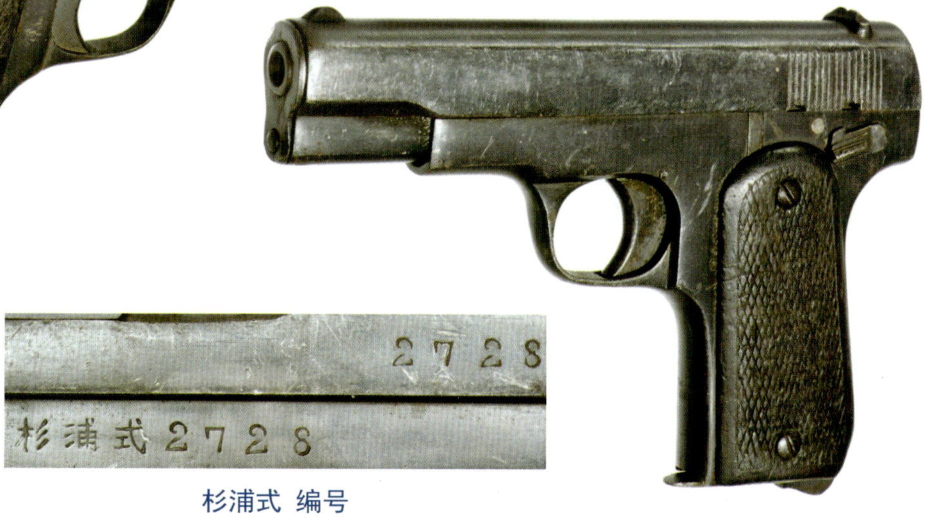

杉浦式 编号

该枪口径 7.65 毫米，全枪长 175 毫米，枪管长 102 毫米，全枪质量 0.89 千克，弹

匣容弹量 8 发，发射 7.65 毫米勃朗宁手枪弹。编号“2728”位于右侧套筒及套筒座上。套筒座右侧有铭文“杉浦式”。

该枪是日本人设在中国北京杉浦铁工厂（即后来的北支兵工厂）的产品。杉浦式手枪在设计时参考了美国的柯尔特 M1903 式手枪，但是与柯尔特 M1903 手枪相比，杉浦式手枪的内部结构简单，取消了握把保险，改为一个更为简单的手动保险，加工工艺也比柯尔特 M1903 式手枪粗糙。

日本杉浦式 6.35 毫米袖珍手枪

杉浦式 编号

该枪口径 6.35 毫米，全枪长 135 毫米，枪管长 76 毫米，全枪质量 0.52 千克。弹匣容弹量 6 发，发射勃朗宁 6.35 毫米手枪弹。编号“349”位于右侧套筒及套筒座上。枪身右侧套筒座有铭文“杉浦式”。

该枪于 1940 年由日本在中国的杉浦铁工厂（即后来的北支兵工厂）生产。日本杉浦式袖珍手枪是仿美国早期柯尔特 M1903 型手枪的缩小版。在日本各种手枪中，杉浦铁工厂生产的 6.35 毫米杉浦式袖珍手枪，是“二战”中日军拥有的极少数型号的袖珍手枪之一。

日本北工 7.65 毫米手枪

五角星内“北工”商标

该枪口径 7.65 毫米，全枪长 180 毫米，枪管长 107 毫米，全枪质量 0.88 千克，弹匣容弹量 8 发，发射 7.65 毫米勃朗宁手枪弹。编号“4480 ”位于右侧套筒和套筒座上。左侧套筒防滑纹前和套筒座尾部五星图案内有“北工”二字，“北工”是日本侵华战争时期在中国北平开设的北支兵工厂的缩写。1941 年，日本将设在中国北平的杉浦铁工厂改名为北支兵工厂，所生产的手枪在套筒及套筒座上标有五角星内“北工”二字。该枪是美国柯尔特 M1903 型手枪的仿制品。

瑞士手枪

瑞士 M1882 式 7.5 毫米军用转轮手枪

装弹与退壳方式

验证标识

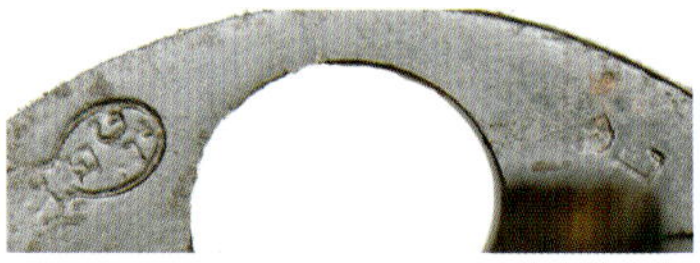

最终验证标识

该枪口径 7.5 毫米，全枪长 220 毫米，枪管长 110 毫米，全枪质量 0.68 千克。右旋转轮 7 弹巢。编号“1928”刻在枪身左侧。弹巢有检验员和最终验证标识，枪身右侧有验证标识“ J、R”等。该枪为八棱枪管，操作时将右侧转轮后方装弹挡板向后下转，可以装第一发子弹，向右旋转弹巢，再装下一发子弹，装完子弹后，把装弹挡板向上转，便可射击。退壳时先把装弹挡板向后下转，然后将枪管下方的退壳杆扳手旋转，对准转轮巢向后将弹壳通出。

1878 年，由瓦纳特和休米特合作设计，瑞士贝恩兵工厂制造的 M1878 大型双动转轮手枪，被军队选定为军用制式手枪。该枪使用黑火药枪弹，尺寸和口径都较大，口径为 10.4 毫米，全枪长 280 毫米，全枪质量 1.0 千克。由于该枪大而笨，于是瑞士设计师以 M1878 式转轮手枪为原型，进行小型化设计，开发出并使用无烟火药的 7.5 毫米口径小型枪弹，1882 年被瑞士军方选定为制式手枪，命名为 M1882 式军用转轮手枪。

西班牙手枪

西班牙无畏舰牌 0.38 英寸转轮手枪

埃特海萨拉伽 － 阿拜杜阿公司商标

无畏舰转轮 专利 1907 年 4 月 5 日
1908 年 6 月 11 日 7 月 23 日

使用 0. 38 口径长枪弹 埃瓦尔验证机构
年份代码与整枪最终验证标识

该枪口径 0.38 英寸，全枪长 278 毫米，枪管长 150 毫米，左旋转 6 弹巢，发射 0.38 英寸长枪弹。编号“NS13533”位于握把底部。枪管上部铭文：“REVOLVERS DREADNOUGHT ”（无畏舰转轮手枪），“PATENT 5 AVRIL 1907. 11 JUNE 23 JULY

1908”（专利 1907 年 4 月 5 日，1908 年 6 月 11 日，7 月 23 日）。枪管左侧铭文：“.38 LONG CTG”（0.38 英寸长枪弹）。枪管左侧后部有单独验证标识，整体框架左侧前端上部有西班牙枪支验证标识：埃瓦尔验证机构、年份代码与整枪最终验证标识。枪身左侧握把前上方有徽标“EA”埃特海萨拉伽 – 阿拜杜阿公司（Etxez a rraga Abaitua yc）。该枪为 1929 年仿史密斯＆威森转轮手枪。

无畏舰（DREADNOUGHT）是 20 世纪初各国海军强国竞相建造的一类先进的主力战舰，战舰的火炮射程和速度大幅度提高，此类战舰被统一概括为“无畏舰”。转轮手枪叫无畏舰牌表示该枪先进强大的意思。

西班牙波洛克 0.32 英寸（SA）镀镍转轮手枪

徽标

史密斯＆威森 0. 32 长手枪弹 验证标识

该枪口径 0.32 英寸，全枪长 210 毫米，枪管长 98 毫米，全枪质量 0.59 千克，左旋转 6 弹巢，发射 0.32 史密斯＆威森长手枪弹。编号“74391”位于握把底部、转轮和转轮转柄上。枪管左侧铭文：“.32 LONG CTG”（0.32 英寸史密斯 &威森长手枪弹）。枪身左侧握把上方的徽标图案为：圆圈套五边线框内有“Bolco”（波洛克）字样，线框上部“TRADE MARK”意思是“商标”。整体框架左侧前端有西班牙枪支验证标识：埃瓦尔验证机构、年份代码与整枪最终验证标识。握把护片上部金属徽标为 SA 组合图案。验证标识“C”表明该枪为 1929 年生产。该枪为仿制美国史密斯&威森转轮手枪。西班牙波洛克（BOLCO）商标的生产厂家也有仿制美国柯尔特转轮手枪的产品。

西班牙波洛克 0.38 英寸转轮手枪

波洛克商标

史密斯＆威森 0. 38 特殊手枪弹 埃瓦尔验证机构
年份代码与整枪最终验证标识

该枪口径 0.38 英寸，全枪长 218 毫米，枪管长 105 毫米，全枪质量 0.66 千克，右旋转 6 弹巢，发射 0.38 英寸 S & W 特殊手枪弹，编号“318532”位于握把底部。左侧枪身圆圈及五边形内有“BOLCO”（波洛克）字样、上部“TRADE MARK”的意思是“商标”。 枪管左侧铭文：“.38 SPECIAL CTG”（0.38 英寸 S & W 特殊手枪弹）。枪管后部和转轮上有单独验证标识，左侧整体框架与枪管处有西班牙枪支验证标识：埃瓦尔验证机构、年份代码与整枪最终验证标识。西班牙验证标识“E”表明该枪是1932年生产，该枪系美国0.38英寸柯尔特特长转轮手枪的仿制品。西班牙波洛克（BOLCO）商标的生产厂家也有仿制美国史密斯&威森转轮手枪的产品。

西班牙SF0.32英寸Ⅲ型长管转轮手枪

埃瓦尔验证机构 年份代码与整枪最终验证标识

Ⅲ型

该枪口径0.32英寸，全枪长234毫米，枪管长124毫米，全枪质量0.57千克，左旋转6弹巢，发射0.32英寸长转轮手枪弹。编号“319390”位于握把前部。枪管上方隐约可辨有铭文：“BEST AMERICAN CARTRIDGES ARE THOSE THAT FITBEST THE TAC REVOLVER”（那些美国最好的子弹最合适TAC左轮手枪）。枪管左侧铭文：“.32 LONG CTG”（0.32英寸S & W长转轮手枪弹）。枪身左侧握把前上方圆圈内有“SF”徽标。整体框架左侧前上端有西班牙枪支验证标识：埃瓦尔验证机构、年份代码与整枪最终验证标识。左侧整体框架扳机前上方圆圈线框内有罗马字母“III”。验证标识“D”表明该枪为1931年产品。

该枪击锤向上卷曲且长，枪号放在握把前部，验证标识“D”，整体框架左侧扳机前上方圆圈内有罗马字母“III”表明该枪为1931年生产的SF III型转轮手枪，或称III型TAC转轮手枪。

西班牙SF0.32英寸A系列长管转轮手枪（1934年）

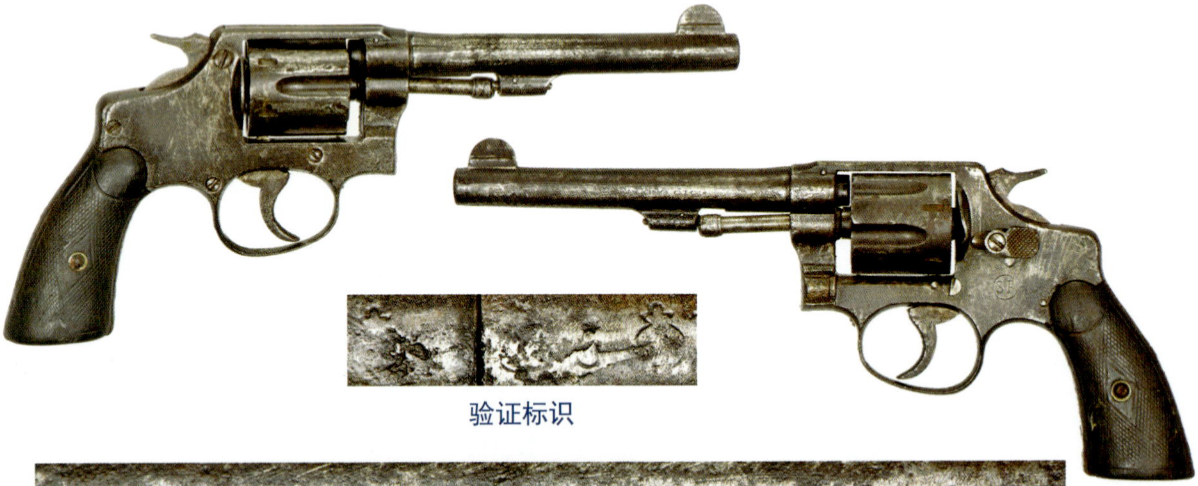

验证标识

那些美国最好的子弹最合适 TAC 左轮手枪

该枪口径0.32英寸，全枪长230毫米，枪管长123毫米，全枪质量0.56千克，左旋转6弹巢，发射0.32英寸长转轮手枪弹。编号“326381”位于握把底部，握把底部枪号右侧隐约可辨有“SERIE A”（A系列）字样。枪管上方铭文：“BEST AMERICAN CARTRIDGES ARE THOSE THAT FITBEST THE TAC REVOLVER（那些美国最好的子弹最合适TAC左轮手枪）。枪管左侧铭文：“.32 LONG CTG ”（0.32英寸长转轮手枪弹）。枪身左侧握把前上方圆圈内有“SF”徽标。整体框架左侧前端有西班牙枪支验证标识：埃瓦尔验证机构、年份代码与整枪最终验证标识。握把底部的铭文：“SERIE A”位置在编号右侧，击锤平直无防滑纹。与另一支编号“334333”的 SF A 系列转轮手枪的击锤尾部卷曲和有防滑纹不同。西班牙验证标识“G”表明该 SF 长管转轮手枪为 1934 年生产的 A 系列产品。

SF0.32 英寸长管转轮手枪是西班牙仿制美国史密斯＆韦森转轮手枪的产品，也称 TAC 转轮手枪。因枪身左侧握把前上方圆圈线框内有“SF”字样，因此被称为 SF 转轮手枪。该枪在中国战争年代有一定的使用数量。比利时也有同款“SF”转轮手枪出品，在式样、规格和“SF”徽标等外观上与西班牙“SF”转轮手枪无异。该枪也常被误认为是比利时出品，鉴别时要注意以两国的枪支验证标识为准。

西班牙 SF0.32 英寸 A 系列长管转轮手枪（1935 年）

该枪口径 0.32 英寸，全枪长 230 毫米，枪管长 123 毫米，全枪质量 0.56 千克，左旋转 6 弹巢，发射 0.32 英寸长转轮手枪弹。编号“334333”位于握把底部，枪管上方铭文：“BEST AMERICAN CARTRIDGES ARE THOSE THAT FITBEST THE TAC REVOLVER”（那些美国最好的子弹最合适 TAC 左轮手枪）。枪管左侧铭文“.32 LONG CTG”（0.32 英寸长转轮手枪弹）。枪身左侧握把前上方圆圈内有“SF”徽标。转轮转柄处及转轮后部有“7616”字样，整体框架左侧前端有西班牙枪支验证标识：埃瓦尔验证机构、年份代码与整枪最终验证标识。该枪击锤短尾部向下卷曲有防滑纹。握把底部左侧有“SERIE”“A”字样，加之西班牙验证标识“H”表明该枪为 1935 年生产的 A 系列 SF 转轮手枪。握把前部有“GP0001”。握把底部编号左侧有“SERIE”“A”（A 系列）标识。握把前部“GP0001”的“GP”可能是某用枪单位或个人名称的缩写，“0001”为编号。

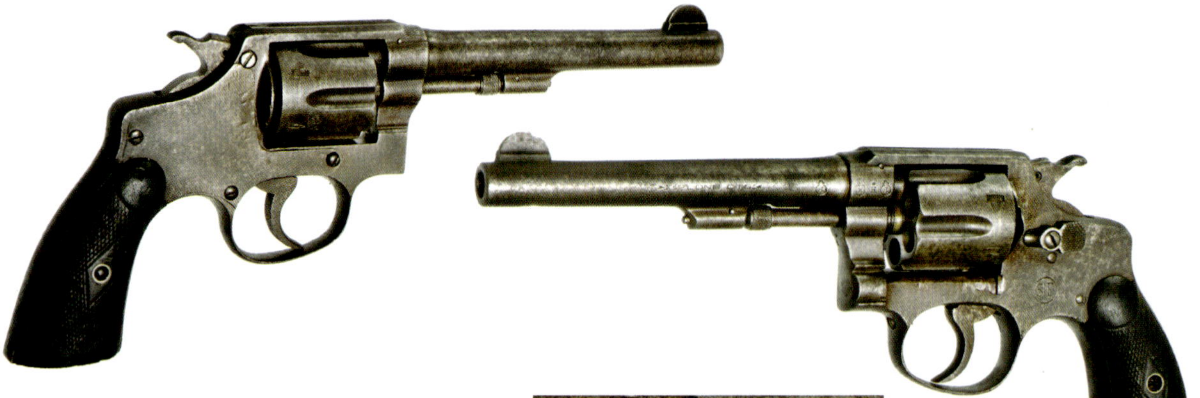

A 系列编号

埃瓦尔验证机构 年份代码与
整枪最终验证标识

那些美国最好的子弹最合适 TAC 左轮手枪

使用 0.32 英寸长转轮手枪弹

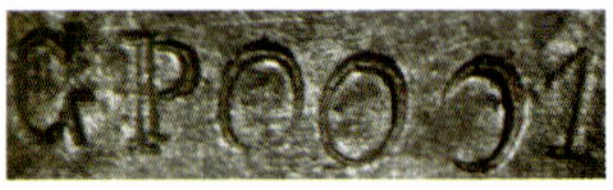

使用者代码

西班牙 WG0.38 英寸短管专用转轮手枪

该枪口径 0.38 英寸，全枪长 230 毫米，枪管长 100 毫米，全枪质量 0.81 千克，左旋转 6 弹巢，发射 0.38 英寸史密斯&威森枪弹。编号“101598”位于握把底部。枪管左侧铭文：“FOR S. & W. CARTRIDGES CAL 38 SHORT AND SPECIAL”（适合史密斯&威森口径 0.38 英寸短管专用转轮手枪）。整体框架左侧前端有西班牙枪支验证标识：埃瓦尔验证机构、年份代码与整枪最终验证标识。握把护片上方圆形金属徽标内有花体“WG”字母。击锤尾部有缺损。

徽标

埃瓦尔验证机构 年份代码与整枪最终验证

适合史密斯＆威森口径 0. 38 英寸短管专用转轮手枪

该枪为西班牙仿制美国史密斯＆威森转轮手枪，生产厂家资料不详，验证标识“E”表示该枪为 1932 年出品。

西班牙出口法国 7.65 毫米鲁比手枪

该枪口径 7.65 毫米，全枪长 150 毫米，枪管长 80 毫米，全枪质量 0.82 千克，弹匣容弹量 7 发。编号“60377”位于套筒右侧座护圈上方，枪套筒左侧铭文：“FABRIQUE D'ARMES DE GUERRE CAL 7.65”（军火制造厂，口径 7.65 毫米），“IMPORTED ESPAGNE”（进口西班牙）套筒座左侧后部椭圆线框内似有“MADE”字样。全枪无验证标识。该枪应为“一战”期间法国从西班牙定制进口的手枪。

标识

军火制造厂 口径 7.65 毫米 进口西班牙

“鲁比手枪”在“一战”期间及战后已成为西班牙埃瓦尔地区生产众多仿制手枪的统称。埃瓦尔地区在 20 世纪初期出现了几家颇具规模的武器生产商和许许多多从事枪支零部件制造的小作坊。规模大一点的武器制造商往往把枪支零部件生产转包给各个小作坊，然后再集中装配。埃瓦尔地区以制造没有专利授权的名牌枪支仿制品并以低廉的价格销售而出名。

西班牙波尔瓦克 7.65 毫米手枪（堡垒式）

商标

格朗德精密战争武器制造厂

单独验证 埃瓦尔验证机构
无烟火药与整枪最终验证标识

该枪口径 7.65 毫米，全枪长 175 毫米，枪管长 103 毫米，全枪质量 0.88 千克，弹匣容弹量 7 发，发射 7.65 毫米勃朗宁手枪弹。编号“83938”位于套筒座右侧尾部。套筒左侧铭文：“FABRIQUE D’ ARMES de GUERRE de GRANDE PRECS.0N”（格朗德精密战争武器制造厂），第二行铭文前端为“BULWARK”，后面磨损不清。左侧套筒座尾部西班牙枪支验证标识：埃瓦尔验证机构、无烟火药与整枪最终验证标识。枪管、套筒左侧尾部有单独验证标识。握把护片上方刻有“BULWARK”（波尔瓦克）字样，中间圆形铜牌内花体字母组合，下方菱形内“CAL.7.65”（口径 7.65 毫米）。该枪是参照比利时 7.65 毫米勃朗宁 M1910 手枪生产的产品，从验证标识上看，是

1923～1929年间西班牙格朗德精密战争武器制造厂制造的。

西班牙快速牌 6.35 毫米自动手枪（狗牌撸子）

名副其实的快速 使用 6. 35 勃朗宁枪弹
快速牌是最好的自动手枪 验证标识

验证标识

该枪口径 6.35 毫米，全枪长 116 毫米，枪管长 55 毫米，全枪质量 0.38 千克，弹匣容弹量5发，发射6.35毫米勃朗宁枪弹。套筒左侧铭文：“VERITABLE ‘EXPRESS’ FOR THE 6.35 BROWNING CARTRIDGE”（名副其实的快速 使用 6.35 毫米勃朗宁枪弹）；“THE BSST AUTOMATIOUE PISTOL ‘EXPRESS’ ”（快速牌是最好的自动手枪）；下行与套筒座左侧均有：羽毛箭图案、“ PV”、“X”、鹰图案、皇冠图案与“FU”字样的验证标识。羽毛箭图案 、“PV”、“X”、 鹰与皇冠图案、“FU”等是西班牙没有实行枪支强制验证之前的验证标识。握把护片上方有手枪图案，中部有“EXPRESS”（快速）标识。下方是“G”、“A”和“C”的组合商标图案，表示“Garate Anitua Y

Cia”加拉特·安内图阿公司缩写，是1923年之前西班牙没有实行枪支强制验证的产品。该枪型还有一种握把上方是“G”、“A”和“C”的组合商标图案，下方是一只奔跑的猎犬图案，因此，民国时期看到握把上有一只奔跑的猎犬手枪俗称为“狗牌撸子”。该枪是西班牙加拉特·安内图阿公司（Garate Anitua Y Cia）制造的比利时勃朗宁M1906袖珍手枪的仿制品。

西班牙快速牌6.35毫米短管自动手枪

快速牌是最好的自动手枪　验证标识

该枪口径6.35毫米，全枪长114毫米，枪管长53毫米，全枪质量0.38千克，弹匣容弹量5发，发射6.35毫米勃朗宁枪弹。套筒左侧铭文第一行磨损不清，第二行为：“THE BEST AUTOMATIOUE PISTOL ‘EXPRESS’”（快速牌是最好的自动手枪），第三行有验证标识：羽毛箭图案、“PV”、“ X” 鹰与皇冠图案字样，套筒座左侧隐约可见羽毛箭图案、“PV”与“ X”等标识。 此标识是西班牙没有实行枪支强制验证之前的验证标识。

西班牙快速牌 6.35 毫米自动手枪

适合口径 6. 35 毫米

人名缩写

最好的自动手枪 = 快速

该枪口径 6.35 毫米，全枪长 117 毫米，枪管长 58 毫米，全枪质量 0.42 千克。弹匣容弹量 5 发，发射 6.35 毫米勃朗宁枪弹。该枪套筒左侧铭文：“BEST AUTOMATIOUE PISTOL=EXPRESS”（最好的自动手枪 = 快速）。套筒右侧铭文：“FOR THE 6.35 CARTRIDGE”（适合口径 6.35 毫米）。枪管处有“皇冠 N ”图案（无烟火药验证）。握把护片已更换，握把后侧刻有“HC”字样，可能是持有者姓名的缩写。其他与 6.36 毫米快速自动手枪一样。

西班牙快速牌 7.65 毫米自动手枪

枪管验证标识

名副其实的快速 使用 7.65 毫米勃朗宁枪弹
“快速”最好的自动手枪

该枪口径 7.65 毫米，全枪长 154 毫米，枪管长 82 毫米，全枪质量 0.69 千克，弹匣容弹量 7 发，发射 7.65 毫米勃朗宁手枪弹。枪管前部有“ PV”、“X”、 皇冠鹰图案、与“EB”字样的验证标识。左侧套筒上排铭文：“VERITABLE ‘EXPRESS’ FOR THE 7.65 BROWNING CARTRIDGE”（名副其实的快速 使用 7.65 毫米勃朗宁枪弹），下排铭文：“THE BSST AUTOMATIOUE PISTOL ‘EXPRESS’ ”（“快速”最好的自动手枪）。铭文下刻有羽毛箭图案、“ PV”、“X”、鹰图案、皇冠图案与“EB”字样的验证标识。羽毛箭图案 、“PV”、“X”、 鹰与皇冠图案、“EB”等是西班牙没有实行枪支强制验证之前的验证标识。握把护片上方刻有一支手枪，中部有“EXPRESS”（快速）字样，从工艺上看握把护片是后来手工仿制更换的。“EXPRESS”快速牌手枪是西班牙加拉特·安内图阿公司（Garate Anitua Y Cia）制造的。该枪是1923年之前西班牙没有实行枪支强制验证的产品。

西班牙尤尼克 7.65 毫米自动手枪

单独验证 埃瓦尔验证机构
无烟火药与整枪最终验证标识

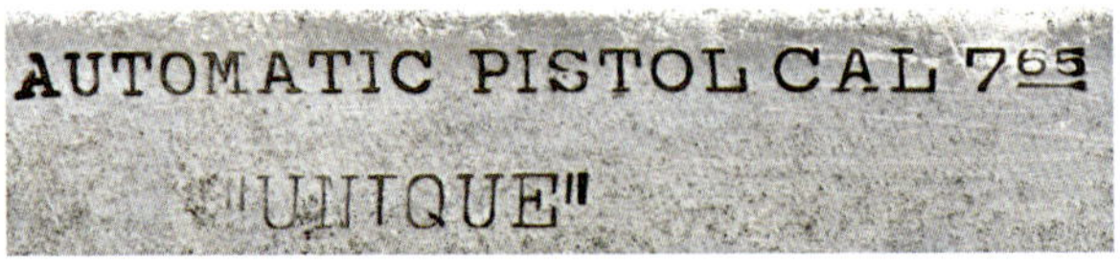

自动手枪 口径 7.65 毫米
尤尼克

该枪口径 7.65 毫米，全枪长 153 毫米，枪管长 90 毫米，全枪质量 0.82 千克。编号“28750”位于套筒座右侧。套筒左侧上排铭文：“AUTOMATIC PISTOL CAL 7.65”（自动手枪口径 7.65 毫米），下排铭文：“UNIQUE”（尤尼克）。套筒左侧尾部有单独验证标识，套筒座左侧尾部有西班牙枪支早期验证标识：埃瓦尔验证机构、无烟火药与整枪最终验证标识。握把护片上方圆圈内有鹰、中间圆圈内有皇冠、下方椭圆内有武士挥棒图案。该枪是柯尔特 M1903 式手枪的仿制品，应该是 1927 年以前的产品。

西班牙 ZC 皇家牌 7.65 毫米有击锤自动手枪

该枪口径 7.65 毫米，全枪长 195 毫米，枪管长 130 毫米，全枪质量 0.93 千克，弹匣容弹量 12 发，发射 7.65 毫米勃朗宁手枪弹，属长弹匣长枪管型。编号“7503”位于枪身左侧套筒。左侧套筒上有铭文：“AUTOMATIC PISTOL CAL7.65”（自动手枪 口径 7.65 毫米）与“ROYAL”（皇家）。握把护片上有“ROYAL”（皇家）标识与双马图案。枪管比皇家牌无击锤手枪的枪管稍长。该枪是西班牙组莱卡公司的产品，仿美国柯尔特 M1902 式手枪结构制造。

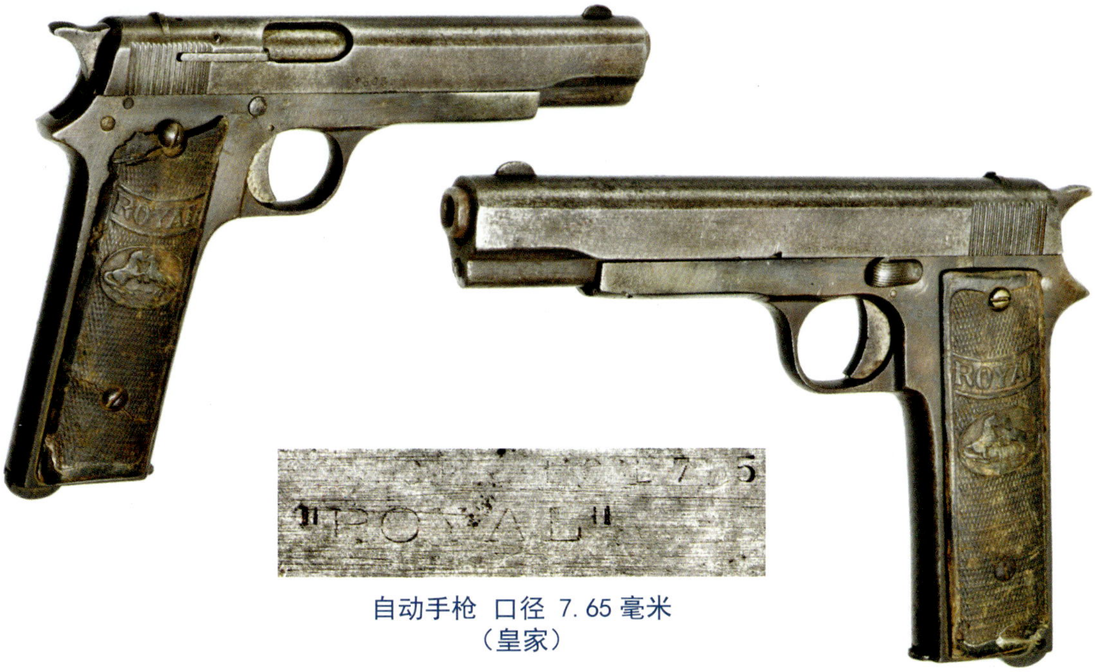

自动手枪 口径 7.65 毫米
（皇家）

西班牙组莱卡公司简称 ZC 公司。公司的产品由皇家 • 文西托公司代理销售，所以商标通常都为“Royal”和“Vincitor”。这个公司是 20 世纪前 40 年西班牙手枪工业集中地－埃瓦尔地区一个枪械生产公司。被法国采用的手枪上有“ZC”的标志。

西班牙 ZC 皇家牌 7.65 毫米无击锤自动手枪

双马图标

单独验证 埃瓦尔验证机构
无烟火药与整枪最终验证标识

自动手枪 口径 7. 65 毫米
（皇家）编号

该枪口径 7.65 毫米，全枪长 200 毫米，枪管长 125 毫米，全枪质量 1.00 千克，弹匣容弹量 12 发，发射 7.65 毫米勃朗宁手枪弹，属长弹匣长枪管型。编号“50663”位于枪身左侧套筒及套筒座上。左侧套筒上有铭文“AUTOMATIC PISTOL CAL7. 65”（自动手枪口径 7.65 毫米）与“ROYAL”（皇家）。套筒座左侧尾部有西班牙枪支验证标识：埃瓦尔验证机构、无烟火药与整枪最终验证标识，套筒左侧尾部和枪管处有单独验证。

握把护片上有“ROYAL”（皇家）标识与双马图案。枪管比皇家牌有击锤手枪枪管稍短。该枪为1927年以前西班牙组莱卡公司制造的皇家牌产品。右侧握把烙印“3681”号码，应该是使用者烙上的，表示该枪属某人拥有。该枪为仿比利时勃朗宁M1903式手枪。

西班牙ZC皇家牌7.65毫米自动手枪

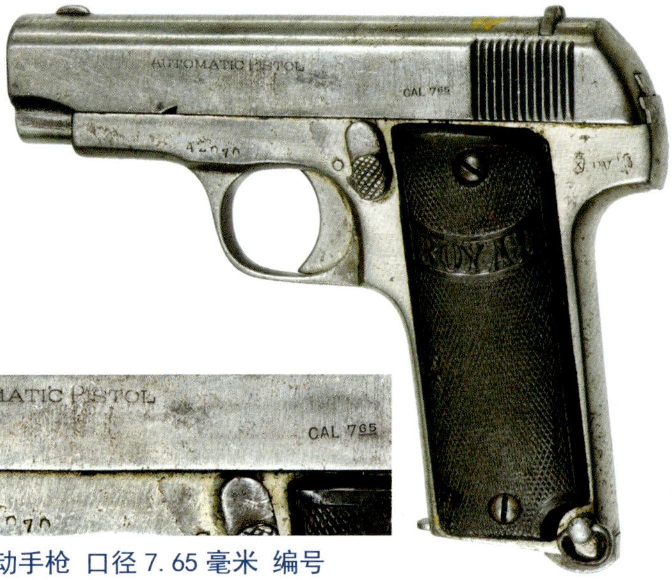

埃瓦尔验证机构
无烟火药与整枪
最终验证标识

自动手枪 口径7.65毫米 编号

该枪口径7.65毫米，全枪长155毫米，枪管长85毫米，全枪质量0.80千克，弹匣容弹量7发，发射7.65毫米勃朗宁手枪弹。编号“42070”位于枪身左侧套筒座上。套筒左侧铭文：“AUTOMATIC PISTOL CAL 7.65”（自动手枪口径7.65毫米）。套筒座左侧后部有西班牙早期验证标识：埃瓦尔验证机构、无烟火药与整枪最终验证标识。套筒右侧后部有“sg”花体。握把护片上方有“ROYAL”（皇家）标识。该枪是西班牙组莱卡公司仿柯尔特 M1903 式手枪的产品。

温塞塔公司

1908 年 6 月 17 日，派德罗•温塞塔和朱安•埃斯佩兰萨•萨尔瓦多合伙成立埃斯佩兰萨 – 温塞塔公司，埃斯佩兰萨负责技术，温塞塔负责管理。1926 年，埃斯佩兰萨退出合伙，公司改称温塞塔公司（Unceta Y Compania）。公司开创之后，1911 年开始生产的第一款手枪是维多利亚手枪，口径有 6.35 毫米和 7.65 毫米两种。1914 年后，维多利亚手枪名称改为阿斯特拉手枪。1912 年 9 月 24 日，西班牙军方决定采用坎波 – 吉罗伯爵设计的手枪，命名为 9 毫米 M1913 式坎波 – 吉罗手枪，埃斯佩兰萨 – 温塞塔公司承接了生产任务。1916 ～ 1919 年生产了 1 万余支 9 毫米 M1913–16 式坎波 – 吉罗手枪。1920 年，派德罗•卡里加改进了坎波 – 吉罗伯爵的设计，研制出 9 毫米 M400 式阿斯特拉手枪。1921 年 2 月 9 日，9 毫米 M400 式阿斯特拉手枪参加了西班牙炮兵委员会举行的手枪选型试验，同年 9 月被批准采用，命名为 9 毫米 M1921 式手枪，列装西班牙炮兵，并出口德国、法国等多国。1936 年 7 月开始列装西班牙各兵种，并派生出许多变型枪，如阿斯特拉 M300 型和 M600 型。

“一战”期间，温塞塔公司为法国等欧洲国家生产鲁比手枪 70 ～ 90 万支，枪上印有“Model 1914”“Model 1915”“Model 1916”“Astra”“Brunswig”“Victoria”等铭文。1927 年以后，阿斯特拉仿毛瑟 M1896 式手枪的一系列手枪大量涌入中国，这些型号有阿斯特拉 M900、M901、M902 和 M903 式。这些手枪从外形看，与毛瑟手枪有所不同，都具备以下两大特征：一是为便于拆卸擦拭，它的机匣左侧板可以打开，“旁开门盒子炮”的俗称就来源于此；二是为简化加工，对其“旁开门”侧板，也和 BH 公司的产品一样，大量使用销钉结合内部机件，以至于枪身的右侧尚有七颗销钉暴露在外，“七钉盒子”也就因此成为该枪在中国的又一个俗称。关于阿斯特拉手枪上的铭文，有一个讹传，在有的阿斯特拉手枪上铭有汉文“日国制”三个字，经考证，“日国制”中的“日国”二字，并不是日本国的简称。在清朝，西班牙被称作“日斯巴尼亚”，简称“日国”，日本被称为“日本国”，因而“日国”就是“日斯巴尼亚”即西班牙的简称。当时，中国仿德、仿西班牙生产驳壳枪的兵工厂较多，其仿制品从外形上看与“洋枪”几乎一模一样，曾给德国和西班牙的原产品以很大的冲击，德国、西班牙两国的厂家便在枪身的一侧分别用汉字刻上“德国制”或“日国制”的字样，以示区别。“日国制”标明该枪是西班牙生产的。

1953 年，温塞塔公司最后一次更名为阿斯特拉 – 温塞塔公司。20 世纪 90 年代，公司市场逐渐萎缩，1998 年，同斯达公司合并，并以阿斯特拉的名义生产产品，一年后双双破产。

西班牙维多利亚 7.65 毫米 1911 型手枪

该枪口径 7.65 毫米，全枪长 155 毫米，枪管长 88 毫米，全枪质量 0.70 千克。编号“44400”位于枪身右侧套筒座护圈上方。发射 7.65 毫米勃朗宁手枪弹。左侧套筒有铭文两行，上行前部铭文：“7.65 1911”后半部铭文与有关资料比对应为“MODEL TUTOMATIC PISTOL”（7.65 毫米 1911 型自动手枪），下行铭文：“VICTORIA PATENT”（维多利亚专利），套筒上方后部正中有一凹槽，枪管上有“HOPE”、皇冠图案“PU”标识，弧形防滑纹。综合比对分析，该枪是 1911 年派德罗 • 温塞塔和朱安 • 埃斯佩兰萨 • 萨尔瓦多合伙成立埃斯佩兰萨 – 温塞塔公司生产的第一款维多利亚手枪。

商标

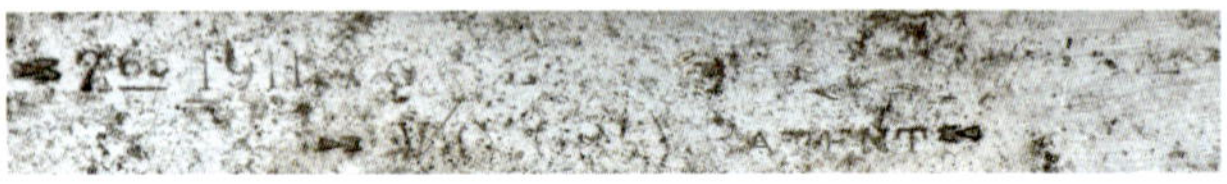

验证标识 编号

7.65 毫米 1911 型自动手枪
维多利亚专利

西班牙阿斯特拉 7.65 毫米 M1915 式手枪

该枪口径 7.65 毫米，全枪长 150 毫米，枪管长 85 毫米，全枪质量 0.75 千克弹匣容弹量 9 发，发射 7.65 毫米勃朗宁手枪弹。编号“17094”位于枪身右侧套筒座扳机护圈上方。套筒左侧铭文：“AUTOMATIC PISTOL CAL 7.65”（自动手枪口径 7.65 毫米），第二行：“ASTRA PATENT”（阿斯特拉专利）。套筒座后部有西班牙枪支早期验证标识：埃瓦尔验证机构、无烟火药与整枪最终验证标识。枪管上有“BG”与狮子图案。保险上方“F”字样，弧形防滑纹，握把护片上方有“ASTRA”（阿斯特拉）商标。

该枪是埃斯佩兰萨－温塞塔公司于 1915～1927 年生产。1908 年 6 月 17 日，派德罗 • 温塞塔和朱安 • 埃斯佩兰萨 • 萨尔瓦多合伙成立埃斯佩兰萨－温塞塔公司。公司的第一款枪是 1911 年开始生产的维多利亚手枪。1914 年后，维多利亚手枪名称改为阿斯特拉手枪。该枪是埃斯佩兰萨－温塞塔公司仿制比利时勃朗宁 M1903 式手枪的产品。

单独验证 埃瓦尔验证机构
无烟火药与整枪最终验证标识

自动手枪 口径 7.65 毫米
阿斯特拉专利

西班牙阿斯特拉 7.65 毫米 M1915 式手枪（法军订购）

该枪口径 7.65 毫米，全枪长 153 毫米，枪管长 90 毫米，全枪质量 0.77 千克，弹匣容弹量 8 发，发射 7.65 毫米勃朗宁手枪弹。编号“6307”位于套筒尾部下方枪机上和枪管前端。左侧保险上方“FEI ”, 下方“SUE”。枪管上有阿斯特拉的早期验证标识：“HOPE 、NP”与皇冠图案。弹匣底部椭圆内有“EU”字样。“E”“U”分别表示“ESPERANZA”“UNCETA”（埃斯佩兰萨、温塞塔），“二战”期间，法国军方同埃斯佩兰萨－温塞塔公司签订了大量的手枪购买合同，法国军方购买的手枪底部一般有“EU”铭文。该枪握把护片已被更换。

保险

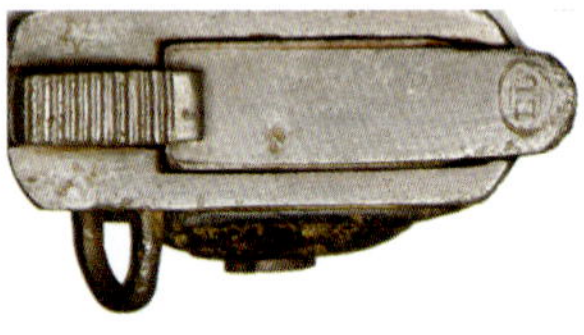

埃斯佩兰萨和温塞塔缩写

验证标识

西班牙阿斯特拉 7.63 毫米 M900 自动手枪

该枪口径 7.63 毫米，全枪长 294 毫米，枪管长 140 毫米，全枪质量 1.29 千克，10 发固定弹仓，发射 7.63 毫米毛瑟手枪弹，编号“15568”位于枪身左侧握把上方。枪身左侧铭文：“ASTRA AUTOMATIC PISTOL CAL 7.63”（阿斯特拉自动手枪口径 7.63 毫米），“PATENTED JULY.12.1928”（专利 1928 年 7 月 12 日）。右侧枪身扳机护圈上部有西班牙枪支验证标识：埃瓦尔验证机构、年份代码与整枪最终验证标识。右侧枪身与枪管连接处有炸弹图案内“P”为单独验证标识。该枪标尺为 50 ～ 1000 英尺。

1927 年，温塞塔公司聘请了德国人额恩斯特·保彻作为出口销售总管。经过保彻实地调查，发现中国对 7.65 毫米勃朗宁手枪和 7.63 毫米毛瑟冲锋手枪需求量很大，于是，温塞塔公司于 1927 年以毛瑟 M1896 式手枪为模板，研制出 M900 阿斯特拉手枪，其各项战术性能也与毛瑟的 M1896 相差无几。该枪外部有个明显的特征：采用轴销固定的方式，因枪身右侧有暴露的七颗销钉，也叫“七钉盒子”。

埃瓦尔验证机构 年份代码与整枪最终验证标识

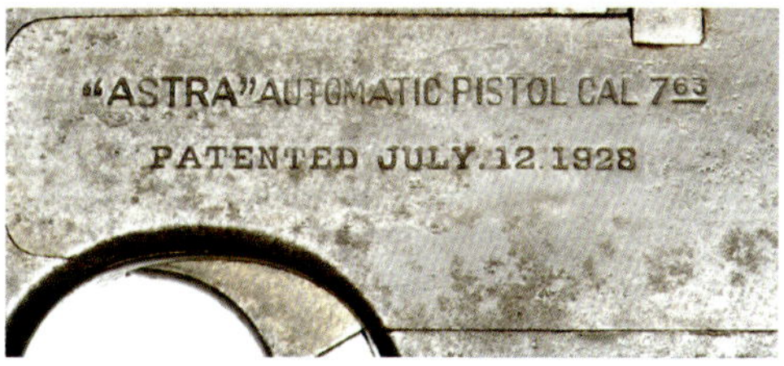

阿斯特拉自动手枪 口径 7.63 毫米
专利 1928 年 7 月 12 日 编号

西班牙阿斯特拉 9 毫米 M300 式手枪（“雪茄烟”）

该枪口径 9 毫米，全枪长 160 毫米，枪管长 96 毫米，全枪质量 0.59 千克，弹匣容弹量 6 发，发射 9 毫米手枪弹。编号“360020”位于套筒及套筒座右侧尾部。套筒座左侧尾部有西班牙验证标识：埃瓦尔验证机构、年份代码与整枪最终验证标识。套筒上部铭文：“UNCETA Y COMPANIA GUERNICA ESPANA”（西班牙格尔尼卡温塞塔公司）、“MODELO 300”（300 型）、“1927”（1927 年）。枪管上有铭文：“Hope”、皇冠图案下有“PG”与“9 M/M & 380”。保险下有“S”字样。枪管前部上方与握把护片上方有阿斯特拉商标。该枪左侧套筒座尾部有“1927”字样，又有西班牙验证标识“B”，应是指 1928 年。我们分析该枪为 1927 年末生产，1928 年验证。西班牙温塞塔公司于 1923 年推出的阿斯特拉 M300 式产品，是阿斯特拉 400 型手枪的缩小型，属军官型用枪，口径有 7.65 毫米和 9 毫米两种，1923 年至 1947 年，共生产 171300 支。由于该枪套筒形状类似雪茄烟，也俗称“雪茄烟”手枪。

1928 年 4 月，朱德率领南昌起义部队到达井冈山，与毛泽东领导的秋收起义部队会师，并将两支队伍合编成中国工农红军第四军。朱德在井冈山时期随身使用的武器，就是西班牙的阿斯特拉 M300 式手枪。

枪管上 阿斯特拉商标

单独验证 埃瓦尔验证机构
年份代码与整枪最终验证标识

西班牙格尔尼卡温塞塔公司 300 型

西班牙阿斯特拉 7.65 毫米 M300 式手枪（口径标识错版）

该枪口径 7.65 毫米，全枪长 160 毫米，枪管长 96 毫米，全枪质量 0.61 千克，弹匣容弹量 6 发。编号“366124”位于套筒及套筒座右侧尾部。枪管铭文“9M/M & 380”字样。套筒座左侧尾部有西班牙验证标识：埃瓦尔验证机构、年份代码与整枪最终验证标识。套筒上部铭文：“UNCETA Y COMPANIA GUERNICA ESPANA”（西班牙格尔尼卡温塞塔公司）“MODELO 300”（300 型）。保险下“S”，枪管前部上方与握把护片上方有阿斯特拉商标。

西班牙温塞塔公司推出的阿斯特拉 M300 式手枪属自由枪机式自动方式，口径有 7.65 毫米和 9 毫米两种。这支枪枪管标明的口径是 9M/M & 380，而实际口径是 7.65 毫米，比较特别。套筒座左侧尾部验证标识“D”表明该枪为 1931 年生产。

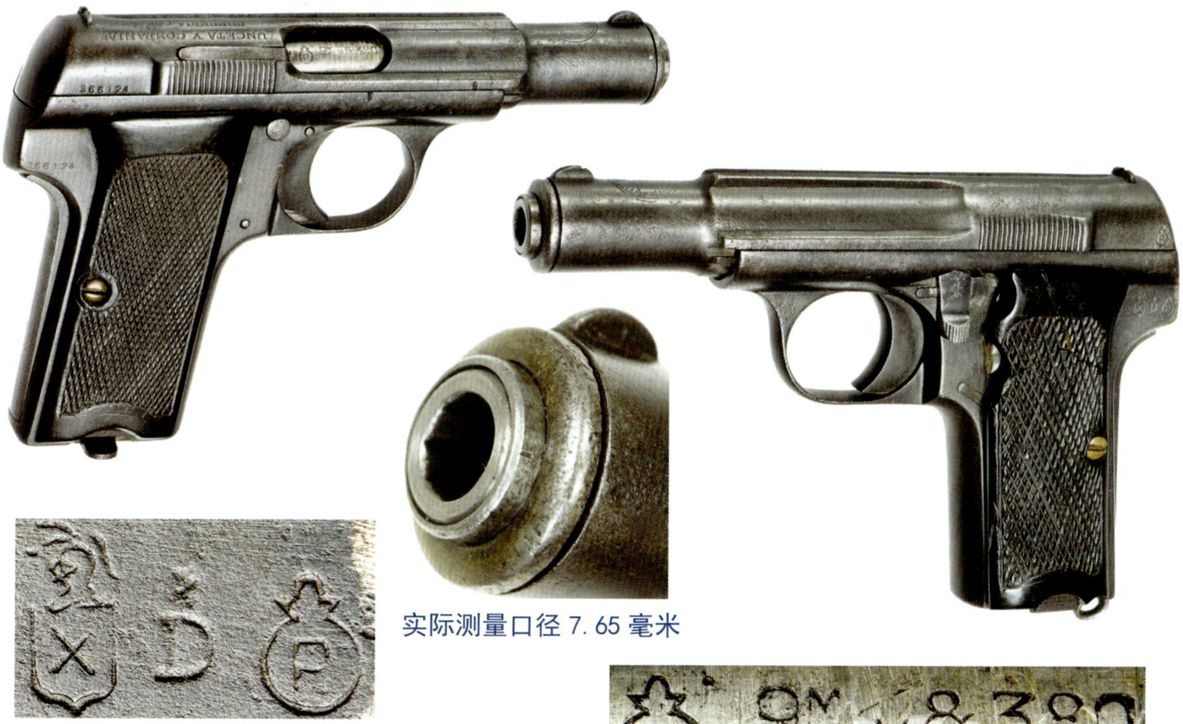

实际测量口径 7. 65 毫米

埃瓦尔验证机构 年份代码与整枪最终验证标识

单独验证标识与口径 0. 380

西班牙阿斯特拉 7.65 毫米 M300 式手枪

埃瓦尔验证机构 年份代码与整枪最终验证识

西班牙格尔尼卡温塞塔公司 300 型

该枪口径 7.65 毫米，全枪长 160 毫米，枪管长 96 毫米，全枪质量 0.58 千克，弹匣容弹量 6 发。编号“366480”位于套筒及套筒座右侧尾部。枪管上无铭文，套筒座左侧尾部有西班牙验证标识：埃瓦尔验证机构、年份代码与整枪最终验证标识。套筒上部铭文：“UNCETA Y COMPANIA GUERNICA ESPANA”（西班牙格尔尼卡温塞塔公司）、“MODELO 300”（300 型）。保险下有“S”字样，枪管前部上方与握把护片上方有阿斯特拉商标。年份代码“D”表明该枪是 1931 年出品。

西班牙阿斯特拉 7.65 毫米手枪

该枪口径 7.65 毫米，全枪长 155 毫米，枪管长 92 毫米，全枪质量 0.64 千克，弹

匣容弹量 6 发，编号“535062”位于套筒右侧及套筒座尾部。枪管上没有铭文，套筒座左侧尾部有西班牙枪支验证标识：埃瓦尔验证机构、年份代码与整枪最终验证标识。套筒上部铭文：“Unceta y Compania GUERNICA （Espana）”［（西班牙）格尔尼卡温塞塔公司］。左侧握把边缘铭文：“Unceta y Compania”（温塞塔公司）。枪管前部上方与握把护片上方有阿斯特拉商标。该枪从形状与结构上与阿斯特拉 M300 式手枪无异，但套筒上没有“300”标注，铭文字母为小写，铭文位置也不一致，枪管稍短，而且握把上有温塞塔公司铭文。验证标识“LL”表明该枪是 1940 年产品。

埃瓦尔验证机构 年份代码与整枪最终验证标识

温塞塔公司

西班牙格尔尼卡温塞塔公司

加比伦多公司

1904 年的西班牙枪械制造商加比伦多－乌莱斯提公司（Gabilondo y Urresti）开始

生产仿制手枪，主要仿制比利时纳甘、美国柯尔特等转轮手枪，同时还生产一些小型的转轮手枪和自动装填手枪。1914 年，仿制埃斯佩兰萨 – 温塞塔公司的维多利亚手枪，将枪弹增加到 9 发，并增加了军用系索环。1915 年，加比伦多 – 乌莱斯提公司生产的鲁比手枪在“一战”中被法国军队大量使用。“一战”爆发后不久，已经是西班牙最有名的埃瓦尔地区手枪制造商的加比伦多 – 乌莱斯提公司与法军签订了无限期供货合同，最初的合同规定每月交付 1 万支手枪。随着战情恶化，订单变更为每月 3 万支，几个月后上升到 5 万支。于是公司将订单转包给其他 8 家合作公司工厂生产。当时共有 40 多家西班牙武器公司参与了鲁比类型手枪的生产。后来意大利、罗马尼亚、希腊也从埃瓦尔地区订购手枪。这些鲁比类型手枪的质量参差不齐，零部件大多不能互用。到“一战”结束时，法国向西班牙购买了超过 70 万支鲁比类型手枪。

据统计，“一战”中加比伦多公司共生产鲁比手枪 25 万至 30 万支。其间，加比伦多公司推出巴伐洛手枪。1925 年，推出丹顿手枪取代巴伐洛手枪。1931 年，公司仿制了 M1911 式柯尔特手枪，口径有 0.45 英寸和 9 毫米两种。1932 年，公司注册了“LLAMA”拉玛商标，成立了“LLAMA”（西班牙语指火焰、法语指拉玛、英语指美洲驼）公司。1933 年以拉玛为商标的手枪出现，手枪上开始有加比伦多公司的铭文出现。此后，公司以生产各种型号拉玛手枪闻名。在生产自动手枪的同时，加比伦多公司还生产许多比较有名的转轮手枪，公司通常被称为加比伦多公司或拉玛公司。1992 年，加比伦多公司申请了破产，2005 年工厂关闭。

西班牙布鲁斯乌日德拉 7.65 毫米手枪

该枪口径 7.65 毫米，全枪长 193 毫米，枪管长 110 毫米，全枪质量 1.038 千克，弹匣容量 20 发，发射 7.65 毫米子弹。编号“19517”分别位于右侧套筒、套筒座及弹匣底部。套筒左侧前端的螺旋桨与鸟翅图案上下分别有铭文：“PLUS ULTRA”（音译：

布鲁斯乌日德拉）与“MARCA RPMSTRADA ”（火箭鸟）字样。套筒左侧中部手写体铭文有“PLUS ULTRA.CAL 7.65”（布鲁斯乌日德拉口径 7.65 毫米）。套筒后部有圆圈内花体“gc”图案。枪管上有狮子图案，套筒座左侧尾部有西班牙枪支验证标识：埃瓦尔验证机构、年份代码与整枪最终验证标识，验证标识“A”字表明该枪是 1927 年生产。握把护片上部有飞鸟图案，下部椭圆内有花体“gc”组合图案，应该是加比伦多公司产品。

布鲁斯乌日德拉与
火箭鸟图案

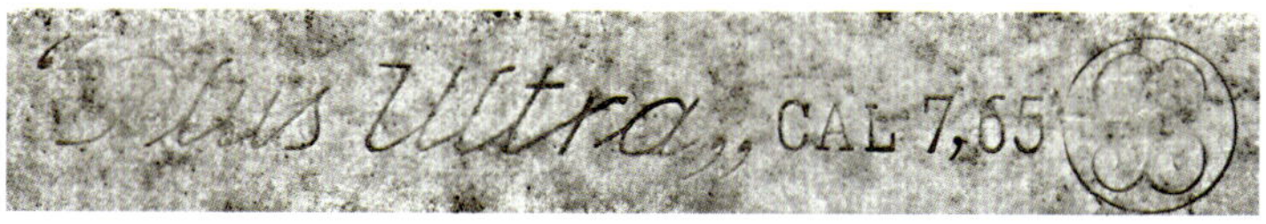

布鲁斯乌日德拉 口径 7.65 毫米

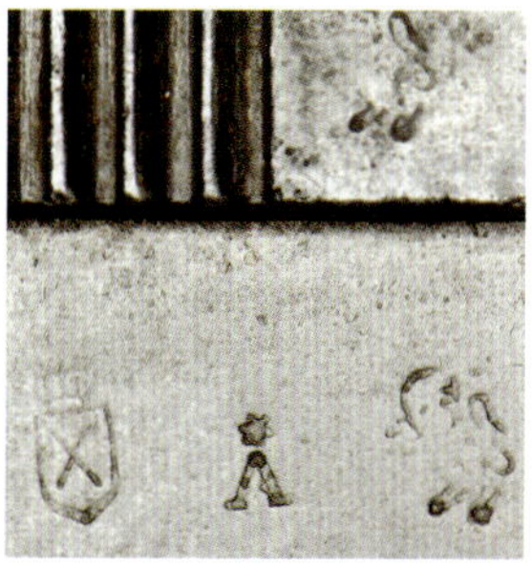

埃瓦尔验证机构
年份代码与整枪最终验证标识

1700 年，波旁王朝将“PLUS ULTRA”写在西班牙国徽中两根海格力士神柱的饰带上，两根海格力士神柱巍然屹立在盾徽两边，仿佛将国家的安全置于其护佑之中。“PLUS ULTRA”为拉丁语“航向世界更远的地方”之意，也是早期西班牙的国家格言——“超越极致”。1931 年，西班牙第二共和国国徽中饰带上文字变为“PLVS VLTRA”，传说中直布罗陀海峡最狭窄的两侧分别设有一根海格力士神柱，西班牙国徽上的海格力士神柱寓意西班牙本土与西班牙海外领土。

西班牙丹顿 0.32 英寸自动手枪

加比伦多公司商标

该枪口径 0.32 英寸，全枪长 157 毫米，枪管长 86 毫米，全枪质量 0.68 千克，弹匣容弹量 8 发，发射 7.65 毫米勃朗宁手枪弹。编号“6040”位于套筒座右侧。套筒上铭文已磨损不清，枪管上有“32 CAL ”字样，没有握把保险。握把护片上方有“DANTON”（丹顿）标识，下方椭圆内“G”和“C”的组合，表示“Gabilondo y Cia”，为加比伦多公司商标。该枪为西班牙加比伦多公司 1925 年以后仿勃朗宁 M1910 式 7.65 毫米丹顿手枪，曾出口欧洲及中国。

西班牙丹顿 7.65 毫米战争式自动手枪（实验型）

该枪口径 7.65 毫米，全枪长 172 毫米，枪管长 102 毫米，全枪质量 0.74 千克，弹匣容弹量 7 发，发射 7.65 毫米子弹。编号“11841”位于枪身右侧套筒座护圈上方。套筒左侧铭文第一行：“AUTOMATIC PISTOL WAR MODEL CAL7.65（0.32）”［战争式自动手枪口径 7.65 毫米（0.32 英寸）］，第二行“DANTON’ PATENT 70724 – TESTED–”（丹顿专利 70724– 实验型 –）。左侧套筒座尾部有西班牙枪支验证标识：埃瓦尔验证机构、无烟火药与整枪最终验证标识。握把上牛角护片为后期更换。

埃瓦尔验证机构 无烟火药与
整枪最终验证标识

战争式自动手枪 口径 7.65 毫米（0.32 英寸）
丹顿专利 70724 – 实验型 –

该枪为西班牙加比伦多公司 1925 年推出的仿勃朗宁 M1910 产品，用以替换巴伐洛手枪。加比伦多公司生产的丹顿手枪还有 6.35 毫米口径的袖珍手枪和 7.65 毫米 12 发弹匣的手枪。该枪型多出口欧洲和中国。

西班牙奥卡尔 7.65 毫米标准自动手枪

该枪口径 7.65 毫米，全枪长 170 毫米，枪管长 97 毫米，全枪质量 0.80 千克，弹匣容弹量 8 发，发射 7.65 毫米勃朗宁子弹。编号“86780”刻在套筒座左侧扳机护圈上部。套筒左侧上行铭文：“STANDARD AUTOMATIC PISTOL”（标准自动手枪），下行有“7.65 1925S MAKE”字样与图案。套筒左侧尾部有西班牙枪支单独验证标识，套筒座左侧握把尾部有西班牙枪支验证标识：埃瓦尔验证机构、无烟火药与整枪最终验证标识。握把护片上方圆圈内由异型 S 与“ALKAR”组成的（奥卡尔）商标，下方图案内中有异型 S 和“CAL 7.65”（口径 7.65 毫米）。

标准自动手枪 7.65 毫米 1925 年

埃瓦尔验证机构 无烟火药与整枪最终验证标识

该枪是比利时勃朗宁 M1910 式手枪的仿制品，“S”在套筒、套筒座与枪管上均有出现，应是该枪厂家标识。该枪为 1925 年以后出品，是西班牙标准专利火器公司生产的手枪。

西班牙鲁比（红宝石）7.65 毫米手枪

该枪口径 7.65 毫米，全枪长 145 毫米，枪管长 83 毫米，全枪质量 0.58 千克，弹匣容弹量 7 发，发射 7.65 毫米勃朗宁子弹，编号“15077”位于枪身右侧套筒座中部。套筒左侧上下两排铭文：“MANUFACTURED BY ‘RUBY’ ARMS CO”（鲁比 / 红宝石轻武器制造公司）“RUBY”西班牙语和法国语译（鲁比）英语译（红宝石）。“P/PV PATENT 70724 –CAL 7.65”（专利 70724 口径 7.65 毫米）。枪管上有标识：“*O”、炸弹火炬图案内“C”与“0.32 CAL”（口径 0.32 英寸）等，套筒座有一组较为特别的标识。弧形防滑纹，有握把保险。

鲁比（红宝石）轻武器制造公司
专利 70724. 口径 7.65 毫米

单独验证标识与口径 0.32 英寸
编号

该枪是西班牙鲁比（红宝石）轻武器制造公司仿制比利时 FN 公司勃朗宁 1910 型手枪的产品。但是专利 70724 与丹顿的专利 70724 号一样，枪管上套筒座验证标识不是西班牙常见的验证标识。从该枪可见“一战”“二战”期间各国尤其是西班牙仿制比利时 FN 公司勃朗宁手枪的品种很多。

BH 公司

贝斯特圭 – 赫曼诺斯公司由贝斯特圭兄弟（朱安和考斯密）于 1909 年建立，通常被称为 BH（Beistegui Hermanos）公司。兄弟二人一个擅长机械，另一个擅长销售。公司的真正起步是承接了加比伦多公司为法国制造 7.65 毫米鲁比手枪的部分合同。“一战”后，1925 年 BH 公司仿制毛瑟 M1896 式手枪的第一款手枪名称为“伊太”（ETAI），口径 7.63 毫米，通用毛瑟 7.63 毫米手枪弹。“伊太”（ETAI）手枪只在外形上与毛瑟 M1896 式手枪大致相同，内部结构与毛瑟手枪大相径庭。德国毛瑟 M1896 式手枪各零部件间全是严丝合缝的精密咬合，没有一颗销钉。西班牙的“伊太”手枪则使用销钉结合，在枪身的左右机匣外部都有硕大的销钉暴露。过了一年左右，BH 公司又推出了一款“皇家”（ROYAL）牌子的仿制毛瑟 M1896 式手枪。“皇家”手枪仍然与伊太手枪一样用销钉结合零部件，枪管长度也如前一样分为 140 毫米、180 毫米等几种。但和伊太手枪不同的是，固定弹仓的容弹量不全是 10 发了，也有 20 发的。1927 ～ 1929 年，半自动和全自动“皇家”手枪源源不断地生产出来，并通过日本贸易公司运往中国。BH 公司生产的半自动和全自动皇家手枪主要特点是枪底座内的机件通过两个贯穿枪底座的螺丝固定，从外形上可以清晰地见到这两根固定销。

1931 年以后，毛瑟公司推出它的全自动型手枪，BH 公司便不再生产“皇家”牌仿毛瑟 M1896 式手枪，而是推出了它的改进型号 MM31 手枪。通常称之为 MM31（Military Model31），枪身不再有“皇家”字样。该型手枪仍用销钉结合，但销钉不外露，较“伊太”与“皇家”手枪美观了许多，从外观上看也更接近毛瑟手枪，MM31 生产了 1 万支左右。MM31 有四种不同的品种出现。MM31 第一种型号带有一个固定式弹仓，容弹量 10 发；第二种型号与第一种型号结构完全相同，不同的是弹仓容弹量为 20 发；第三种型号也是西班牙生产的毛瑟型手枪中首支采用多种口径的型号，除了有发射 7.63 毫米毛瑟手枪弹的型号外，还有发射 9 毫米 ×23 毫米拉果手枪弹及柯尔特 0.38 英寸超级手枪弹的型号，不过，第三种型号的生产总量并不大；第四种型号是固定弹舱改为可卸式弹匣，同时，该弹匣可与毛瑟“快慢机”的可卸式弹匣互换，这个特性也使第四种型号在中国市场更进一步流行起来，其他与第三种型号一样，第四种型号仅生产了约1000支，1934年停止生产。尽管HB公司是西班牙第一个制造可选择发射方式手枪的公司，但是，它生产的这种手枪的数量却远远不如西班牙的温塞塔公司。

西班牙BH公司伊太7.63毫米自动手枪

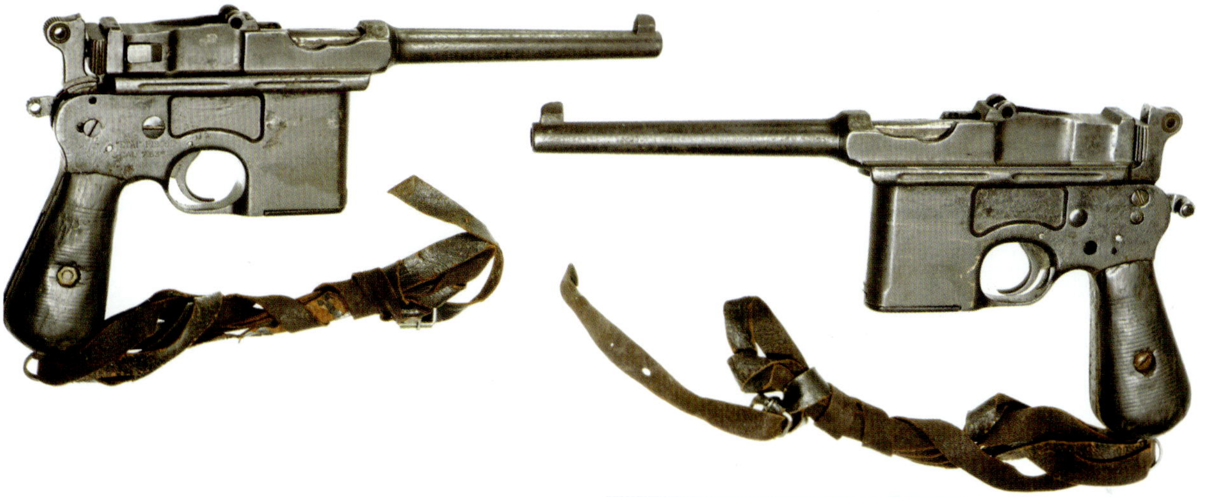

伊太手枪 口径7.63毫米

自动与正常

该枪口径7.63毫米，全枪长294毫米，枪管长140毫米，全枪质量1.33千克。弹匣容弹量10发，发射7.63毫米手枪弹。编号“3688”位于枪身后方击锤下方。枪身右侧握把上方有铭文：“ETAL PISTOL CAL 7.63mm”（伊太手枪口径7.63毫米）。左侧枪身快慢机位置标有：“NORMAL”（正常）与“MF”（自动） 字样，可实现单发与连发射击。枪机复进机截面呈圆形、击锤呈鸭嘴形、保险小圆环。该枪标尺与快慢机缺失。

1925年，BH公司推出的第一款仿毛瑟M1896式手枪——“伊太”（ETAI）手枪，“伊太”手枪的第一个型号仅能半自动发射。一年后（1926年）推出了半自动或全自动的型号手枪，是第一支能发射7.63毫米子弹的毛瑟型手枪。该枪只是在外观上与毛瑟M1896式手枪相似，内部结构却有着很大不同。为了简化生产工艺及降低成本，枪机复进机截面呈圆形，而不是方形，快慢机为条状形。西班牙的“伊太”手枪底座内的机件通过两个贯穿枪底座的螺丝固定。这支伊太自动手枪应为1926～1927年间的产品。

西班牙BH公司7.63毫米MM31型手枪

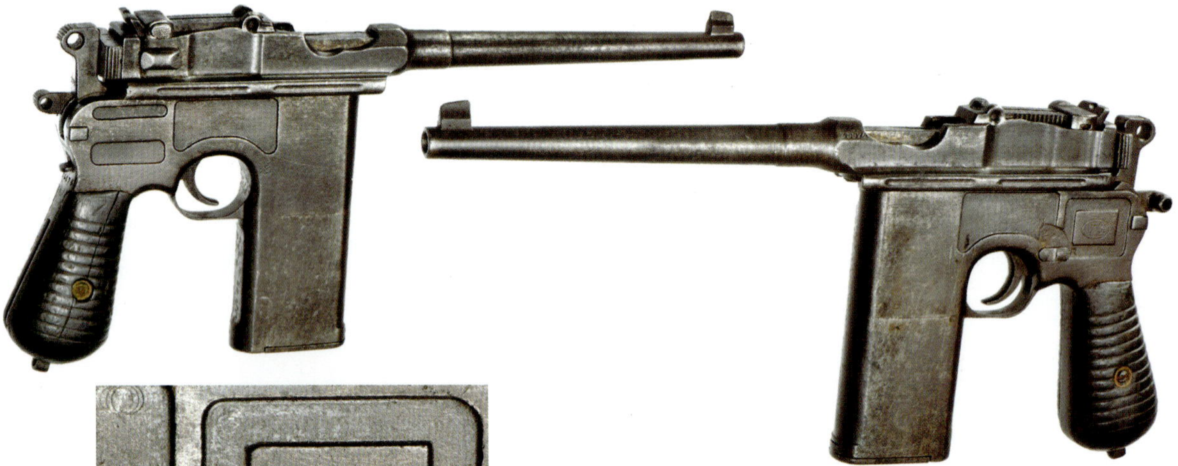

MM31型

标尺

该枪口径7.63毫米，全枪长335毫米，枪管长180毫米，全枪质量1.25千克，固定弹仓容弹量20发，发射7.63毫米手枪弹。编号“30074”位于枪管左侧后部与枪身尾部。左侧枪身后部椭圆形内“MM31”标识，条形快慢机上“N”下“R”，可实现单发与连续发射。击发编号“29074”，枪栓上部与击锤有“074”字样，标尺50～1000英尺，右侧枪管后部有西班牙枪支验证标识。

该枪是西班牙BH公司设计的可选择射击方式的第二种型号手枪，人们通常称之为MM31（Military Model31）。MM31第一种型号带有一个固定式弹仓，容弹量10发，与其前身“皇家牌”容弹量相同。该枪与第一种型号结构完全相同，1931年以后MM31没有“皇家”字样，与毛瑟手枪外形更加相似，内部结构却有着很大不同，在保留毛瑟手枪基本结构不变的情况下，其他方面做了一些局部的改动，如第一种型号中明显的两根螺丝已经不见，这些改动不仅没有影响枪的可靠性，反而在降低成本的同时更便于用户维护保养，价格也比德国毛瑟M1896式手枪便宜。

意大利手枪

伯莱塔有限公司

伯莱塔早期商标　　伯莱塔后期商标

1680年伯莱塔公司（Beretta Limited）成立。伯莱塔公司即皮埃特罗·伯莱塔有限公司（P. Beretta S.p.A），是世界上最古老的枪械生产工业组织之一，早在16世纪初期伯莱塔家族就已经开始轻武器生产，1526年就曾给威尼斯兵工厂提供过枪管部件，这家具有悠久历史的公司是武器界里世界顶级“老字号”。后来伯莱塔标志中那3支带环的箭符号代表的意思分别是容易瞄准，弹道平直，命中目标。

皮埃特罗·伯莱塔（Pietro Beretta，1870～1957年）在20世纪初期接管了家族生意后，开始引入现代化的生产设备和工艺，建造了新的厂房，并注册成立了现在的皮埃特罗·伯莱塔有限公司。皮埃特罗的儿子在“二战”后继续发展公司业务，改进新工艺，开发新产品，使得伯莱塔公司在20世纪中期生意越做越大，并开始在世界各地设立分公司或生产车间，在军事组织、执法机构和私人团体中取得商业上的骄人成就。在 20 世纪末世界各国许多轻武器生产商都因经营困难或分家、或合并，但家族生意的伯莱塔公司仍然屹立不倒，维持了其经营特色。

伯莱塔公司打入自动手枪领域后不久就制成了 M1915 式 7.65 毫米手枪，M1915 是第一支伯莱塔自动手枪。“一战”结束后的第二年，伯莱塔公司推出改进型 M1915/19 式 7.65 毫米手枪，该枪采用了顶部削薄的套筒，以减轻全枪重量，并于 1922 年开始生产。M1915/19 被意大利陆军、海军和警察采用，1931 年停产。尔后，伯莱塔公司又推出了综合过去各种手枪优点的 M1931 式 7.65 毫米手枪，此枪本来是为意大利陆军设计的，但最终被意大利海军采用。后来推出 M1932 式，使用 9 毫米柯尔特自动手枪短弹（9 毫米 ×17 毫米）。紧接着伯莱塔公司又对 M1932 作了小的改进，推出修改型，这时的修改型只是 M1932 的变型枪，并没有重新命名。1934 年，意大利陆军对 M1915 以来的伯莱塔手枪进行试验比较，结果，M1932 修改型被陆军选作制式装备军队，命名为伯莱塔 M1934，该枪后来成为意大利国内执法机构的制式手枪。伯莱塔 M1934 在“二战”期间是意大利军队装备量最多的手枪，直到停战。

1918 年，伯莱塔 M1918 式冲锋枪成为意大利陆军装备的第二种冲锋枪。此后，伯莱塔公司一直为意大利军队生产手枪和步枪，直至 1943 年意大利同盟军签订停战协定。德国占领意大利北部后，利用伯莱塔公司继续生产武器，直到 1945 年在意大利的德国部队投降。“二战”后，伯莱塔公司积极参与由美国提供给意大利的 M 1 伽兰德步枪修理任务，伯莱塔公司将 M1 改进成伯莱塔 BM–59 步枪，这种步枪同美国的 M14 步枪非常相像，军械人员称它精确度更高。

1975 年，经过五年的研制和试验后，9 毫米 ×19 毫米帕拉贝鲁姆（Parabellum）口径的伯莱塔 92 型半自动手枪公诸于世，有着 15 发的大容弹量弹匣。这种以伯莱塔 1951 型手枪为基础而研制的新手枪是新一代的军用手枪，能够满足现代军事部门和执法机构对安全性、可靠性和耐用性等方面的要求。1976 年，应意大利警方要求，该枪增加跌落保险机构。1977 年，增加了这个保险机构的 92 型手枪被重新命名为 92S 型，被意大利国家警察采用，随后意大利宪兵也采用了 92S 型。92S 型成为意大利军队新的制式半自动手枪。

1986 年 92S 型手枪被美军采用为制式手枪，命名为 M92 手枪，装备美国海陆空三军，海军陆战队与海岸警备队。与此同时，美国许多执法部门也选用了 M92 手枪。此外，巴西、南非、西班牙等国也仿造 M92 手枪。

意大利伯莱塔 7.65 毫米 M1915 式镀镍手枪

该枪口径 7.65 毫米，全枪长 142 毫米，枪管长 89 毫米，全枪质量 0.50 千克，弹匣容弹量 7 发，发射 7.65 毫米勃朗宁手枪弹。该枪套筒上方有单独抛壳窗，全枪镀镍，没有铭文。

1914 年意大利军方一直在寻找一种可以替代格利森蒂手枪的产品，伯莱塔公司适时推出的 M1915 式伯莱塔手枪被意大利军方选中，成为“一战”中正式装备的手枪。M1915 式有两种口径，即 9 毫米格利森蒂口径和 7.65 毫米勃朗宁口径，都采用自由枪机原理，内藏式击锤。两种口径的手枪有一些主要区别：9 毫米 M1915 式手枪的套筒后面多一击锤保险， 9 毫米和 7.65 毫米 M1915 式抛壳挺同枪底座连接方式分别为分开和一体式等。M1915 式手枪扳机控制击锤的简单系统一直被后期手枪沿用。

意大利伯莱塔 7.65 毫米 M1915/19 式手枪

皮埃特罗・伯莱塔缩写

验证标识

伯莱塔自动手枪 口径 7. 65 毫米 专利 1915 1919

该枪口径 7.65 毫米，全枪长 146 毫米，枪管长 80 毫米，全枪质量 0.59 千克，弹匣容弹量 7 发，发射 7.65 毫米勃朗宁手枪弹，自由枪机自动方式。编号“218040”位于右侧套筒与套筒座上。套筒左侧铭文："PISTOLA AUT BERETTA CAL 7.65 BREV 1915 1919–"（伯莱塔自动手枪 口径 7.65 毫米 专利 1915 年 1919 年）。左侧套筒座后部有验证标识：皇冠下圆圈线框内狮子图案。握把护片上有"P"和"B"组成的商标，为"Pietro"和"Beretta"（皮埃特罗和伯莱塔）的缩写。

M1915/19 式 7.65 毫米伯莱塔手枪是 M1915 式伯莱塔手枪的改进型。M1915 套筒顶部设置了排壳口，M1915/19 式去除了此设计，使拉壳钩至前部瞄准之间形成一个大的开口完成排壳，这个改进成为后期伯莱塔手枪的特点。同时，左侧保险的形状发生了改变，握把护片由木质换成金属。1922 年，开始批量生产 M1915/19 式伯莱塔手枪，主要列装意大利陆海空三军及警察。同时，M1915 式手枪停止生产。

意大利伯莱塔 9 毫米 M1934 式手枪

该枪口径 9 毫米，全枪长 152 毫米，枪管长 94 毫米，全枪质量 0.66 千克，弹匣容弹量 7 发，发射 7.65 毫米勃朗宁手枪弹。编号"983153"位于枪身右侧套筒和套筒座套上。筒左侧上排铭文："P.BERETTA–CAL 9 CORTO–M0 1934 BREVET"（皮埃特罗·伯莱塔 – 口径 9 毫米短手枪弹 –1934 型专利）；下排铭文："GARDONE V.T 1942 XX"（加尔多内·瓦·特市 1942 年法西斯二十年）。套筒座右侧后部有验证标识"IVU"（IVU 或 4–UT 表示第四技术控制处），套筒座左侧后部有皇冠加"RE"表示军队接收标记。枪的套筒座左侧设有手动保险，该保险兼作套筒止动器。握把护片下方圆圈内"PB"组成的商标，代表" Pietro Beretta"（皮埃特罗·伯莱塔）缩写。该枪是 1942 年为陆军生产的手枪。军队接收标记"RE"（Regio Esercito）表示陆军，"RM"（Regia Marina）表示海军，"RA"（Regia Aeronautica）表示空军，"PS"（Pubblica Sicurezza）表示警察。监察员代码标记用数字或字母表示。

第四技术控制处

标识陆军

皮埃特罗·伯莱塔 – 口径 9 毫米 CORTO 手枪弹 –1934 型 专利
加尔多内·瓦·特市 1942 年法西斯二十年

该枪的套筒座左侧设有手动保险，该保险兼作套筒止动器，置于前方“S”位置为保险状态，置于后方“F”位置为射击状态，保险打开时仅锁住扳机，不涉及阻铁与击针。该枪从 1934 ～ 1991 年生产总数超过 100 万支。

英国手枪

恩菲尔德皇家兵工厂

由于英国政府对拿破仑战争中使用的主要由伯明翰地区生产的步枪质量和高昂的价格彻底失望，决定在伦敦北部辖区恩菲尔德镇创建英国皇家轻武器工厂。工厂于1812年开始筹建，1816年建成投产。第一种使用“恩菲尔德”名字命名的步枪是在1853年设计的一种单发前装式线膛击发枪。1853～1856年克里米亚战争期间，工厂生产的武器数量急剧增长。1856年，引进美国生产的蒸汽动力机器，建成了一个机械加工工厂，此时，工厂工人数量达到了1000人，至1860年，达到平均每星期可生产1744支步枪的生产能力，至1887年，工人数量达到2400人。1866年又设计了后装式斯耐德·恩菲尔德步枪。1888年12月，英国军队正式采用了0.303口径李·梅特福弹匣式步枪，1889年，李氏新型步枪开始生产，1895年著名的李·恩菲尔德步枪定型生产。李·恩菲尔德步枪（ Lee–Enfield）装备英国军队以后，一直使用到第一次世界大战结束。该枪在轻武器的发展史上占有重要的位置，是英联邦国家的制式装备，包括加拿大、新西兰、澳大利亚及印度。李·恩菲尔德步枪共生产了1700万支。

“一战”和“二战”中，工厂继续扩张。“二战”后，业绩下滑。1963年，工厂一半关闭。1984年，皇家轻武器工厂和其他一些皇家军械厂私有化，成为Royal Ordnance Plc的一部分，后来卖给了British Aerospace［BAo1988年，British Aerospace（BAe）］，关闭了皇家轻武器工厂所在地。

皇家轻武器工厂生产的武器名称中通常有“Enfield”或“EN”，生产的武器主要有恩菲尔德 1853 年专利前装步枪（Enfield Patter1853Rine–Musket）、施奈德·恩菲尔德步枪（Snider–Enfield Rifle）、马蒂尼·亨利步枪（Martini–Henry Rifle）、恩菲尔德转轮手枪（Enfield revolver）、马蒂尼·恩菲尔德步枪（Martini–Enfield Rifle）、李·恩菲尔德步枪（Lce–Enfield Rifle）、1914 年专利恩菲尔德步枪（Pattern1914 Enfield Rifle）、布伦轻机枪（Bren = Brmo+Enfield，Light machineguin）、司登冲锋枪（Sten = Shepherd+Turpin+ Enfield，9mmSub–machine gun）、LlAL 自动装填步枪（L1 AI Self Loading Rifle）、SA80 或 L85 突击步枪（SA80orL85assault rifle）等。

英国恩菲尔德 0.38 英寸№ 2 MK1 型转轮手枪

该枪口径 0.38 英寸，全枪长 254 毫米，枪管长 127 毫米，全枪质量 0.74 千克，右旋转 6 弹巢，发射 0.38/200 转轮手枪弹。编号“F2327”位于枪身护圈前方。右侧有皇家轻武器工厂商标（皇冠上方“ENFIELD”恩菲尔德），商标左侧有铭文“№ 2”、右侧有铭文“MK1”、下方铭文“1938 年”。转轮上凹陷处验证标识“皇冠图案 V、皇冠图案 GP”，转轮上凸起处有“FP 48”字样、左侧枪管后部转轮前验证标识“IN 皇冠 GP 皇冠 V”，左侧扳机上有皇冠标识，六棱枪管，可选择单动或双动模式。顶断式转轮向下撅开枪管可以自动退壳。该枪为恩菲尔德武器制造厂 1938 年生产。

皇家轻武器工厂商标 1938 年

验证标识

第一次世界大战后，英国政府决定制造一种使用更小、更轻的 0.38 英寸口径子弹的转轮手枪，用以取代 0.455 口径（11.6 毫米）的威伯勒左轮手枪。由英国政府独资的皇家恩菲尔德武器厂设计和制造的一款双动式恩菲尔德 0.38 英寸转轮手枪被选中。该枪延续了与威伯勒 MK IV 和史密斯＆威森左轮手枪相同的 0.38 英寸口径，因其轻巧且便于携带而广受欢迎。

威伯勒 & 斯科特有限公司

英国威伯勒＆斯科特有限公司（Webley & Scott Ltd）是世界闻名企业。1845 年，菲利普·威伯勒购买了伯明翰的威廉·戴维斯公司（Willian Davis），这是一个生产武器制造工具的小公司。威伯勒不满足于生产工具，开始涉足击发枪和刀具的生产。1860年公司更名为威伯勒&索恩公司（Webley & Son），1887年又更名为威伯勒&斯科特转轮手枪与轻武器有限公司。在此期间，公司生产的品种不断增多，从袖珍转轮手枪到军用转轮手枪应有尽有。1897年，成立了伯明翰和伦敦威伯勒&斯科特转轮武器有限公司。1906年，公司名称更换为威伯勒&斯科特公司，生产各种猎枪和气枪。19世纪末至20世纪初，自动手枪开始兴起，威伯勒抓住这一商机开发自己的产品。1905年，公司设计了一种发射7.65毫米勃朗宁手枪弹的自动手枪，公司将其称为M1905。随后，M1905推出了多个系列。1908年春，威伯勒决定生产改进型M1905手枪（命名为M1908手枪），并于当年正式投入使用。同其原型枪一样，M1908手枪也有9毫米口径的型号（发射0.38英寸自动手枪弹），这些性能卓越的手枪在当时深受用户欢迎，知名度很高，以至于被世界许多国家的军队采购。从1912年起，M1908手枪成为英国伦敦警察的制式武器，瑞士苏黎世城市警察也使用该枪。1940年夏M1908手枪停产。

“二战”中，英国及英联邦国家广泛装备了威伯勒0.455英寸转轮手枪和威伯勒0.38英寸转轮手枪，这些手枪战后仍然在军队中服役，而一些警察则使用至1970年。现在威伯勒转轮手枪仍被少数国家的军警使用。1932年，恩菲尔德兵工厂基于威伯勒MKIV转轮手枪而生产的0.38英寸No.2MkI转轮手枪成为标准英军转轮手枪，然而由于战时武器短缺，各种型号的威伯勒转轮手枪被大量使用，这些手枪作为标准武器的备用品一直被使用到20世纪60年代。

20世纪60年代后期，随着手枪销售业绩的下降，公司于1979年决定放弃武器生产，只生产气枪，这种状况持续到2005年12月22日公司倒闭，被其他公司收购。在威伯勒公司“二战”前生产的转轮手枪中，有一些非常有名，如威伯勒R.I.C.转轮手枪以及从R.I.C.转轮手枪演变出来的斗牛犬式转轮手枪、威伯勒·普莱斯转轮手枪、陆军快速式、威伯勒·格林转轮手枪和0.455英寸威伯勒军用转轮手枪。

英国威伯勒＆斯科特 7.65 毫米 M1908 自动手枪

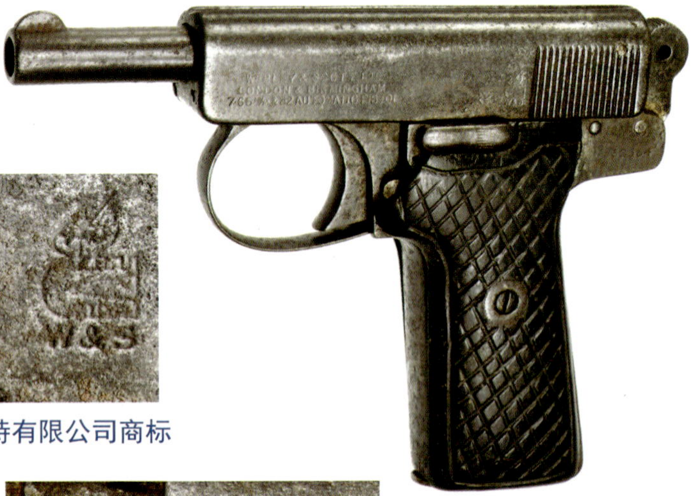

威伯勒＆斯科特有限公司商标

威伯勒＆斯科特有限公司伦敦＆伯明翰
7. 65 毫米＆ 0. 32 英寸自动手枪

验证标识

该枪口径 7.65 毫米，全枪长 158 毫米，枪管长 88 毫米，全枪质量 0.51 千克，弹匣容弹量 8 发，发射 7.65 毫米勃朗宁手枪弹。编号“32584”位于左侧套筒座尾部。套筒左侧铭文：“ WEBLEY & SCOTT LTD LONDON & BIRMINGHAM 7.65M/M & .32 AUTOMATIC PISTOL”（威伯勒＆斯科特有限公司伦敦＆伯明翰 7.65 毫米＆ 0.32 英寸自动手枪），套筒与排壳孔枪管处有验证标识，套筒左侧防滑纹前有保险“SAFE”标识与“W & S”威伯勒＆斯科特有限公司商标图案。

中国手枪

南京金陵制造局

金陵制造局大门

金陵制造局诞生于同治四年（1865 年），李鸿章由江苏巡抚升任代理两江总督后，在聚宝门（今中华门）外东首西天寺的废墟上兴建厂房，开办金陵制造局。1869 年，金陵制造局已能制造多种口径前膛炮、炮弹以及炮车和枪弹。1888 年，金陵制造局仿制成功马克沁单管机枪（亦称赛电枪），这是中国制成的第一代重机枪。1894 年，金陵制造局建立东子弹厂，采用无烟药装弹，这是制造技术上的一大进步。此时，员工发展到 1200 多人，比初创时期增加近两倍。1896 年，十门连珠格林炮、四门神机连珠炮和赛电枪相继停造，遂制造抬枪及 1 磅子快炮。

1905 年徐乃光为总办，该局相继制造老毛瑟枪子弹、造三生七（3.7 厘米）至七生六（7.6 厘米）口径各炮，1911 年 4 月陆军部令金陵制造局停办，由江南制造局接收，

金陵制造局车间

1911 年 10 月金陵制造局复工。1913 年，金陵制造局首先开始生产 6 吋白浪林手枪（仿造 Browning，7.65 毫米，0.32ACP M1900 式勃朗宁手枪），至 1919 年开始生产 8 吋白浪林手枪。1915 年，金陵制造局成功仿制德国七九马克西姆重机枪，并取名华宁。1921 年 4 月咸瑶圃为总办，金陵制造局开始生产马克沁机枪。

1929 年 6 月，金陵制造局改称为金陵兵工厂，隶兵工署直辖，厂长为黄公柱。金陵兵工厂以“卍”为厂徽，“卍”标志源自印度，是佛教的图样，有人说它代表佛心，中国人称“卍”为“万”字，是幸运和祥和的象征。在东方还有类似红十字会、红新月会等组织也用红“卍”。和纳粹党的“卐”毫无关联。1935 年按德国兵工署赠送的 MG08 图纸所造的马克辛水冷式重机枪，后参照原图仿造同式机枪，加以标准化，称为二四式重机枪，并开始制造 82 迫击炮。1937 年主要产品为马克西姆重机关枪。

1937 年 7 月抗日战争爆发，金陵兵工厂被迫西迁至重庆，原址被日军占领。1938 年金陵兵工厂迁至重庆江北区，接收汉阳兵工厂部分设备并改名为兵工署二十一工厂。1945 年 10 月 24 日，部分人员返回南京，接收日本遗留下的南京野战造兵厂（原南京金陵兵工厂旧址）设备，改称为兵工署二十一工厂南京分厂。1946 年 9 月，南京分厂改制为兵工署第六十工厂。1948 年 12 月，第六十工厂自南京举厂南迁至台湾，后在此建南京晨光机器制造厂。

金陵制造局 7.65 毫米镀镍手枪

该枪口径 7.65 毫米，全枪长 164 毫米，枪管长 101 毫米，全枪质量 0.74 千克，弹匣容弹量 7 发，发射 7.65 毫米勃朗宁手枪弹。编号“128”位于套筒照门前、套筒座尾部与右侧扳机上。套筒座左侧有“制造局造”，套筒右侧有“民国九年”铭文。握把护片上方有繁体铭文“金陵”。该枪为金陵制造局民国九年（1920 年）生产的仿比利时勃朗宁 M1900 式手枪。

金陵商标

民国九年

制造局造

金陵制造局 7.65 毫米袖珍手枪

该枪口径 7.65 毫米，全枪长 125 毫米，全枪质量 0.48 千克，弹匣容弹量 6 发，发射 7.65 毫米勃朗宁手枪弹。左侧握把护片上方有繁体“金陵”铭文。保险上有数字“77”。该枪为民国政府金陵制造局仿制勃朗宁 M1900 式手枪的缩小版。

金陵商标

上海兵工厂

上海兵工厂龙华分局

上海兵工厂前身江南制造总局

上海兵工厂的前身为江南制造总局，由两江总督曾国藩和江苏巡抚李鸿章于1865年创办，是近代早期中国规模最大的军工企业，也称上海制造局。1865年6月，丁日昌在上海虹口购得美国人佛而士开设的旗记铁厂，建立江南制造总局。同年9月29日，清廷正式批准江南制造总局（以下简称江南制造局）成立。江南制造局建立后，因虹口厂地房租银价过高，厂地狭窄无法扩展，1867年5月从虹口移设城南高昌庙，建设规模逐渐扩大。1870 年，担任直隶总督兼北洋通商大臣的李鸿章责成他人在龙华寺北购地 80 余亩，筹建龙华黑药厂，生产洋枪细药等。1871 年（同治十二年）龙华黑药厂建成，仿制出黑色火药，这是上海最早制造的火药，而后改称江南制造局龙华分局，隶属于江南制造局，为我国最早引进西方技术制造枪炮的兵工厂。

1866 年，江南制造总局造出了中国近代的第一艘机器动力兵船，长 185 尺，宽 29.2 尺，马力 392 匹，载重 600 吨，船身由坚木制成，内部机器系国外的旧机器修整后使用，汽炉和船壳由总局自己制造。1867 年至 1911 年，江南制造局共生产各种火炮 1075 门，其中包括各种前装和后膛装填火炮，后期主要仿制德国克虏伯式 14 倍横闩 75 毫米口径移动式管退山炮，生产各种枪支 7 万余支，其中主要以仿制为主。江南制造局是中国早期采用机器生产西式黑色火药和无烟药的工厂，共生产 300 余万公斤；各种枪弹共生产 9369 万发；各种炮弹共生产 166 万发；水雷、地雷共生产 1510 颗。1894 年，江南制造局占地面积达 1100 余亩，生产规模和员工人数居当时全国军工厂之首。江南制造局是中国第一个制造机器设备的工厂。1895 年 7 月，总办刘骐祥给张之洞电文显示，每年可生产快利步枪 1500 杆。1898 年 12 月 17 日江南制造局刘坤一报告指出，由于经费困难，每年只能生产小口径毛瑟步枪（毛瑟 1871 步枪的 11 毫米称为大口径毛瑟枪）1800 余杆。

1911 年，江南制造局更名为上海制造局。1915 年，上海制造局制造的武器可分为枪类、炮类和弹类三种。枪类有七九步枪、六八步枪、六五速率枪、六五涨力枪、七九机关枪、白浪林手枪；炮类有七生五（7.5 厘米）管退山炮、七生五管退陆炮；弹类有七生五山陆炮弹、双层开花七生五平头实心弹、五生七（5.7 厘米）开花弹、四生七开花弹。龙华分厂的造件，弹类有七九、六八、六五各种钢箭枪子弹，六五圆头枪子弹；药类有七生五山炮药、七九枪药、六五枪药；弹壳类有七生五山炮弹钢壳、七生五陆炮弹钢壳、五生七快炮弹钢壳。

1917 年上海制造局更名为上海兵工厂，龙华四厂则被称为上海兵工厂分厂，民国初期该局每年能造步枪 3000 支，各种子弹 1000 万发。炮厂能造七生五（7.5 厘米）山炮 50 尊，但因经费不足，只造 20 余尊。炮弹厂能造七生五（7.5 厘米）开花弹 20000 颗。

1918 年，龙华分厂年额度为七九枪弹 900 万发，月出 75 万发。七生五管退山炮 36 尊，月出 3 尊；山炮开花弹 16000 颗，以年计；陆炮开花弹 1 万颗，以年计；七九轻机关枪 54 挺，以年计；6 吋白浪林（勃朗宁）手枪 1440 支，以年计。

1937 年上海兵工厂因日军入侵停办。尽管江南制造局几经改名，屡遭磨难，但“江南”这两个字始终未改。除军舰外，中国第一门钢炮、第一支后装线膛步枪，从雷明顿式后装线膛枪到德国的新毛瑟枪，从前装线膛炮到后装线膛阿姆斯特朗炮，江南无不在仿制中不断追赶世界先进水平。1953 年江南制造局又更名为江南造船厂，1979 年江南造船厂成功建造了我国第一代航天测量船“远望 1”号、“远望 2”号和首艘大型远洋调查船“向阳红 10”号等，1996 年改为江南造船有限公司。

上海兵工厂 7.65 毫米 6 吋白浪林手枪

上海兵工厂

该枪口径 7.65 毫米，全枪长 165 毫米，枪管长 100 毫米，全枪质量 0.62 千克，弹匣容弹量 7 发，发射 7.65 毫米勃朗宁手枪弹。编号“1637”位于枪身右侧套筒座、套筒及照门座右侧面。该枪左侧握把护片上铭文：“上海兵工厂”，右侧握把护片已更换，准星缺失，该枪为上海兵工厂仿制比利时勃朗宁 M1900 式手枪的产品。在北洋政府时期的官方文件中将勃朗宁翻译成白浪林，枪长六英寸的勃朗宁手枪就叫作“6 吋白浪林手枪”。据有关资料介绍，上海兵工厂共生产 6 吋白浪林手枪 7600 支。

上海兵工厂 7.65 毫米镀镍手枪（八连子）

编号

该枪口径 7.65 毫米，全枪长 164 毫米，枪管长 100 毫米，全枪质量 0.64 千克，弹匣容弹量 8 发，发射 7.65 毫米勃朗宁手枪弹，编号“3630”位于枪身右侧套筒座、套筒及标尺座右侧面。套筒下方有一个散热缺口，标尺缺失。该枪为仿制比利时 7.65 毫米勃朗宁 M1900 式手枪改进型，如照门上增加了移动标尺、套筒下方开了散热口、弹匣容弹量增加等。因该枪弹匣可装 8 发子弹，也叫“八连子”手枪。

上海兵工厂 7.65 毫米手枪（九连子）

该枪口径 7.65 毫米，全枪长 156 毫米，枪管长 100 毫米，全枪质量 0.65 千克，弹匣容弹量 9 发，发射 7.65 毫米勃朗宁手枪弹。套筒下方有一散热孔。握把与民国十年造形状基本相同，但握把后部无可连接枪托的沟槽。标尺、照门缺失，无枪号。因该枪弹匣可以装 9 发子弹，也叫“九连子”手枪。

上海兵工厂 7.65 毫米十年造手枪（十连子）

该枪口径 7.65 毫米，全枪长 205 毫米，枪管长 145 毫米，全枪质量 0.78 千克，弹匣弹容量 10 发，发射 7.65 毫米勃朗宁手枪弹。编号“2111”位于身右侧套筒座、套筒及标尺座右侧面。左侧握把护片上铭文：“上海兵工厂”、右侧握把护片上铭文：“民国十年造”。套筒下方有两个散热孔，照门在活动标尺上方，握把后下方开有槽，可以装上简易枪托抵肩射击。弹匣加长，容弹量 10 发。

上海制造局（1917 年更名为上海兵工厂）1914 年开始仿制生产勃朗宁 M1900 式手枪，到 1921 年停产。上海兵工厂仿制的勃朗宁 M1900 式手枪并非完全仿制。例如该枪是整体尺寸全面扩展，局部略有不同，后部瞄准照门采用活动标尺。握把后下方还开有槽，可以装上简易枪托抵肩射击，弹匣容弹量得到增加，该枪弹匣容量从原来的 7 发变成了 10 发，在套筒下方开了两个散热缺口。但原理及构造同比利时 FN 兵工厂生产的勃朗宁 M1900 式手枪基本一致。这种手枪通常被称为 8 吋白浪林（勃朗宁）。因为该枪弹匣可以装 10 发子弹，所以也叫“十连子”手枪。

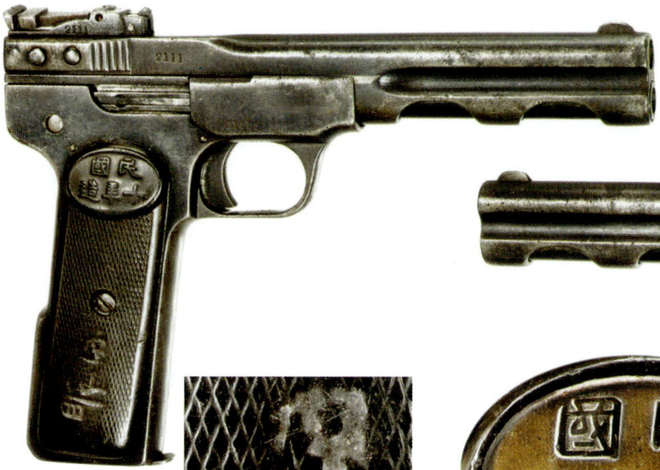

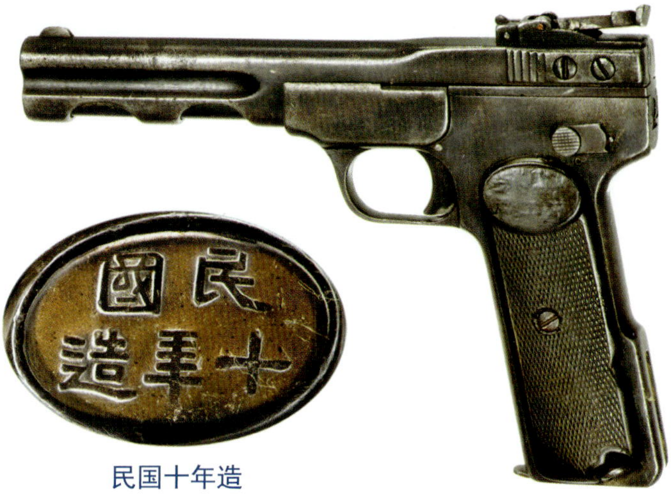

烙印

民国十年造

上海兵工厂

十连子、九连子、八连子手枪比较

仿勃朗宁 7.65 毫米 M1900 式手枪（编号 126093）

该枪口径 7.65 毫米，全枪长 163 毫米，枪管长 100 毫米，全枪质量 0.643 千克，发射 7.65 毫米勃朗宁手枪子弹。编号“126093”位于该枪右侧套筒与套筒座上。套筒左侧乱码铭文“EARMESde EARMESde EARMESde”。套筒座左侧扳机护圈上方圆圈线框内刻有花体 FN 标识和“BROWNINGS”字样。与勃朗宁 7.65 毫米 M1900 式手枪不同：套筒与套筒座有类似比利时验证标识、保险处有两个“EEU”、照门上沿呈马鞍弧形、握把后部呈圆弧形、套筒座上沿有锯齿带。该枪式样别致、做工精细，应是民国时期某兵工厂以比利时勃朗宁 7.65 毫米 M1900 式手枪为原型的仿制产品。

仿铭文

仿验证标识

仿勃朗宁 7.65 毫米 M1900 式微型手枪

该枪口径 7.65 毫米，全枪长 134 毫米，枪管长 80 毫米，弹匣容弹量 5 发，全枪质量 0.47 千克，编号“12665”位于枪左侧套筒与套筒座后部。套筒左侧有类似 FN 徽标，下排有铭文：“FABRIOUE HERBTAL EDARMES de FABRIQUESUR”，左侧套筒座铭文上排有毛瑟标识“MAUSER”，下排有：“BROWNINGS PATENT”。左侧套筒顶部有比利时验证员与闭锁机构验证标识，右侧防滑纹前有比利时枪支最终验证标识，照门为马鞍形，三角形防滑纹，握把护片上有类似 FN 公司徽标。

该枪枪身铭文重复。既有类似 FN 公司徽标，又有毛瑟标识，枪身上有的字母不标准而且很乱，整个枪小一号，应为民国时期某兵工厂仿制比利时勃朗宁 M1900 式手枪的缩小型。

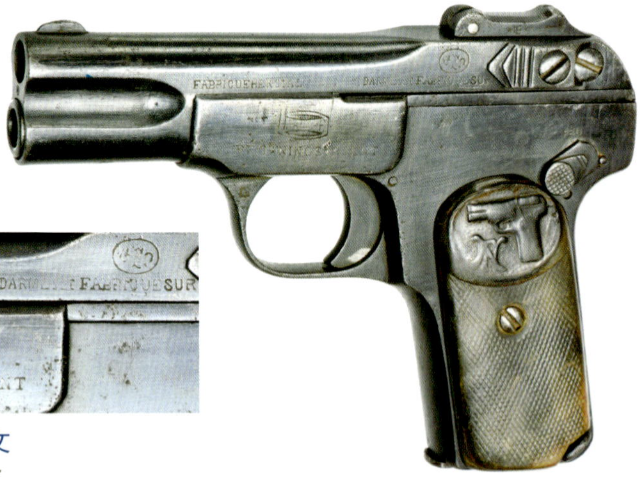

仿铭文

仿验证标识

照门与上膛提示

仿勃朗宁 7.65 毫米 M1900 式手枪（编号 1742）

该枪口径 7.65 毫米，全枪长 172 毫米，枪管长 100 毫米，全枪质量 0.74 千克，弹匣容弹量 5 发。编号“1742”位于右侧套筒与套筒座上。左侧套筒与套筒座刻有乱码，左侧扳机护圈前上部有一标识：方块内四周四个圆点（有点像民国四十四厂厂徽）。套筒上部乱码排列，后部三箭头相对中间有皇冠。另有“RUGUR”（鲁格）字母等乱码，枪管较长，握把较短。该枪属民国时期某兵工厂生产的比利时勃朗宁 M1900 式手枪仿制品。

仿铭文与标识

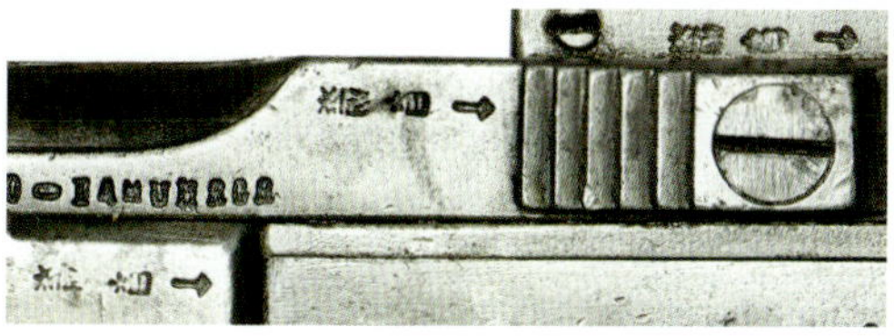

仿验证标识

乱码

天津大沽造船所

1880 年，由直隶总督李鸿章督办，建立了北洋水师，即北洋海军。当时北洋水师拥有“致远”“济远”“靖远”“经远”等舰船 40 多艘，总吨位 4 万多吨，实力居世界第四，亚洲第一。为使日益庞大的北洋海军的舰船能够就近修理，李鸿章奏请光绪皇帝同意，在大沽海神庙周围建起一座船坞，命名为“北洋水师大沽船坞”，也称海神庙船坞。它是继福建马尾船政、上海江南船坞后中国第三所近代造船坞，是北方创立的第一所船舶修建厂和重要的军火基地，是中国北方近代船舶工业的摇篮，培养了中国北方第一代产业工人。

大沽造船所旧址

仿马克沁重机枪

1892 年，船坞院内设修炮厂，除了修造船只，还兼造水雷，制造枪炮、水雷等军械，以补充海军的需要。从此，大沽船坞成了一个修船、造船、生产枪炮军火的综合军事基地。大沽船坞曾仿造德国一磅后膛快炮九十余尊。1900 年八国联军入侵中国，大沽船坞遭到重大损失，船坞被俄军占领，直到 1902 年 12 月 19 日才交还回中国。民国二年（1913 年），大沽船坞划归北洋政府海军部管辖，改名为“海军部大沽造船所”，成为建造轮船、炮艇的骨干企业。1917 年，大沽造船所制成了马克沁重机枪，1918 年，该所扩充枪炮厂，添建枪炮检查室及一号炮厂，并仿造生产毛瑟 M1896 式手枪、捷克式轻机枪、伯格曼手提轻机枪、手榴弹等多种产品。1928 年由国民政府海军部接管。1935 年 12 月起撤销兵器制造设置，不再生产武器。1937 年 7 月沦陷。 1945 年抗战胜利后，由交通部接收大沽造船所。

1949 年天津解放后，在塘沽解放的欢呼声中，造船厂在西沽一带第一个升起鲜红的旗帜，宣告新社会的来临。1959 年更名为天津市渔轮修造厂，成为我国北方重要的渔轮修造基地。1982 年更名为天津市造船厂。

大沽造船所仿毛瑟 7.63 毫米 M1896 式手枪

标尺

零件编号

该枪口径 7.63 毫米，全枪长 294 毫米，枪管长 140 毫米，全枪质量 1.17 千克，固定弹仓容弹量 10 发，发射 7.63 毫米毛瑟子弹。标尺 50 ～ 1000 英尺。编号“1952”位于击锤、枪机、套筒座上，枪支零部件上也有“1952”字样。击锤海螺纹大圆环、保险小圆环，两侧枪身平面光滑如镜。该枪从主要结构、规格、式样等与毛瑟 M1896 式大镜面手枪无大差异，不同的是击锤保险与 1896 ～ 1899 年毛瑟生产的 M1896 式手枪的第一代击锤保险不同，属毛瑟 M1896 式手枪第二种保险机构。枪机导轨上配重槽（减重槽）较 M1896 式大镜面长，全枪无任何标识标明生产厂家。经多方考证，笔者认为该枪为民国时期天津大沽造船所仿制毛瑟 M1896 式手枪的产品。该枪所用材料上乘，制造工艺精良，虽经百年沧桑，但各部零件完好，仍可正常使用。

山西太原兵工厂

太原兵工厂晋造工坊

太原兵工厂是民国时期几大兵工厂之一，1898 年，受洋务运动的影响，山西巡抚胡聘之报请清政府批准，在太原城北建立了以生产军火为目的的山西机器局，开始设备简陋，又缺工匠，只能修理戈矛、马刀、来复枪、小炮等物件，后来从天津等地聘用一批工匠，比较复杂的废旧兵器也能修复如新。1912 年，阎锡山担任山西都督，加紧军火制造，从日本、德国、英国引进先进的管理经验和机械设备，聘用国外军工厂技术人员，逐步扩建山西机器局，1914 年将机器局改称为山西陆军修械所，开创了山西以蒸汽机为动力、金属切削机床为手段的兵器生产，成为我国近现代早期的军工厂之一。

1920 年 3 月，阎锡山下令将修械所和铜元局合并，改称为山西军人工艺实习厂。民国十三年（1924 年）仿制三八大盖造出了晋造 6.5 毫米步枪，该枪全部打上了“六五步枪”铭文（“六五”表示步枪口径为 6.5 毫米），这种步枪实际上更适合当时的中国战场，其后坐力较小，枪身较长，在白刃战中比较有优势。

1927 年 1 月，阎锡山又改山西军人工艺实习厂为太原兵工厂，这标志着山西军火生产由轻武器向重武器的迅猛发展。太原兵工厂和火药厂共有设备 3800 部，职工 1.5 万人。太原兵工厂的拳头产品晋造冲锋枪，仿造汤姆逊 M1921 式冲锋枪，口径 11.43 毫米，根据晋绥军的实际情况，设计了枪管加长版（395 毫米枪管）的改进型，根据有无前握把可大致分为两种型号。晋造冲锋枪基本上普及晋绥军的每一个步兵班。仿制毛瑟 M1896 式手枪比较有名的是晋造一七式手枪，口径和晋造冲锋枪是一样的，即 11.43 毫米，晋造一七式手枪是各种驳壳枪中口径最大的，故得名“大眼盒子”。

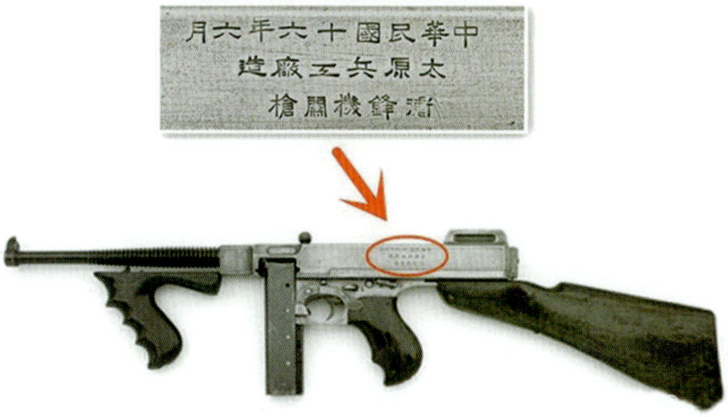

太原兵工厂生产汤姆逊冲锋枪

1928 年 8 月，蒋介石为削弱他人势力，以北伐战争胜利为由召开编遣会议搞裁军。阎锡山投其所好，复改太原兵工厂为山西军人工艺实习厂，以伪对假，而其内部组织依旧，军火生产有增无减。从 1928 年至 1930 年，兵工厂的月产量为：轻重炮 35 门，迫击炮 100 门，步枪 3000 支，机枪 15 挺，冲锋枪 900 支，炮弹 1.5 万发，迫击炮弹 9000 发，子弹 420 万发。阎锡山依靠这些武器装备，发展为拥有 30 万兵力的晋军，并有余力高价出售武器给李宗仁、马鸿逵、马步芳等外省军阀。

1930 年，历时半年的蒋介石、冯玉祥、阎锡山中原大战以蒋介石获胜告终，阎锡山下野避居大连。1931 年“九一八”事变后，在全国人民一致要求抗日的形势下，蒋介石和阎锡山握手言和。1932 年 3 月阎锡山复出，由蒋介石任命为太原绥靖公署主任，重掌文武大权后，阎锡山根据工厂制造功能的不同划分了六个工厂。1934 年 9 月阎锡山为免除被南京随时接管合并的风险，将上述各厂划归西北实业公司管辖，而西北实业公司是属于新成立的山西公营事业董事会领导的民营企业。1936 年 10 月，西北实业公司组建了西北制造厂，全面恢复军火生产。

抗日战争爆发后，阎锡山派西北制造厂总办张书田策划搬迁，紧急抢运设备至后方川陕等地，但直到 11 月 8 日日军占领太原前，只运走了西北制造厂 18 个分厂全部财产 2%的设备，其余设备悉数落入敌手。日军将其中较好的设备 4000 余部（台）和西北炼钢厂炼焦部提炼汽油的设备以及设在左云县的育才炼油厂设备拆卸装箱，运往日本的东京、大阪和伪满的沈阳、大连，日本利用这些设备组织生产军火和军用物资，以战养战。1949 年 4 月 24 日太原解放，被解放军接管。

太原兵工厂 7.63 毫米自来得手枪（民国十六年）

自来得　　太原兵工厂 民国十六年造

该枪口径 7.63 毫米，全枪长 288 毫米，枪管长 140 毫米，全枪质量 1.16 千克，固定弹仓容弹量 10 发，可用桥夹供弹，发射 7.63 毫米毛瑟手枪弹。该枪左侧套筒座握把上方有铭文：“自来得”，右侧枪身套筒座握把上方有铭文：“太原兵工厂 民国十六年造”。枪管后部左侧斜面、击锤与枪身尾部及零部件上均有该枪编号“607”，鸭嘴形圆孔击锤，保险无孔，毛瑟 M1896 式手枪类第二种保险机构，标尺 50 ～ 1000 英尺。

1927 年，太原兵工厂仿毛瑟 M1896 式手枪的产品，铭文“自来得”是德文“Lade”（自动装填）的混译，“Lade 读音“来得”，表示自动装填子弹之意。这种毛瑟 M1896 式手枪清末民初在中国被称为“自来得”，20 世纪 30 年代始又被称为“驳壳枪”等。

山西军人工艺实习厂
11.43 毫米一七式手枪（民国十八年）

该枪口径 11.43 毫米，全枪长 296 毫米，枪管长 140 毫米，全枪质量 1.6 千克，固定弹仓容弹量 10 发，可用桥夹供弹，发射仿制的 11.43 毫米汤姆逊冲锋枪子弹。编号“735”位于枪管左侧后部。该枪左侧套筒座握把上方有篆体铭文：“一七式”，右侧套筒座握把上方有篆体铭文：“民国十八年晋造”。枪管后部、击锤及零部件均有编号“735”或“35”，鸭嘴形圆孔击锤，保险无孔，毛瑟 M1896 式手枪类第二种保险机构，标尺 100 ～ 1000 英尺。

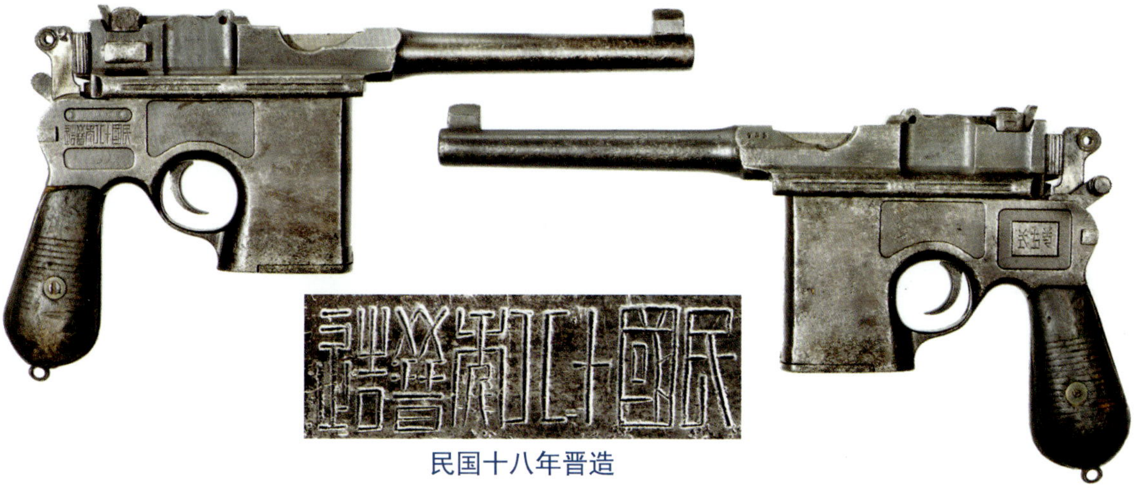

民国十八年晋造

标尺与编号

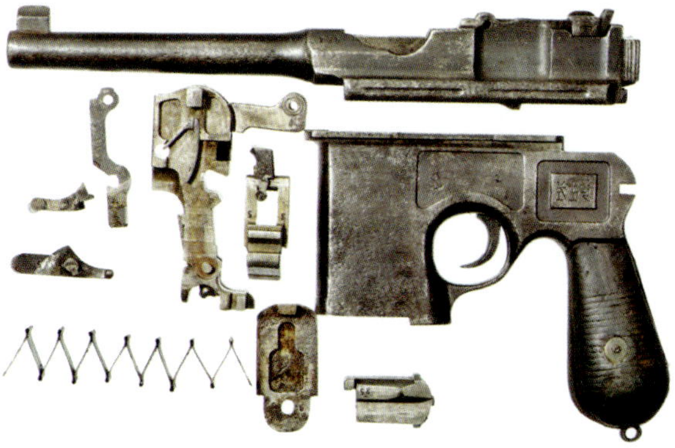

分解图

一七式

1928 年（民国十七年）山西太原兵工厂改名山西军人工艺实习厂，同年开始改进原来仿制的德国 7.63 毫米 M1896 式毛瑟手枪，其主要改进处有：口径由 7.63 毫米加大到 11.43 毫米，以便与该厂生产的 11.43 毫米仿美国 1921 式汤姆逊冲锋枪弹药通用；全枪长由 288 毫米加长到 296 毫米，10 发固定弹仓，可用桥夹供弹。因于民国十七年改制定型，故名为“一七式”。该枪口径大，通常也叫“大眼盒子”。晋造 11.43 毫米“一七式”手枪当年主要是装备晋绥军。

“一七式”为各国仿制德国毛瑟 C96 类手枪的最大口径的，加工精良，生产时间短，生产量少，四年间共生产八千多支，现存世量极少，为收藏珍品。

山西军人工艺实习厂
11.43 毫米一七式手枪（民国十九年）

民国十九年晋造

标尺与编号和青天白日图案标识

一七式

该枪口径 11.43 毫米，全枪长 296 毫米，枪管长 140 毫米，全枪质量 1.6 千克，固定弹仓容弹量 10 发，可用桥夹供弹，发射仿制的 11.43 毫米汤姆逊冲锋枪子弹。编号“4323”位于枪管左侧后部、枪身尾部和击发机构上，枪机上部有“4323”与青天白日图案。该枪左侧套筒座握把上方有篆体铭文：“一七式”，右侧套筒座握把上方有篆体铭文：“民国十九年晋造”。枪管后部、击锤及零部件均有编号“735”或“35”，鸭嘴形圆孔击锤，保险无孔，第二种保险机构，标尺 10 ～ 1000 英尺。该枪与十八年晋造不同的是枪机上有青天白日图案，应该是太原兵工厂改为山西军人工艺实习厂后的产品。

国民政府兵工署四十四厂 0.32 英寸转轮手枪

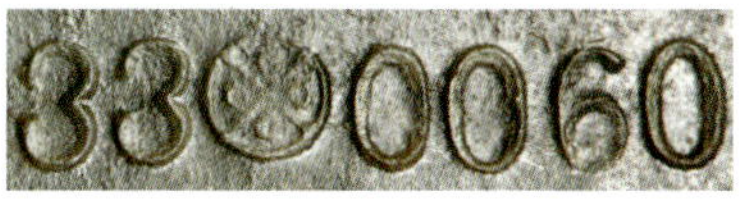

民国 33 年 44 厂 编号 0060

国民政府兵工署徽

四十四厂徽

史密斯 & 威森 0. 32 英寸长枪弹

史密斯 & 威森

该枪口径 0.32 英寸，全枪长 215 毫米，枪管长 108 毫米 , 全枪质量 0.53 千克。左旋转 6 弹巢，发射 0.32 史密斯＆威森长弹。枪管左侧铭文：“SMITH & WESSON”（史密斯＆威森），枪管右侧铭文：“32 LONG CTG”（0.32 英寸史密斯＆威森长枪弹）。握把护片前面“33”为生产年份（民国三十三年）、中间为四十四厂厂徽与编号“0060”，左侧握把护片上方有国民政府兵工署徽标，右侧握把护片上方有四十四厂厂徽。

国民政府兵工署第四十四厂的前身是 1936 年 6 月成立的民国中央修械所，1943 年 7 月改成国民政府兵工署第四十四厂。该枪系国民政府兵工署第四十四工厂生产的仿美国 0.32 英寸史密斯＆威森执法警用转轮手枪。经考证，该厂的前身中央修械所（民国二十九年）也曾生产过此款仿制枪，辨别方法是看其握把前面生产年份与枪支编号之间的徽标即可，中央修械所的徽标为圆圈线框内有“中央”二字的重叠图案。

仿史密斯＆威森 0.38 英寸转轮手枪

该枪口径 0.38 英寸，全枪长 212 毫米，枪管长 95 毫米，全枪质量 0.52 千克，编号“41088”位于弹巢和握把底部。铭文都是乱码，但是枪支质量很好，是仿制史密斯＆威森转轮手枪。

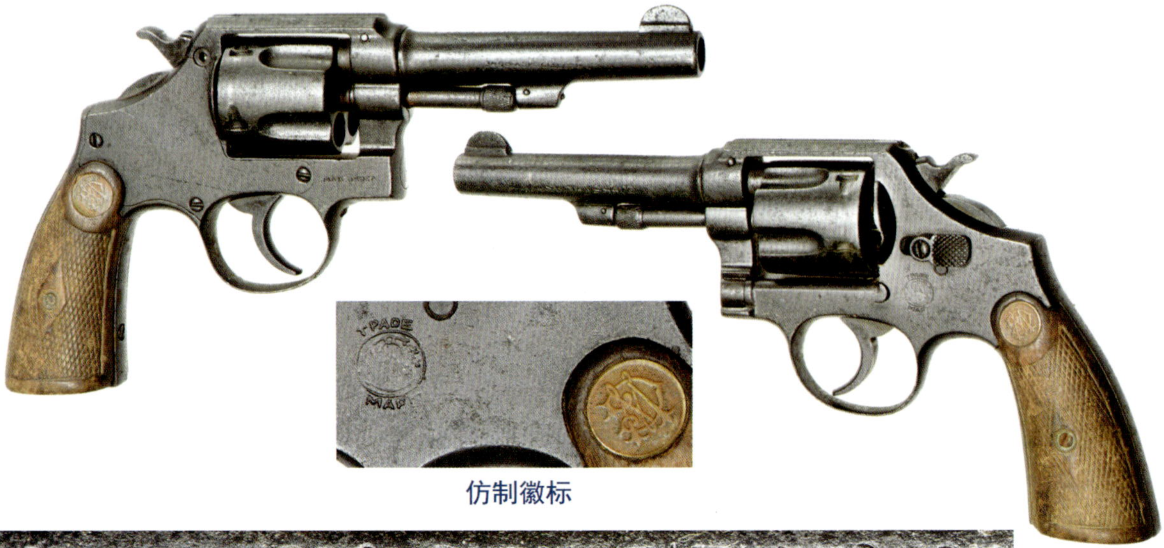

仿制徽标

仿史密斯＆威森乱码

钢笔手枪

该枪口径6.35毫米，全枪长130毫米，装弹量1发。笔帽内部有击发机构，笔管前部中空，以便于装填子弹，笔身中部有一个类似圆珠笔的按钮为扳机，安装子弹时需将笔帽拧下，装入1发特制的子弹便可使用。资料显示该类钢笔手枪射程在10米以内，杀伤力小，无实战案例介绍。该枪生产厂家不详。我们这几支钢笔手枪大同小异，只是扳机按钮设计的形式不同。

钢笔手枪是供执行特殊任务的人员使用的小型枪械。钢笔手枪短小轻便，隐蔽性好，便于迅速开火，它是以日常用品伪装外形而出现，可随身携带且不易被发现，常常在危急情况下，近距离内突然使用的武器。由于这种武器通常都在近距离内突然使用，对人是有致命危险的。

英国哈顿式毒针钢笔枪是英国谍报部门MI9的高级技术军官哈顿少校发明的秘密武器之一。这种貌似钢笔的武器只有一颗针状子弹，采用压缩空气发射，为了增强威力，针上涂有剧毒。哈顿式钢笔手枪在外壳上有一个小按键，其实是手枪的扳机。口径很小的枪管同钢针子弹一同隐藏在钢笔外壳上。扣动扳机，会造成压缩空气击发部件工作，由弹簧将一个汽缸活塞向前推动，活塞急剧压缩前方空气向直径很小的前部汽缸中挤压，而将钢针射出。

美国情报机构战略情报局（OSS），即今中央情报局的前身。OSS 研究发展部发明了大量用于特工战的秘密武器，包括无声手枪、火柴盒相机、自杀药物、致幻剂、用蝙蝠携带的微型燃烧弹等，也曾研制多种型号的钢笔手枪供前线特工使用。第二次世界大战期间，曾经和蒋介石政府联手，建立中美合作所等谍报合作机构，向中国提供大量物资的同时，也包括“蝎子”“毒刺”“超级毒刺”等钢笔手枪。这些武器除了在抗战中有所使用外，在解放战争和解放后，也广为国民党特工使用。这些特工失手时，有一部分钢笔手枪即被公安部门缴获。

两撅枪

在中国共产党领导下的人民革命战争时期，自制武器作为对缴获枪械的重要补充，是一种使用较广泛的武器。鄂豫皖边区军事委员会兵工厂、官田兵工厂、冀中军区兵工厂等各苏区兵工厂都大量生产这种实用性武器，用来装备赤卫队、游击队等地方武装。

鄂豫皖边区军事委员会兵工厂。1930 年 1 月 1 日，鄂豫边区特委将早在 1929 年建立在郭家河乡麻布、陡山河乡陈冲等几个修械所集中起来，迁往柴山保佛尔寺，命名为“鄂豫边区军事委员会兵工厂”。1930 年 4 月，改名为“鄂豫皖边区军事委员会兵工厂”。全厂共有职工 60 多人，1931 年 4 月，厂址由佛尔寺迁到檀树岗附近的熊家咀，并在红安、光山、麻城、陂孝北县境设立了四个分厂。1932 年 4 月，总厂又由熊家咀迁到柴山保王湾，修配枪支，制造撇把枪、子弹。但在当时只有一般的烘炉、风箱、锤子等简单手工工具。1931 年 9 月红军打开油尖山寨，缴获了敌人一个小型造枪厂，接收了 24 名技术工人，生产撇把枪和来福枪。红二军团于 1930 年在湖北监利设立湘鄂西兵工厂，遵照贺龙同志的指示，曾为地方干部生产过大批“两撅枪”。

该种类枪型发射定装金属弹，无弹匣，一次只能装弹一发，在装弹和退壳时都要将枪管的枪膛撅开，因此也常被称为“两撅枪”“撅把子枪”“折腰手枪”“单打一手枪”“土独子手枪”“铁公鸡”“独角牛”等。该种类枪大部分使用的是步枪弹，近距离内威力比较大。该种类手枪枪型大小、口径不一，且样式多样、制造简单。

鄂豫皖地区自制长撅把子 7.3 毫米手枪

该枪口径 7.3 毫米，全枪长 265 毫米，枪管长 179 毫米，全枪质量 0.95 千克。编号无。该枪为鄂豫皖地区游击队所使用。

1941 年 4 月，活动在江汉平原的新四军豫鄂挺进纵队，奉命整编为新四军第 5 师，李先念任师长兼政委。1942 年年初，各县地方武装也得到发展，应城、安陆等县相继设立“撅把子”手枪制造厂。撅把子的一大特点就是轻且小，除了鄂豫边区独特的长撅把子以外，其他的都和普通手枪差不多。红军时代，长枪无法隐藏几乎无用，而撅把子轻便，便于隐藏携带翻山越岭。所以红军地方武装和民兵，大量使用撅把子。

鄂豫皖地区自制 8.1 毫米手枪

该枪口径 8.1 毫米，全枪长 175 毫米，枪管长 110 毫米，全枪质量 0.39 千克。编号无。该枪为鄂豫皖地区红色武装兵工厂自制武器，是活跃在鄂豫皖地区的游击队常使用的武器。

冀中军区兵工总厂 7.35 毫米两撅手枪

该枪口径 7.35 毫米，全枪长 180 毫米，枪管长 119 毫米，全枪质量 0.47 千克。编号“552269”。该枪为冀中军区兵工总厂自制武器，是八路军武工队和冀中游击队常使用的手枪。

撅开装弹退壳

仿毛瑟击锤保险

冀中军区兵工厂仿西班牙 7.63 毫米 1914 式手枪

该枪口径 7.8 毫米，全枪长 205 毫米，枪管长 135 毫米，全枪质量 0.95 千克。编号“513571015”。该枪为冀中军区兵工总厂自制武器。

20 世纪 20 年代西班牙多家公司仿制美国柯尔特 M1911 式手枪，西班牙星牌 1914 式手枪是其中之一，使用德国 7.63 毫米手枪弹。该仿制手枪制作技术粗糙简单，容易制造。所以，冀中军区兵工总厂依西班牙星牌 1914 式手枪为原型，对击锤、击针进行改造，形成了自己的独特手枪。

解放区某修械所造 5.6 毫米八一转轮手枪

徽标

该枪口径 5.6 毫米，全枪长 165 毫米，枪管长 58 毫米，全枪质量 0.39 千克，左旋转 6 弹巢。该枪从式样、结构上看属仿制美国史密斯&威森整体式框架结构甩出式的转轮手枪。枪身左侧握把上方有一徽标，图案为五角星内圆环中套“八一”字样，徽标与中国人民解放军军徽相似，除此之外无其他铭文与标识，该枪应为解放区某修械所制造。

国产 TT– 奥林匹亚 0.22 英寸运动手枪

徽标

TT－ 奥林匹亚手枪 口径 0. 22 英寸

该枪口径 0.22 英寸，全枪长 200 毫米，枪管长 116 毫米，全枪质量 0.79 千克。8 发单排弹匣供弹，发射 .22 英寸小口径手枪弹。套筒左侧刻有铭文：“TT–Olympia Pistole–Cal .22 L. R.”（TT– 奥林匹亚手枪口径 0.22 英寸），有花形图案、尾部有编号“6878”。该枪编号位于套筒座左侧尾部。保险与弹匣推出键位于握把左侧前上部，为自由枪机原理、半自动射击。由北安庆华工具厂生产，中国北方工业（集团）总公司出口的普及型小口径运动手枪。

国产 TT– 奥林匹亚 0.22 英寸运动手枪，是德国瓦特公司著名产品瓦尔特“奥林匹亚－猎人”运动手枪仿制型，北安庆华工具厂生产，原型枪曾在 1936 年柏林奥运会上获得 5 枚金牌。北安庆华工具厂仿制过程中在细节上尽量模仿了原型，如刻在套筒及套筒座尾部的枪号。出于外贸需要，TT– 奥林匹亚运动手枪上的铭文全部为外文，且有独特的标识图案。该枪在国内主要用于初级、中级射击训练，在一些营业性靶场中也经常能看到。

国产比斯利 7.62 毫米丛林游侠手枪

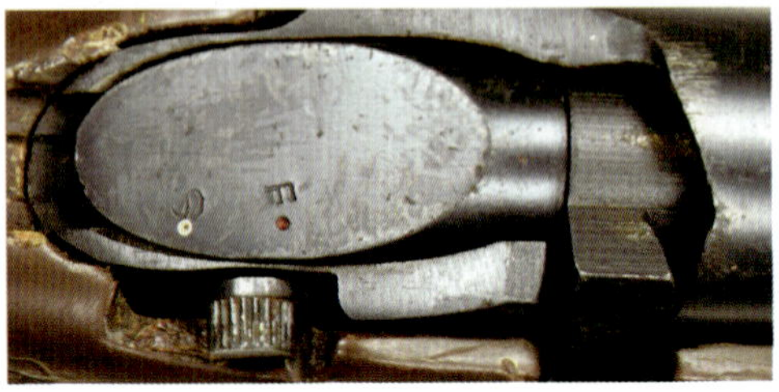

保险

丛林游侠 7. 62 毫米

中国造比斯利小型武器

该枪口径 7.62 毫米，全枪长 505 毫米，枪管长 243 毫米，全枪质量 1.688 千克。枪身左侧套筒上依次铭文：“BUSH RANGER 7.62×38 CAL.”（丛林游侠口径 7.62 毫米）“MADE IN CHINA BY BISLEY SMALL ARMS ”（中国造比斯利小型武器）。枪栓后部保险前后有“F S”字样，木质枪托，缺弹匣。该枪应是主要出口比斯利的一种小型武器。

庆华牌 5.6 毫米 BS01 型标准运动手枪

型号 徽标 编号

该枪口径 5.6 毫米，全枪长 280 毫米，枪管长 143 毫米，全枪质量 1.06 千克。该枪左侧套筒前端依次刻有型号“BS01”、生产厂家徽标（菱形内有“庆华”字样）与编号“821804”。该枪为国营庆华工具厂专门用于比赛使用生产的标准运动手枪，发射 5.6 毫米运动手枪子弹，可调节照门、准星，可定制手型握把。

BS01 型标准运动手枪可用于男子 25 米手枪射击和女子 25 米运动手枪项目的比赛。BS01 运动手枪设有独特的空枪联系机构，使用方便，对枪管、机针、枪机能起到很好的保护作用。操作时，拨动空枪练习扳把压倒击锤呈待击状态，无需拉动枪机，既省力又操作便捷。中国庆华牌 5.6 毫米运动手枪最大的亮点是射击精度非常高。20 世纪 80 年代，庆华牌 5.6 毫米运动手枪驰名国内外，获得了包括全国科学大会等重大科研成果奖在内的诸多奖项。在 1974 年亚运会上，我国运动员使用庆华牌 BS01 型 5.6 毫米标准运动手枪打破了世界纪录。

庆华牌 5.6 毫米 SS02 型速射运动手枪

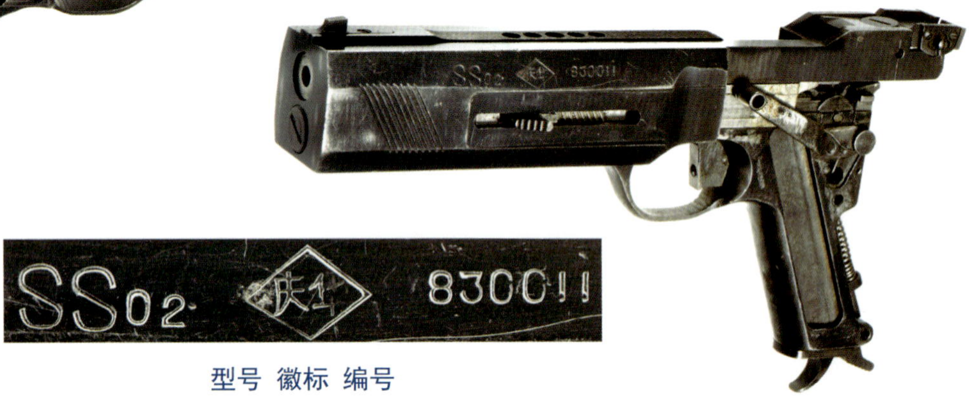

型号 徽标 编号

该枪口径 5.6 毫米，全枪长 215 毫米（不包括定制手型握把），枪管长 130 毫米，全枪质量 1.19 千克。该枪左侧套筒前端依次刻有型号“SS02”、生产厂家徽标（菱形内有“庆华”字样）与编号 “830011”。该枪为国营庆华工具厂专门用于比赛生产的速射运动手枪，发射 5.6 毫米运动手枪子弹，可调节照门、准星，可定制手型握把。

庆华牌系列速射运动手枪，是庆华工具厂生产的东风运动手枪系列的成员，用于速射比赛项目，包括从 SS01 到 SS04 四个品种，其中 SS01 为原型，SS02 在 SS01 基础上改为单排供弹，SS03 在 SS02 基础上改为方形宽节套，使重心前移，SS04 则是采用组合体击发发射机构的新型枪。

该枪主要特点：①供弹机构：该枪供弹机构的主要特点是，托弹板可以以按钮为轴旋转，增大了可调整的角度及灵活性，使供弹更加可靠，降低了故障率。②击发发射机构：该枪击发发射机构由扳机组件、击发推杆和组合体的击发机构组件组成。扳机通过燕尾槽装在扳机座上，并由螺钉压紧。旋转调整螺钉可以改变扳机簧的松紧，从而调整扳机力的大小。旋转定位螺钉可以改变扳机的初始角度，从而调整扳机行程。组合体的击发机构组件结构，当枪机后坐时，击锤被枪机压倒，击锤扣齿挂在阻铁上，而阻铁又挂在阻铁杠杆上，同时击锤通过击锤簧杆压缩击锤簧，储备击发能量。当扣动扳机时，扳机带动击发推杆推动阻铁杠杆逆时针旋转，使之与阻铁解脱。阻铁脱离阻铁杠杆的限制后，自动与击锤滑脱，击锤打击击针，完成击发过程。调整阻铁螺钉，可以改变阻铁与击锤的叠合量；调整杠杆螺钉，可以改变阻铁杠杆与阻铁的叠合量，从而可以调整扳机行程的大小；调整杠杆簧螺钉，可以改变杠杆簧的簧力，从而调整扳机力的大小。该组合体的全部零件，均安装在击发机架上，可以迅速地整体安装在手枪上。③瞄准机构：照门由照门螺钉安装在照门体上，照门体通过导向轴安装在照门座上。调整方向调整螺钉，可使照门体带动照门左右移动，并由分度簧、钢球及照门座配合孔上的 8 个沟槽来实现微调及定位。调整高低调整螺钉，可以使具有弹性的照门体上平面升高或降低，并由照门体上的触头及高低调整螺头部下平面的 16 个沟槽来实现微调及定位。

东风 3 型 5.6 毫米普及型运动手枪

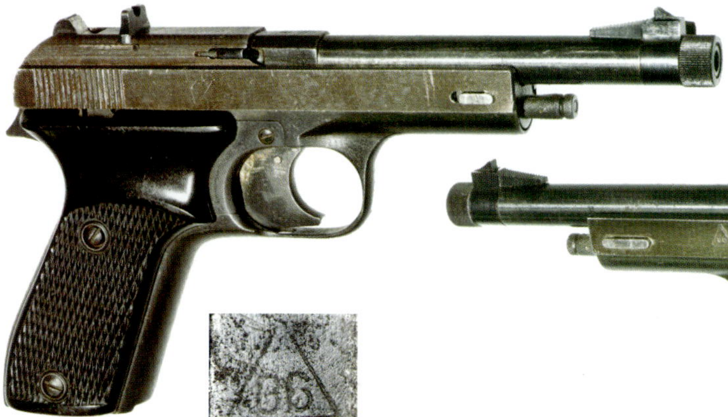

东风 3 1959 年

工厂厂标 编号

该枪口径 5.6 毫米，全枪长 220 毫米，枪管长 130 毫米，枪质量（缺弹匣）0.76 千克。该枪左侧套筒前端依次刻有生产厂家徽标（三角内有“66”字样）、型号“PS–03”与“91”字样。编号“103249”位于枪管后端左侧立面下方。枪管后端上平面刻有生产厂家徽标、“东风 3”与“1959”字样。该枪由北安国营庆华工具厂于 1959 年生产。

东风 3 普及型运动手枪是东风系列运动手枪的成员之一，用于射击运动员的基础训练。该枪已形成 PS01、PS02、PS03 三个品种。PS02 在 PS01 的基础上取消了照门的调整机构，简化了击发发射机构。PS03 在 PS02 的基础上改进了复进机构，增加了手动保险。东风 3 运动手枪最明显的特点是结构简单，成本低廉，它没有节套，没有配重装置，握把也不像其他运动手枪有一个很大的手形木套，而是安装两片简单的塑料护板，这就使得该枪的外形更接近于普通手枪。该枪为自动发射和半自动发射方式，采用弹匣供弹，瞄准装置由准星与照门组成，为固定方式，没有调整机构。

东风 4 型 7.62 毫米转轮手枪（1959 年）

厂标 东风 4 1959 年 编号

该枪口径 7.62 毫米，全枪长 290 毫米，枪管长 150 毫米，全枪质量 1.07 千克，右旋转 7 弹巢。整体框架上方由前至后依次刻有生产厂家徽标（国营庆华工具厂）、“东风 4”、“1959”（1959 年生产）与编号“100681”。

该枪是国营庆华工具厂于 1959 年生产的东风 4 型转轮手枪。使用时将右侧转轮后方装弹挡板向下转，可以装第一发子弹，向右旋转弹巢再次装弹，装弹完毕后，将装弹挡板向上转后便可射击。退壳时先把装弹挡板下转，然后旋转枪管上的退壳杆套，将退壳杆对准转轮巢向后将弹壳退出。该枪根据射击需要可对照门和准星进行调整。

东风 4 型 7.62 毫米转轮手枪（1965 年）

厂标 东风 4 1965 年 编号

机针与装弹形式

该枪口径 7.62 毫米，全枪长 260 毫米，枪管长 140 毫米，全枪质量 1.07 千克，右旋转 7 弹巢。整体框架上方由前至后依次刻有生产厂家徽标（国营庆华工具厂）、“东风 4”（东风 4 型）、“1965”（1965 年生产）与编号“650263”。握把护木缺失。

该枪是国营庆华工具厂 1965 年生产的东风 4 型转轮手枪。1965 年生产的东风 4 型转轮手枪较之 1959 年生产的东风 4 型转轮手枪在照门、准星与枪管等部位做了部分改动，击锤上的固定击针替代了整体框架上的内置击针。

五一兵工厂

东北军阀张作霖在奉天兴办的“东三省兵工厂”于 1931 年“九一八”事变后被日伪把持，改名为“奉天造兵所”。1945 年“八一五”东北光复，国民党接收了造兵所，改名为“中央联勤总司令部兵工署第九十兵工厂”，1948 年沈阳解放后更名为东北军区军工部沈阳兵工总厂，后沈阳兵工总厂又改名为“五一兵工厂”。

1951 年年初，我国从苏联引进设备，在苏联专家的帮助下成功仿制了苏联 TT–33 手枪和其所用的手枪弹，1951 年式口径 7.62 毫米手枪和 1951 年式 7.62 毫米手枪弹最先在五一兵工厂定型生产， 1951 年式手枪是新中国自行生产制造的第一种手枪，取名为五一式手枪，随后多家工厂生产五一式手枪，五一兵工厂和 626 兵工厂的编号连续，其他兵工厂单独编号。

五一兵工厂 7.62 毫米五一式手枪（1951 年）

该枪口径 7.62 毫米，全枪长 195 毫米，枪管长 116 毫米，全枪质量 0.85 千克，弹匣容弹量 8 发，发射 51 式 7.62 毫米子弹。枪身左侧套筒座握把上方依次有编号“16078”、 五角星内有“八一”字样图案和生产年份“1951”。右侧套筒座握把上方刻有“五一式”和五一兵工厂标识（长城垛圆圈内有花体“51”字样）。该枪套筒防滑纹为21道，与1952年该厂生产的五一式7.62毫米手枪套筒后部防滑纹23道不同。

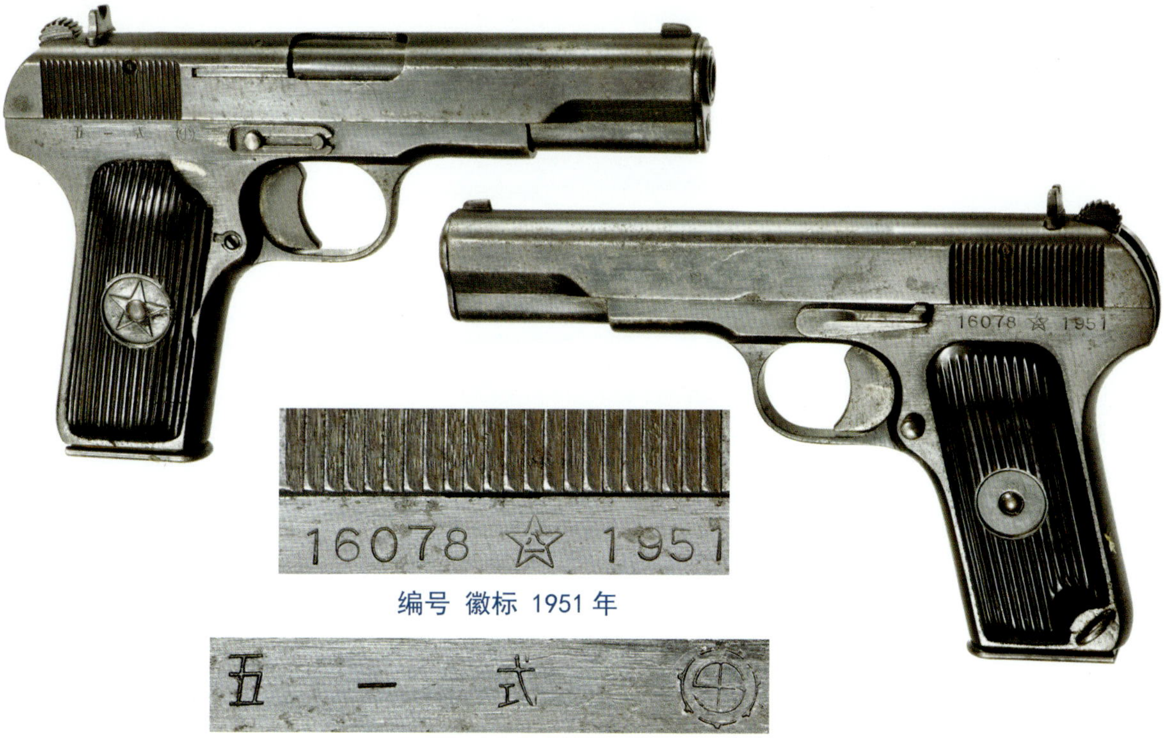

编号 徽标 1951 年

五一式 厂标

五一兵工厂7.62毫米五一式手枪（1952年）

该枪口径7.62毫米，全枪长195毫米，枪管长116毫米，全枪质量0.85千克，弹匣容弹量8发，发射五一式7.62毫米子弹。枪身左侧套筒座握把上方依次有编号“45541”、五角星线框内有“八一”字样图案和生产年份“1952”。右侧套筒座握把上方刻有“五一式”和五一兵工厂标识（长城垛圆圈内有花体51字样）。枪套筒防滑纹为23道。

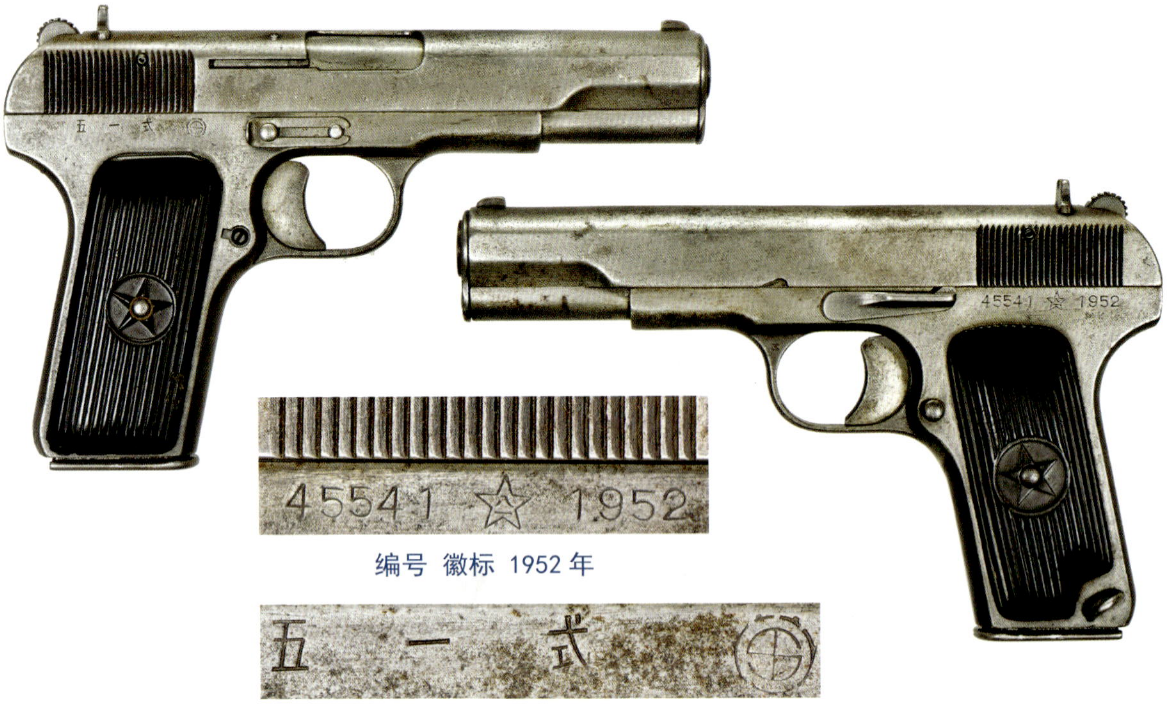

编号 徽标 1952 年

五一式 厂标

456 兵工厂

民国 1912 年成立，金陵制造局厂名继续被沿用，1929 年起更名为金陵兵工厂并在原有基础上进一步扩大生产，成为当时中国主要的兵工企业。1937 年，“八一三”淞沪会战爆发，金陵兵工厂日夜赶工支援前线，同年 11 月 12 日，上海失守、南京告急。金陵兵工厂接到国民政府西迁的命令，全厂职工夜以继日地拆卸设备，突破重重险阻历时三个月终于完成了西迁重庆江北区的任务，接收汉阳兵工厂部分设备并改名为兵工署二十一工厂。重庆解放后，1951 年，第二十一兵工厂更名为国营 456 兵工厂。1957 年，重庆国营 456 兵工厂更名为国营长安机器制造厂（即现在的重庆长安汽车集团）。

456 兵工厂 7.62 毫米五一式手枪

编号 徽标 1952 年

五一式 厂标

该枪口径 7.62 毫米，全枪长 195 毫米，枪管长 116 毫米，全枪质量 0.85 千克，弹匣容弹量 8 发，发射“五一式”7.62 毫米子弹。枪身左侧套筒座握把上方依次有编号“29630”、 五角星内有“八一”字样图案和生产年份“1952”。右侧套筒座握把上方刻有“五一式”和西南兵工局 456 兵工厂标识（竖折线上有“456”字样）。枪套筒坐后部防滑纹为 23 道。该枪于 1952 年由重庆西南兵工局 456 兵工厂生产。1951 年式手枪是我国自行生产制造的第一种手枪，后来由 626 厂接续生产，承担该枪生产任务的还有重庆的西南兵工局 456 厂。456 厂生产的手枪，套筒防滑槽改为 23 道。与五一厂、626 厂生产的手枪使用同一个编号系统不同，456 厂生产的手枪实行独立编号。

52 式 7.65 毫米自动手枪

该枪口径 7.65 毫米，全枪长 155 毫米，枪管长 84 毫米，全枪质量 0.57 千克，弹匣容弹量 7 发，发射 7.65 毫米 ×17 毫米勃朗宁 SR 子弹。套筒左侧依次有编号“013594”、五角星内有“公”字图案和“1952”字样。枪身左侧尾部圆圈内刻有繁体“检”字。握把护片上部飘带内 “356”字样是军工 356 工厂的代号（现在的云南昆明西仪工业有限公司）。

工厂代码

保险与徽标

编号 徽标 1952 年

52 式手枪是我国有关部门委托国营 356 厂以德国瓦尔特 PPK 手枪为蓝本仿制的一种小型警用手枪，该枪定名为 1952 年式 7.65 毫米半自动手枪，简称 52 式手枪，也称“公安手枪”或“765 手枪”。52 式手枪采用单、双动击发模式，设有跌落保险，空枪挂机，在装定保险之后仍然可以拉动套筒，设置了膛内有弹指示器。这种体积小、性能好、操作安全，手枪主要装备国内安全战线的秘密工作人员。由于要遵守轻武器统一为苏式的规定而被撤装，52 式手枪于 1953 年停产，生产量较少。

626 兵工厂（国营庆华工具厂）

位于黑龙江省北安市的军工 626 兵工厂，对外称国营庆华工具厂。当年设计厂徽时，选择了“△”与“66”这两个符号，三角形内的两个“6”中隐含了“2”的存在，寓意“626”。厂徽“三角 66”表示稳定、有力、简捷、美观。

1948 年 11 月，沈阳解放后，国民政府中央联勤总司令部兵工署第九十兵工厂被解放军接收，更名为东北军区军工部沈阳兵工总厂。此后，沈阳兵工总厂改称为五一兵工厂，其造枪分厂改称为五一兵工厂第一制造所。

1950 年 6 月，朝鲜战争爆发，为了保证兵工厂能够稳定地生产，当时的东北人民政府工业部兵工局决定五一兵工厂第一制造所（枪厂）由沈阳北迁至黑龙江北安，并改名为北安冲锋枪厂（第二厂名为国营庆华工具厂）。1951 年 3 月 1 日，北安冲锋枪厂正式更改厂名为三二工厂，后又更名为国营 626 兵工厂。

1950 年初，626 兵工厂成功仿制了美式 M2 卡宾枪，此后又紧接着仿制了苏式 PPSH–41 冲锋枪，并将原型枪的弹鼓改为 35 发弧形弹匣，称为 50 式冲锋枪。1951 年 3 月，50 式冲锋枪正式生产定型。抗美援朝时期，志愿军使用的国产制式武器大都由 626 兵工厂生产，仅在 1951 年 6 月～ 1953 年 12 月两年半的时间里便生产了近 36 万支 50 式冲锋枪，有力地支援了中国人民志愿军和朝鲜人民军。

1951 年从苏联引进了包括 AK47 步枪在内的多种轻武器。其中 AK47 步枪被我国仿制，称为 1956 年式 7.62 毫米冲锋枪（实为突击步枪），626 兵工厂在很长一段时间内的主要生产产品便是该冲锋枪。自 1954 年 4 月开始，626 兵工厂根据苏联提供的图纸，结合实物继续仿制 PPS–43 冲锋枪，同年完成生产定型，命名为 54 式冲锋枪。

枪支生产车间

1953 年，我国从苏联引进图纸及技术资料，聘请了苏联专家继续仿制 TT–33 手枪，并根据从抗美援朝战场上反馈回来的信息对其进行改进，于 1954 年定型了 1954 年式 7.62 毫米手枪。626 兵工厂是五四式手枪的主要生产厂。

1958 年，我国开始了第一代自行设计枪械的研制工作，626 兵工厂研制成功了“三无”（无声、无烟、无焰）冲锋枪，该冲锋枪最终定型为 1964 年式微声冲锋枪。

1964 年，626 兵工厂根据部队需要，又在 56 式冲锋枪的基础上改进设计 56–1 式 7.62 毫米冲锋枪。56–1 式冲锋枪采用向下折叠金属枪托，适合机械化部队和空降兵使用。此后工厂又生产了 56–2 式冲锋枪，其配用右侧折叠枪托，这种设计要比 56–1 式冲锋枪的向下折叠金属枪托刚度好、稳定性好，射击精度高。

1988 年，针对部队对短小轻便武器的需求，626 兵工厂开始以 56 式冲锋枪为基础开始研制，新枪于 1991 年正式批准定型，被命名为 QBZ56C 式冲锋枪。56C 冲锋枪主要装备山地、高原和丛林环境作战的部队，以及供空降兵、装甲兵等特殊兵种使用，但并未大量装备。

除了军用枪械以外，626 兵工厂还积极制造发展民用枪械。早在 20 世纪 50 年代，626 兵工厂生产的运动手枪参加了第一届和第二届全国运动会。1974 年，工厂根据党和国家领导人提出的“要用中国自己生产的运动枪和弹参加第七届亚运会”的指示，626 兵工厂自行研制的庆华牌 5.6 毫米标准运动手枪，在第七届亚运会上，我国射击运动员李亚敏使用 626 兵工厂生产的运动手枪打破了世界纪录。

据统计，626 兵工厂先后研制或仿制了 48 种枪械，并且是 56 式冲锋枪和 54 式手枪的国家第一底图厂，工厂研制的 64 式微声冲锋枪和 67 式微声手枪更是填补了国内微声特种枪械的空白，626 兵工厂是中国轻武器行业的一颗巨星。

626 兵工厂 7.62 毫米五一式手枪

23 道防滑纹

626 厂标

五一式与厂标

编号与年份

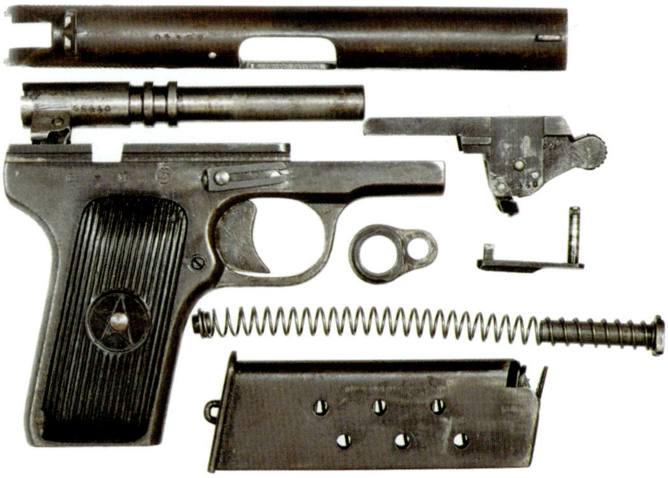

分解图

该枪口径 7.62 毫米，全枪长 195 毫米，枪管长 116 毫米，全枪质量 0.87 千克，弹匣容弹量 8 发，发射五一式 7.62 毫米子弹。枪身左侧套筒座握把上方依次有编号“56440”、五角星内有“八一”字样图案和生产年份“1951”。右侧套筒座握把上方刻有“五一式”和 626 兵工厂标识（长城垛圆圈内有上下倒置连体“66”字样）。该枪套筒坐后部防滑纹为 23 道，与同年五一兵工厂生产的五一式 7.62 毫米手枪套筒坐后部防滑纹 21 道不同。该枪 1951 年在北安军工（626）兵工厂生产。

626 兵工厂同五一兵工厂同时生产五一式手枪，两厂使用同一个编号系统，五一式手枪持续生产到 1954 年，在五四式手枪诞生后，便停止了生产。

626 兵工厂 7.62 毫米五四式手枪

该枪口径 7.62 毫米，全枪长 195 毫米，枪管长 116 毫米，全枪质量 0.85 千克，弹匣容弹量 8 发，发射五一式 7.62 毫米子弹。套筒上部有“五四式”字样，编号“42007486”位于套筒上部和枪身左侧握把上方，枪身左侧握把上方三角内“66”，“66”为北安 626 兵工厂代号。

1953 年，中国专家和苏联专家详细研究了朝鲜战争中五一式手枪暴露出来的缺点，同时还考虑了中国士兵的自身特点对手枪进行了改进。1954 年，手枪正式定型取名为五四式手枪，在 626 兵工厂批量生产并且大量装备部队 . 该枪成为新中国成立以后正式装备部队的第一款制式武器。五四式手枪装备部队以后多个厂家进行大规模生产，是我国生产和装备量最大的手枪。五四式手枪的编号为 7 或 8 位数，后 6 位数前的数字为生产年度代码。该枪编号“42007486”，“42”代表 1995 年生产。

五四式 编号

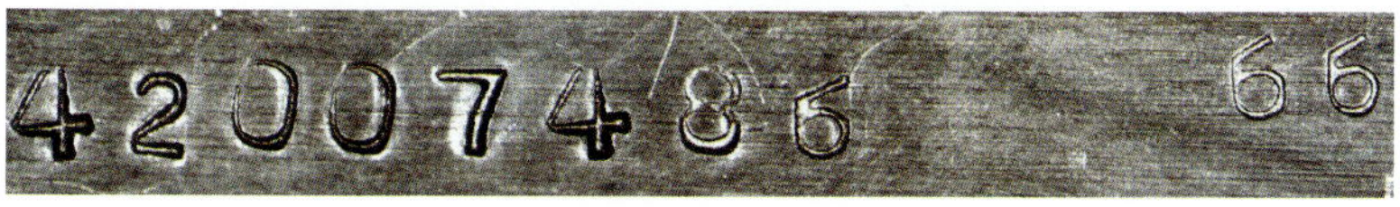

编号 工厂代码

636 兵工厂 7.62 毫米五四式手枪

该枪口径 7.62 毫米，全枪长 195 毫米，枪管长 116 毫米，全枪质量 0.85 千克，弹匣容弹量 8 发，发射五一式 7.62 毫米子弹。套筒上部有“五四式”字样，编号“32030407”位于套筒上部和枪身左侧握把上方，枪身左侧握把上方有“636”字样，“636”为吉林市的 636 兵工厂代号。该枪为 636 兵工厂生产。

零件编号

编号 工厂代码

626 兵工厂 9 毫米 59 式手枪

该枪口径 9 毫米，枪长 163 毫米，枪管长 94 毫米，全枪质量 0.72 千克，弹匣容弹量 8 发，发射苏联 9 毫米 ×18 毫米马卡洛夫枪弹。编号“2016946”位于套筒座左侧尾部与套筒左侧中部，套筒座左侧尾部有 626 厂标识与“59 SHI”字样。保险上有“6946”编号，半包式握把护片下方为 58 式警察盾牌五星徽标。

59 式 9 毫米手枪仿自苏联 9 毫米马卡洛夫手枪，马卡洛夫手枪的击发机构为击锤回转式，采用自由枪机式原理，双动发射机构。保险装置包括有不到位保险、外部手动保险机柄，空仓挂机。固定式片状准星和缺口式照门，机匣顶部有一条较宽的颗粒层，防止瞄准时反光。弹匣壁镂空，既减轻了重量也便于观察余弹数，采用钢制弹匣可装 8 发 PM 手枪弹。该枪结构简单，性能可靠，成本低廉，是供公安保卫人员在近距离上使用的自卫武器。该枪由庆华工具厂（626 兵工厂）生产，1959 年年初开始仿制，1960 年停产，定型后没有大量装备。公安机关和保卫部门配备的 59 式手枪，握把护片上带有盾牌五星徽标，军队配备的 59 式手枪握把护片上带有五星八一徽标。

徽标

编号工厂厂标 59 式

216 兵工厂 7.62 毫米 64 式手枪

该枪口径 7.62 毫米，全枪长 152 毫米，枪管长 87 毫米，全枪质量 0.52 千克，弹匣容弹量 7 发，发射 7.62 毫米 ×17 毫米 64 式手枪弹。套筒左侧依次刻有“64 式”、生产厂家标识（三角内有“216”字样），编号“33015157”位于套筒左侧与套筒座左侧尾部。握把中部护片圆内立体五角星图案。

四川华庆机械（216）厂生产64式7.62毫米手枪，是中国自行研制的第一种手枪，于1964年设计定型，1980年生产定型。64式手枪的自动方式采用自由枪机式，设有联动击发、空仓挂机、弹膛有弹指示等机构，保险机构有安全保险、到位保险、自动保险和射击保险等多种功能。该枪拥有小巧轻便、外形美观、便于隐蔽携带、易于维护保养、射击可靠性好和精度高等优点，主要配备部队中高级指挥员及公安干警，是较理想的单兵自卫武器。因该枪曾作为礼品赠送国外要人，故也称其为“将军手枪”。

64式 工厂厂标 编号

316兵工厂7.62毫米77式手枪

该枪口径7.62毫米，全枪长145毫米，枪管长80毫米，弹匣容量7发，发射64式7.62毫米手枪弹。套筒左侧依次刻有生产厂家徽标，即椭圆内“316”“77式”和编号“0905083”。握把护片中部圆圈内立体五角星图案。

77式手枪是1976年济南军区修械厂研制成功的一种小型手枪，定名为1977年式

7.62 毫米手枪，简称 77 式手枪。该枪是我国自行设计、研制的第二种手枪。该枪采用自由枪机式自动方式，惯性闭锁，击针平移式击发方式。保险机构有手动保险和到位保险。其单手装填机构模仿了德国 6.35 毫米里格诺斯 3A 型手枪。该机构可实现单手装填枪弹或单手排除瞎火弹，提高了手枪射击的及时性和可靠性。该枪设计独特、外形美观大方、结构简单、体积小、质量轻，更适合隐蔽携带，射击精度也较好。但是单手上膛的功能也有可能发生套筒归位即响的走火事故。77 式手枪主要装备我军指战员和公安部队。

工厂厂标 77 式 编号

236 兵工厂 QSZ92–9 毫米手枪

该枪口径 9 毫米，全枪长 190 毫米，枪管长 111 毫米，全枪质量 0.76 千克，弹匣容弹量 15 发，弹匣供弹方式为双排双进。铭文第一行“QSZ92–9”（自动手枪 92 式 –9 毫米），第二行“038012 06 236”（编号：038012，时间：2006 年，236 为重庆长风机器有限公司的代号）。握把护片中间圆圈内五角星。使用弹种：DAP92 式 9 毫米硬质钢芯普通弹、警用仿 9 毫米 ×19 毫米帕拉贝鲁母手枪弹。

92 式 9 毫米手枪系统从 1992 年开始论证，1994 年正式批准立项开始研制，1998 年设计定型，该枪由中国自主研制生产，全称为 9 毫米 QSZ92 式手枪，“Q”“S”“Z”分别表示“枪”“手”“自动”。92 式手枪采用片状准星和缺口式照门，在照门和准星上均涂有荧光点，便于夜间瞄准射击，在底把前端两侧设有沟槽，可安装激光指示器，设有空枪挂机。该枪广泛采用新材料、新工艺、新结构并加以创新，采用热塑性好、强度高的工程塑料整体握把结构，加工工艺简单，注塑一次成型，发射机座采用冲压工艺，效率高，采用化学复合成膜技术进行表面处理，提高防腐蚀能力；提高武器威力，增大弹头杀伤效果和穿甲性能，减轻武器系统质量，提高武器可维修性；外形美观大方，便于大量生产。2005 年后又为军方生产了更大杀伤力的 QSZ92 式 5.8 毫米小口径手枪。92 式手枪系列的两种手枪从外形上看非常相似，外观区别之处是 9 毫米手枪握把护片上有五角星，而 5.8 毫米手枪没有。

自动手枪 92 式 -9 编号 年份 工厂代码

296 兵工厂 QSZ92G–9 毫米手枪

自动手枪 92 改 –9 编号 年份 工厂代码

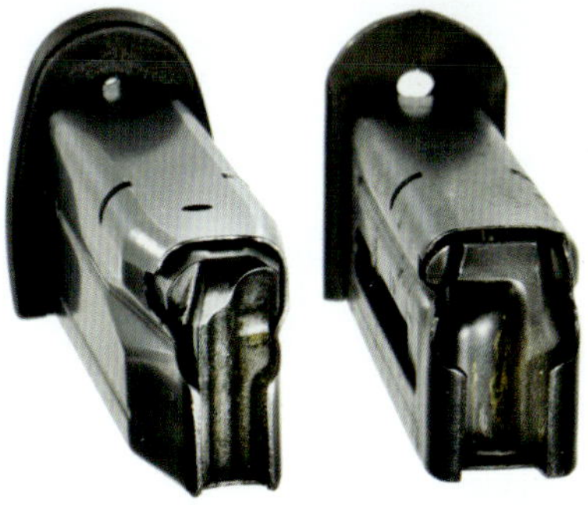

92 与 92G 弹匣供弹口比较

该枪口径 9 毫米，全枪长 190 毫米，枪管长 111 毫米，全枪质量 0.78 千克，弹匣容弹量 15 发，弹匣供弹方式为双排单进编号 139994 位于套筒左侧。套筒左侧上排铭文“QSZ92G”中的“G”是汉语“改”字拼音第一个字母，下排编号“139994 ”、年代“17”、生产厂家“296”（重庆建设工业集团兵工厂代码），握把护片上圆圈内有五角星。QSZ92G 式手枪使用 DAP92 式 9 毫米硬质钢芯普通弹和警用仿 9 毫米 ×19 毫米帕拉贝鲁姆手枪弹。

QSZ92–9 手枪逐步列装公安机关后，使用单位陆续反映了在实战及训练使用中 QSZ92–9 手枪存在的一些问题。针对这些问题，研发机构对 QSZ92–9 手枪进行了改进设计，调整了握把上弹匣扣孔周围的台阶结构，确保射击过程中快速更换弹匣，弹匣扣解锁快速、可靠。对推双弹、顶弹、卡壳、复进不到位、强光灯接口定位、枪支分解后击针保险轴影响装填、托弹簧簧力衰减等问题也做了改进。在握把组件中注塑嵌入电子标签，满足了信息化管理要求（生产、身份、流动情况等信息）。改进后的QSZ92–9 式手枪被命名为 QSZ92G–9 毫米手枪，QSZ92G–9 毫米手枪的主要战技指标与 QSZ92–9 式手枪相同。

216 兵工厂 2005 式 9 毫米警用转轮手枪

警徽

01 为厂家代码 09 为年份 后边数字为编号 工厂厂标

装弹器

该枪口径9毫米，全枪长186毫米，枪管长75毫米，全枪质量0.65千克，左旋转6弹巢，可发射05式9毫米转轮手枪弹、05式9毫米转轮橡皮弹，也可以发射其他专用子弹。枪身左侧握把左上方刻有生产厂家徽标三角形“216”（四川华庆机械厂）编号“0109005003”位于扳机框上方。枪身右侧握把上方有中国警徽。

05式警用转轮手枪是我国第一支为警用设计的转轮手枪，2001年决定由中国兵器工业第二〇八研究所研制，2005年通过设计定型，2008年通过生产定型，由四川华庆机械（216）厂和江苏新苏机械（971）厂生产。05式警用转轮手枪具有手动保险、跌落保险和不到位保险等功能，使用手动保险时将枪身左侧弹巢释放钮上方的手动保险扳之上方白点处，击锤打击不到击针，实现保险功能。将保险机柄扳之红点处，击锤可击打击针。该枪在“U”型不可调照门上及前方片状准星设置了荧光瞄准点方便夜间使用。底板上开设了两个余弹观察孔，便于观察转轮弹膛内的余弹情况。该枪还配备了相应的快速装弹器，可实现快速装弹。

971兵工厂2005式9毫米警用转轮手枪

该枪口径9毫米，全枪长186毫米，枪管长75毫米，全枪质量0.65千克，左旋转6弹巢，编号0213137901。可发射05式9毫米转轮手枪弹、05式9毫米转轮橡皮弹，也可以发射其他专用子弹。枪身左侧握把上方有生产厂家江苏新苏机械（971）厂“BAM”商标,枪身右侧握把上方有中国警徽。

BAM新苏集团：江苏新苏投资发展集团有限公司，其前身为国营新苏机械厂（国营九七一厂），1965年创建于安徽广德，是由江苏省委根据中共中央指示组建的地方军工厂，厂名代号：971，隶属于江苏省国防科学技术工业办公室，工厂于20世纪80年代末整体迁回无锡市。2001年企业改制为民营企业；2009年企业搬迁至无锡市经济技术开发区；2011年根据公司发展战略，正式成立江苏新苏投资发展集团有限公司，总部设立于无锡市大通路 517 号。目前，集团拥有 9 家全资或控股子公司，主要服务于汽车、军工、安防、金融、工程、装备制造业等行业领域，销售遍布国内市场和美国、亚洲、欧洲以及南美等地区，是世界 500 强企业主要供应商。

警徽

02 为厂家代码 13 为年份 后边数字为编号 商标

普通弹与橡皮弹

后 记

自1996年《中华人民共和国枪支管理法》颁布实施以来，全国大规模的缴枪、销枪活动持续不断，中国境内非列装的枪支尤其是新中国成立前的各种“老杂手枪”除在博物馆、纪念馆有收藏展出外，绝大多数都已收缴销毁。我们库存的这些“老杂手枪”，如不能鉴别它们的“身份”，确认其收藏展出价值，那么，作为废铁送进高炉融化将是它们的归宿。如若销毁，不可再生，那将是一大损失。因此，对这些锈迹斑斑的“老杂手枪”的鉴别任务落到我们两人身上。此项工作任务艰巨，责任重大。两年里，我们通过对这些“老杂手枪”除锈擦拭、精心维修保养，让其露出原本面目；经过认真拍摄细节特征，查阅大量资料比对考证，已经核准了300多支手枪的“身份”。在这批“老杂手枪”中除发现了19世纪的名枪外，还找出了一批第一次、第二次世界大战时期的经典手枪。其中，一支存世量很少、国内展馆罕见的法国里福瑟11毫米M1854式边针发火转轮手枪被我们从旧土造转轮手枪中“淘”了出来。

为了让这批经历过战争风云的老枪发挥作用，充分体现出它们的鉴赏价值与历史文化价值，“让历史说话，让文物说话”，我们提出了编写《馆藏手枪——河南警察学院枪支文化博物馆典藏集萃》一书的建议，并得到学院、教务处、指挥战术系领导的肯定与大力支持。本书在编写过程中得到了警体部副主任刘雷（原河南公安高等专科学校枪支展览室负责人）的无私帮助，得到了指挥战术系陈磊、张伟民、黄晓武老师的大力支持，在此一并表示感谢。同时，还要感谢指挥战术系2014级谢钊、付兰绮、马浩然、陈赛、田丰同学，2015 级张嘉越、苏国旗同学，2019 级董佳玮同学，2016 级张飞同学；法律系 2016 级李源源同学。他们分别参与了枪支擦拭保养、协助登记造册、文字校对与摄影辅助等工作。

本书共收录了 200 余支国别、型号、年代、版本与生产厂家不同的手枪，用 1000 多幅图片、10 余万字充分展示说明了每支枪的原貌与特征，对部分经典名枪的设计与生产年代、特点以图文并重的形式介绍给读者。本书一方面能帮读者了解枪械知识，了解外国枪支流入旧中国的时代背景；另一方面也提醒我们要谨记历史，增强民族自尊与爱国意识，这也是我们编写此书的重要初衷。

编　者

2023 年 3 月

参考文献

[1] 中国人民革命军事博物馆主编．军事博物馆馆藏手枪 [M]. 北京：长城出版社，2011.

[2] 王放明，周克栋，王志强．国外枪械识别 [M]. 北京：兵器工业出版社，1998.

[3] 王放明等．国内枪械识别 [M]. 北京：警官教育出版社，1998.

[4] 陈传胜，陈漠．大连警用老枪 [M]. 大连：大连出版社，2014.

[5] 马式曾．750 年枪械技术精要 [M]. 北京：航空工业出版社，2018.

[6] 张文龙等．中国民兵武器装备陈列馆馆藏世界精品手枪选 [M]. 北京：解放军出版社，2006.

[7] 路贵斌，聂成跃，李勤华．冷傲之美——南京理工大学兵器博物馆馆藏枪械集萃（手枪篇）[M]. 南京：南京大学出版社，2016.

[8][英] 罗杰·福特．手枪 [M]. 范小菊，张国良，汪宏梅译．北京：国际文化出版公司，2004.